푼돈의 달변, 큰 돈의 경청

Bekay Ahn의

푼돈의 **달변**
큰돈의 **경청**

도열
솜열

푼돈의 달변, 큰돈의 경청
Bekay Ahn, CFRE 지음

초판1쇄 인쇄	2011년 6월 11일
초판1쇄 발행	2011년 6월 15일
발행처	단열삼열
발행인	김기섭
등록번호	제2011-000082호
등록일자	2011년 5월 12일
책임편집	태선옥
표지디자인	김미경

121-809 서울특별시 마포구 대흥동 161
전화 02) 719-2211~3
팩스 02) 701-9386
dan-sam@changjisa.com
ⓒ Bekay Ahn, 2011

저작권자의 허락 없이 이 책의 일부 또는 전체를
무단 복제, 전재, 발췌하면 저작권법에 의해 처벌을 받습니다.

값은 표지에 있습니다.
ISBN 978-89-966677-0-4 (03190)

그동안 댈러스에서 경청에 관한
많은 대화를 나누었고 도움을 주었던
삼성전자의 고故 이용 상무와,
한국에서 모금전문가 양성의 꿈을 나누었던
어린이재단의 고故 김석산 회장에게
이 책을 헌정한다.

감사의 글

　필자는 모금전문가를 양성하는 교육자로서 듣기listening를 가르치고 있지만, 리스닝이라는 단독 주제로 책을 쓴다는 것은 쉬운 결정이 아니었다. 그래서 리스닝에 대한 출판 의뢰를 받았을 때 적지 않게 당황했다. 배움과 원활한 의사소통을 위해 잘 듣는 것은 전문가뿐 아니라 일반인에게도 매우 중요한 주제이기에 리스닝에 대한 책을 내는 것은 충분히 가치 있는 일이다. 하지만 과연 모금전문가가 보는 리스닝의 관점을 일반인들의 수준에 맞추어 어떻게 표현할 수 있을까 하는 고민이 앞섰기 때문이다.

　지금까지 필자가 읽었던 리스닝에 대한 책들은 대부분 한쪽으로 치우쳐 있거나 다소 추상적이라는 인상을 주었던 것이 사실이다. 그래서 리스닝 분야의 현장 직업인practitioner의 한 사람으로서 균형 잡힌 리스닝 전반에 대한 주의를 환기시킬 필요성을 느끼게 되었다. 또한 모금전문가의 시각이라는 다소 특수한 관점이 리스닝의 이해에 얼마간 도움이 되겠다 싶어 용기를 내게 되었다.

　"창문을 활짝 열어라." 솔로몬의 명령에 신하들이 창문을 열자

나비들이 날아와서 꽃에 사뿐히 앉았다. 이윽고 솔로몬이 말하기를 "나비가 앉은 그 꽃이 진짜 꽃입니다."

　모금과 관련된 일을 하기 전에는, 필자는 스스로에 대하여 들으려는 자세가 좀 부족하다는 정도로만 느끼고 있었다. 정작 필자 스스로가 경청의 중증 장애인이라는 사실을 잘 모르고 있었다. 그런데 모금전문가로 오랫동안 활동하면서 그것을 절실히 깨닫게 되었고, 현장에서 다양한 시행착오를 겪으며 여러 가지 리스닝의 기술들을 체득하게 되었다.

　모금전문가 교육에서 경청은 매우 중요한 자리를 차지하기 때문에 여러 가지 다양한 교육 자료들을 사용하게 된다. 교육 현장에서 필자는 주로 성공담보다는 실패담 위주로 강의를 진행해 왔는데, 그렇게 하는 것이 우리 각자의 현실에 더 가깝기 때문이다. 정신없이 앞만 바라보고 달려갈 때는 보이지 않던 꽃들이 천천히 산책할 때는 보이기에, 모금전문가로 바쁘게 일하면서 경험했던 것들과 사람들과의 관계 속에서 깨닫고 생각한 것들을 조용히 돌아보며 정리해 보았다. 대학에서 학생들을 가르치면서 경청의 이론을 정리하였고, 현재 한국기부문화연구소의 이성기, 이민우, 석호길, 그리고 사랑의종신기부운동본부의 서진호 본부장과, 국제기구인 IVI의 손미향 본부장의 도움을 받아 이 책의 완성도를 높이려고 노력하였다.

이 자리를 빌어 이 책의 출판을 맡아 수고해 준 필자의 오랜 친구인 도서출판 단열삼열의 김기섭 대표, 건국대 최명덕, 김기덕 교수의 인문학적 조언에 대해 깊은 감사를 드린다. 그리고 자료를 제공해 준 국제리스닝연맹International Listening Association에도 감사한다. 또한 그동안 필자의 듣기에 유익한 지적을 해 주신 수많은 동료들에게 감사드리며, 부족한 강의를 들어준 많은 수강생들에게도 감사를 드린다. 그리고 도서출판 단열삼열의 나기영 전무와 최창숙 편집장 및 편집부원들의 도움이 없었으면 이 책은 불가능했을 것이다. 더불어 필자의 영원한 동반자로 끝까지 원고를 수정해 주고 필자의 평생 듣기의 부족함을 격려해 준 아내와 두 자녀 Daniel과 Jimmye에게 고마움을 전한다. 끝으로, 어머님의 말씀을 경청하지 못한 죄스러운 마음을 이 책으로 대신하여 바친다.

아직도 딸의 말이 들리는 듯하다.
"아빠는 내 말도 듣지 못하면서 무슨 책을 써?"

서문

현대인의 귀는 본래 기능을 서서히 잃어 가고 있다. 사람들은 점점 귀를 통해 들은 정보를 머릿속에 입력하고 정리하고 기억하는 기능을 쓰지 않으려고 한다. 귀는 단순히 눈에 보이는 것을 보조하는 효과음을 듣는 하나의 창구로 전락하고 있다. 사람들은 강렬하고 자극적인 기계음만 들으려 하고, 감정과 상상을 곁들인 소리의 내용은 듣고 싶어 하지 않는다.

교육 역시 오감이 적절히 균형을 이룬 교육이라야 건강할 수 있으나 현대 사회는 너무 한쪽으로 치우쳐 있다. 눈에 보이는 것, 즉 비주얼Visual에만 집중하고 있는 것이 문제이다. 이 비주얼은 중독성이 심해서 나중에는 웬만한 것에 반응도 하지 않게 된다.

요즘 사람들은 통화할 때도 상대의 목소리를 듣는 것뿐 아니라 영상을 통해 상대의 모습을 보려고 하며, 문자 메시지 또한 읽는 것이 아니라 본다고 말할 수 있다.

현대 사회에서 듣기는 보기에 밀려 그 역할을 잃어 가고 있다. 이렇게 가다가는 듣기의 기능이 퇴화되어 현대인들은 결국 듣기의 자폐아가 되고 말 것이다. 그렇게 되면 보지 않고는 아무것도 믿지 않고 머릿속에 입력하지도 않고 아예 상상하기를 거부하게 될지도 모른다. 애정 어린 시선으로 달콤한 이야기를 나눠야 할 연인들도 상대의 눈을 보며 서로의 말에 집중하는 것이 아니라 각자의 스마트폰을 보며 게임을 하거나 메시지를 보느라 정신이 없다. 가족 간의 대화 단절은 말할 나위 없고, 회사의 그룹 미팅 중에도 스마트폰 속에 푹 빠져 다른 사람의 이야기에 집중하지 못한다. 모든 사회가 ADHD Attention deficit hyperactivity disorder: 주의력 결핍 과잉 행동장애 증후군에 빠져 있다.

지금 세상은 SNS social network system가 사람들 사이에 관계의 혁명을 불러 왔다고 찬사를 보내고 있다. 하지만 반대급부의 부작용은 규모를 짐작하기조차 어려운 것이 현실이다. 이미 개인의 목소리를 들으며 상대의 감정을 읽는 대화는 서서히 사라지고 있다. 이런 환경 속에서 자란 사람들일수록 다른 사람의 이야기를 들으려고 하지 않는다. 특히 어린 청소년들의 경우는 더욱 걱정스러운 일이 아닐 수 없다. 그들은 사회에 나가서 상대의 말을 귀담아 들을 능력을 키우지 못한 채, 병리적 문화에 동화되어 대화의 장애자로 살 것이 확연히 보이기 때문이다.

요즘 학생들은 선생님의 강의를 귀로 들으려고 하지 않는다. 요점 정리된 노트나 그림 또는 동영상을 받고 싶어 한다. 마케터나 홍보 전문가들은 보다 짧은 시간, 단 몇 초 안에 메시지를 전달하여 소비자들의 욕구를 부추기려고 한다. 그를 위해 온갖 수단을 동원한 자극적 문화를 만들어 낸다. 이러한 사회에서는 내면의 목소리를 들어야 하는 긴 스토리텔링이 점점 더 자리잡기 힘들어진다는 것을 충분히 예상할 수 있다.

어린 시절 필자는 잠들기 전 형제들과 함께 누워서 아버지가 해주시는 옛날이야기를 들었다. 그러면서 자신만의 무대를 상상하면서 자랐다. 하지만 지금은 이미 세팅이 되어 있는 무대의상처럼, 모든 것이 그림을 통해 스토리를 제공해 준다. 그러니 단지 귀로만 듣고 상상하고 창조적인 생각을 해볼 기회를 빼앗긴 셈이다. 나중에 그 아이가 커서 자신만의 무대를 만들어야 할 때, 창조적인 상상을 하지 못하고 이미 머릿속에 주입된 이미지를 무의식중에 재현하는 비창조적인 일밖에 할 수 없을 것이다.

지금의 창작자들은 거의 들음을 통해 상상력을 키운 사람들이다. 라디오에서 나오는 스토리에 자신만의 무대 연출을 상상하면서 자라고 적응한 사람들이다. 그래서 귀를 통해 듣는다는 것은 그들에게는 배움의 첫 통로인 셈이다. 듣는 것은 인내가 필요하고, 자신이 듣고 정리하고 상상하고 스토리를 연결할 줄 알아야 재미를 느낄 수 있기에 스스로 듣기에 몰입하게 된다. 그리고 듣는 사람마다 자신의 무대가 각기 다르기에 자신만의 세계에 빠져 잠들면 꿈속에서 되새김질을 하게 된다.

듣기, 특히 잘 듣기경청란 일상생활에서 매우 중요하다는 것을 누구나 알고 있다. 하지만 자신이 어떤 경우에 경청을 하는지 스스로 잘 모르는 경우가 대부분이다. 또한 경청이 성공의 키를 갖고 있을지도 모른다고 막연하게나마 알고는 있다. 그렇지만 비록 자신의 문제점을 머리로 알고 가슴으로 이해한다 해도 행동의 변화로 이끌어 내기란 무척 힘들다. 특히 나이를 먹을수록 그런 부분은 더욱 현실적으로 증가하게 되어, 문제가 있어도 인정하려 하지 않고 인정한다 해도 고치기가 어렵다.

모금전문가로 일하는 필자는 최근에야 나 자신이 직업적인 듣기 분야에서 활동하기에 너무나 부족하다는 것을 알게 되었다. 필자의 멘토가 어느 날 필자의 듣기에 관해서 지적을 하기에 스스로 듣는 것을 비디오로 찍어 듣기 습관을 모니터링해 보았다. 얼굴이 화끈거리고, 나의 문제가 생각보다 심각한 것을 발견하였다. 듣기는 자신을 먼저 발견해야 한다.

동양에서 말하는 경청의 본래의 뜻은 왕이나 높은 지위의 사람이 아랫사람에 대해 지녀야 할 듣기의 태도를 가리켰다. 윗사람의 말에 대한 아랫사람의 경청의 문제는 단순한 듣기의 문제에서 끝나는 것이 아니다. 어쩌면 생존의 문제와 직결되기에 아랫사람은 선택의 여지 없이 경청할 수밖에 없었다. 그와는 달리 왕이 잘 다스리기 위해서는 아랫사람의 말에 귀를 기울여야 했기에 경청의 덕목이 필요했던 것이다.

사회적으로 경청에 관심을 갖게 된 것은 비교적 최근의 일이라

할 수 있는데, 스스로에게 다음의 질문을 해 보자. 당신은 어떤 대답을 할 것인가? 이 질문들에 대해 보다 분명한 대답을 할 수 있을 때 당신은 경청에 대하여 새로운 가치를 발견하게 될 것이다.

1. 나는 빠르게 변화하는 바쁜 세상에서 대화 중에 발생하는 말 그 자체의 의미 외에 그 말을 하게 된 배경과 말을 한 사람의 마음속에 숨은 의도까지도 관심을 가지고 그렇게 표현된 내면의 언어까지도 듣기를 원하는가?
2. 나에게 도움이 되지 않는 사람의 이야기에도, 그리고 그 사람이 제시하는 주제에 대해서도 관심 있게 경청을 할 것인가?
3. 한번 만나고 다시 만날 확률이 적은 사람의 말에도 귀를 기울일 만큼 경청에 시간을 투자할 수 있겠는가?
4. 이미 서로 잘 알아서 새로울 것이 없는 사람의 이야기도 기대하며 경청할 수 있겠는가?

이 같은 질문에 대한 대답이 모두 '예' 라면 경청에 대한 당신의 관심은 단지 자기개발이나 이익을 넘어서서 박애주의Philanthropy의 영역과 윤리적, 종교적인 영역까지 넓어질 수 있을 것이다. 만약 대답이 모두 '아니오' 거나 선택적인 '아니오' 라면 별로 특별할 것도 없다. 필자는 듣기는 이렇게 들어야 한다, 저렇게 들어야 한다는 말을 할 자격이 없다. 그저 '아니오' 라면 우린 지금까지 하던 방식대로 본능적이고 전략적으로 필요한 것만 정리해서 선택적인 듣기를 해야만 한다. 이제까지 우리가 취해 온 듣기의 일상적 방식이었던 듣기 싫은 것은 피하고, 체면상 들어야 할 것은 적당히 듣는 척하는 것은 하나의 소통 방법일 뿐 그 이상도 이하도 아니다. 하지만 만약 지금은 '아니오' 지만 훈련을 통해서 본인의 의지대로 '예' 로 가기를 원한다면 또 다른 차원의 이야기가 될 것이다. 체스터튼G. K. Chesterton은 "이 세상에 흥미롭지 않은 주제가 있는 것은 경청에 문제가 있는 것이 아니라 관심이 없는 사람들이 있기에 경청이 안 되는 것이다"라고 말했다.

모금전문가가 보는 경청의 중요성과 보는 각도는 다른 이들과 분명 다를 것으로 기대된다. 모금을 하는 사람은 말을 잘해서 설득을 해야지, 경청이 무엇이 중요한가라고 말하겠지만 그것은 오해다. 모금에서 가장 중요한 것이 요청을 하는 일인데, 그 요청을 위한 경청이 선행되지 않으면 요청 자체가 무의미해진다. 모금을 직업으로 하는 사람들은 그 자신의 모금 능력을 평가하기 전, 먼저 요구되는 기준이 경청 능력이고 이 능력으로 평가받는 시대가 되었음을 알아야 한다. 아예 모금전문가의 경청 능력 자체를 윤리 다음으로 보는 것이 현재 모금업계의 통념이 된 것이다.

필자가 듣기가 잘 안 되는 데는 두 가지 이유가 있다. 첫째는 내용을 듣고 바로 행동에 옮기는 능력이 부족하기 때문이고, 둘째는 진정으로 상대를 배려하면서 듣는 마음과 기술이 부족하기 때문이다. 하지만 아무리 잘하려 해도 잘 되지 않았다. 무언가 부족함을 알면서도 자가 진단과 훈련을 꺼려 왔다. 사실 한국에서 어느 단체 CEO의 듣기 컨설팅을 하면서, 그가 경청에 대해 자가 진단을 꺼려 하는 이유를 고백하는 모습을 보고 나 자신을 재발견하게 되었다. 그는 듣기를 안 하는 것은 진실이 두렵기 때문이라고 했다. 마치 건강검진을 해야 하는데 무언가 안 좋은 것이 발견될까 봐 두려워 하루하루를 미루는 것처럼. 필자가 자기 진단과 훈련을 꺼렸던 이유도 무엇인가 밝혀지는 것이 두려웠기 때문인지 모른다.

이 책의 주된 내용은 일종의 자전적 고백이다. 그리고 전문 모금가를 교육하는 사람으로서 하나의 매뉴얼을 소개하는 것이다. 그 동안 듣기만 잘했어도 해결되었을 문제와 좋은 삶을 유지했을 것 같은 과거에 대한 후회 등 여러 에피소드가 있다. 남들처럼 듣기를 잘해서 이루어 낸 성공담과 무용담은 별로 없다. 그것은 앞으로 독자들의 몫이다. 필자는 다음 세대에게 본인보다 나은 삶을 살도록 경청에 대해 매우 중요한 것을 남겨 주고 싶다. 그래서 이 책을 집필하게 되었다. 이 책은 듣기의 중요성을 깨닫는 일이 필요한, 자녀를 키우는 부모나 연인들, 회사를 운영하는 CEO, 그리고 모금을 하려 하는 모금가를 위해 만들어진 것이다.

혹여 이 책의 첫 부분이 이론이기 때문에 조금 지루하거나 딱딱

하게 느껴질 수도 있다. 하지만 조금만 인내하고 읽어 내려가면 경청에 대한 보석 같은 내용들을 건져올릴 수 있을 것이다. 읽는 것도 경청의 한 부분이므로, 훈련의 일부라 생각하고 완독하시길 권한다.

≫≫ 차례

감사의 글 **6**

서문 **9**

들어가는 말 **23**

Chapter 1 듣기의 정의와 해부학

1. 듣기listening란? **35**

2. 네 가지 귀 **39**

3. 듣기와 신체적 구조 **40**

4. 네 가지 듣기의 능력 **43**

5. 듣기의 종류 **45**

6. 듣기의 수준 **49**

7. 진정성 있는 듣기를 위한 3가지 **53**

8. 듣기의 중요성 **55**

Chapter 2 강의에서의 듣기

1. 강의에서의 듣기 **63**

2. 듣기가 의사소통에서 차지하는 비중 **67**

3. 잘 듣기와 의사소통 **72**

4. 듣고 이해하기 **73**

5. 비평적 듣기Critical Listening를 통해 강의 이해하기 **75**

6. 정보 수집을 위한 듣기 **76**

7. 듣기 과정 선택과 훈련 **78**

8. 입학사정관제도와 듣기 능력 **82**

Chapter 3 경청의 해부학

1. 동서양의 듣기 해부학 **93**

2. 듣기 훈련의 세 가지 전제 **94**

3. 듣기의 원리와 잠자리 효과 **96**

4. 경청의 실행을 위한 변화 **103**

5. 사람은 왜 듣고 있고 왜 들어야 하는가? **105**

6. 경청에 대한 세 가지 오해 **107**

7. 기대와 경청 **111**

8. 현명한 경청의 방법 **116**

9. 나의 경청의 기준이 보편적이라 믿는 위험성 **117**

Chapter 4 신체언어 이해하기

1. 7-38-55의 법칙 **123**

2. 신체언어body language 이해하기 **125**

3. 비언어적non-verbal 소통에서 듣기 **128**

Chapter 5 **경청의 방해**

1. 왜 잘 듣기가 힘이 드는가? 135

2. 현대에서의 경청의 의미 136

3. 잘 듣기의 공공의 적 137

4. 나쁜 듣기 습관들 139

5. 경청을 방해하는 요소들 142

6. 조절하기 힘든 것 세 가지: 듣기 장애의 고백 144

7. 남녀에 따른 듣기의 차이 148

8. 경청과 말하기: 죄수의 딜레마Prisoner's Dilemma 150

9. 메모의 기술의 약점 152

Chapter 6 **경청의 방법과 훈련**

1. 훌륭한 경청자는 태어나는 것이 아니라 만들어진다 157

2. 자신의 학습 스타일 바로 알기 163

3. 듣기에 도움되는 성향 분석 167

4. LQ의 탄생 173

5. 경청 훈련의 대전제 188

6. 배워야 할 프로 직장인의 경청법 193

7. 내적 공간Inner space 만들기 195

8. 필터를 제거하기 197

9. 약점Soft spot 또는 역린逆鱗 199

10. 수도승, 설계사 그리고 외교관처럼 듣기 201

11. 자기소개 203

12. 로젠버그 박사의 경청 3요소 **205**

13. 진정한 경청은 기억해야 하는 것까지 포함한다 **207**

Chapter 7 대화의 해부학

1. 듣기의 해부학 **215**

2. 대화의 해부학 **218**

3. 대화의 5가지 단계 **220**

4. 새로운 스토리가 필요하다 **224**

Chapter 8 경청의 새로운 패러다임

1. 경청의 새로운 패러다임: 주연과 조연 **231**

2. 좋은 듣기를 위한 행동의 변화 **240**

3. 서로 다른 문화cross culture에서의 경청 **242**

4. 시간의 개념에 따른 듣기의 차이 **246**

5. 타고난 경청자 **248**

6. 동서양의 경청의 차이 **252**

7. 대화dialog와 토의debate 그리고 듣기 **255**

Chapter 9 모금과 경청하기

1. 요청의 꽃, 경청 **261**

2. 잠정기부자와의 관계는 배려에서 시작된다 **265**

3. 만남의 목적 7가지 **269**

4. 왜 요청의 확인이 필요한가? **273**

5. 거액 모금의 비법 275

6. 경청의 필수 기술the critical listening skill 280

7. 경청의 고수Good Listener를 알아보는 10가지 방법 283

Chapter 10 리더십으로서 듣기

1. 비영리단체장으로서의 경청 291

2. 단체의 리더로서 듣기 293

3. 한국 리더의 듣기 평점 294

4. 한국 리더의 듣기와 기억력 297

5. 리더십 경청의 오해 299

6. 오바마의 경청 300

7. 목회자들의 헌금 요청과 경청 302

8. 조직의 듣기 문화와 능력 305

9. LMXleader member exchange 이론의 듣기를 적용한 리더 307

부록

1. 간이 경청지수 검사 315

2. 적극적인 경청 가이드 322

3. 경청자 선호도 검사 325

들어가면서

듣기를 이해하는 데 있어 가장 큰 문제점은 듣기에 관한 자료가 과학적인 근거에서 나온 것이 아니라 어느 학자나 작가의 개인적 경험을 바탕으로 한 것이 대부분이라는 점이다. 이마저도 다시 시대를 지나며 인용에 인용을 거듭하는 과정에서 여과 작업이 없이 전해져 내려왔다. 때문에 듣기에 대한 좀 더 과학적인 데이터를 찾는 노력이 필요하다.

지금까지는 듣고 그에 대한 행동을 보일 필요가 없었다. 행동을 수반해야 하는 듣기는 또 다른 차원이어서 사실 상대가 잘 듣고 있는지 알 수가 없다. 물론 상대가 이야기를 듣고 있을 때 듣는 태도의 신체언어로서 판단하라고 가르치고 있지만, 듣고 행동을 보여야 하는 경우는 훈련되어 있지 않으면 어렵다. 말을 듣고 그 뜻을 숙지하여 바로 행동으로 보이고 다시 그 다음 행동으로 이어져야 하기에 듣고 이해하는 것을 신체의 행동으로 옮기는 과정은 사람마다 다르다.

경청은 5가지 조건이 맞아야 가능하다. 신체적, 지적, 심리적, 성격적, 환경적 조건이 그것이다. 신체적인 조건으로는 청각 능력이 정상적이어야 하고, 장시간 들을 수 있는 체력이 필요하다. 지적인 조건은 대화의 주제를 이해할 수 있는 배경지식과 언어 이해의 수준을 말한다. 심리적인 조건은 들으려는 동기와 감정적 조절이 가능해야 하고, 본래 타고난 성격이 남을 배려해서 남을 말을 들을 수 있어야 한다. 환경적 조건은 소음이나 경청을 방해하는 물리적인 상황의 극복이 선행되어야 한다.

듣기에는 모순적인 면이 있다. 힘을 가진 자가 경청을 하면 칭찬을 받지만, 약한 자가 들으면 당연히 들어야 하는 것으로 인식하는 공정치 못한 면이 있는 것이다. 역사적으로 경청의 많은 교훈은 군주로서, 리더로서, 부모로서 말하기보다 오히려 들어야 하는 겸손의 윤리적인 관점을 가르쳐 왔고, 현대에 와서는 직업적으로 도움이 되는 경청하는 방법이 교육되어 왔지만 어딘가 미흡한 부분이 있는 것이 사실이다.

진정한 경청은 상대가 누구든, 어떤 주제든 관계없이 상대의 말을 들을 수 있어야 한다. 하지만 너무 윤리적이고 강압적인 형태로 경청을 요구하며 훈련하는 것은, 인간이 본래 가지고 있던 듣기 능력에 대해서는 무조건 수준을 낮추어 보고 이해하지 않는 다소 거슬리는 부분이 있기에 현실성이 매우 낮다. 이것은 마치 이타주의적 기부만을 바라고 요청하는 이상적인 모금은 현장에서 적용될 수 없는 것과 마찬가지이다. 남을 위해서 경청한다는 것은 이론적으로는 가능하나, 사실 경청은 다 자신들을 위한 것이다. 그래서 오히려 진정한 경청이라는 애매모호한 말보다는 현명한 경청이라고 칭하는 것이 솔직하고 좋다. 들어야 할 때는 듣고, 말해야 할 때는 말하고, 그 역할과 상황을 전략적strategic situation으로 파악해서 적절한 듣기 행동을 취해야 한다. 보통 현명하고 사리 판단력이 있는 사람은 특별한 훈련 과정 없이도 듣는 것을 기본적으로 잘한다. 훈련과 교육은 듣기의 효율을 높여 주기는 하지만, 듣기에 처음부터 관심이 없거나 선천적으로 듣기를 거부하는 사람의 경우는 교육만으론 부족하다.

리히텐베르크G.C. Lichtenberg는 "우리가 눈을 자신의 의지대로 쉽게 뜨고 감듯이 귀도 마음대로 열고 닫을 수 있다면 얼마나 좋겠는가"라고 말했다. 듣는 귀는 우리 마음대로 열고 닫을 수 없기에 내가 듣고자 하는 소리 이외의 소리는 의지를 갖고 들어야 가능하다. 수십 년 동안 듣기에 대해 좋은 사상과 이론들이 세상에 나와 많은 사람들을 깨우쳤지만 진정한 경청으로 성공을 이룬 사람은 많지 않다. 좀 더 강한 동기가 없는 한, 또는 좋은 동기가 있다 하더라도 듣는 것과 실행하는 것과는 간극이 너무 큰 것을 우리는 경험한다. 그래도 자신의 부족을 안다는 것은 모르는 것보다 성공의 길에 더 가까운 것이 아닐까?

왜 펀드레이저가 뜬금없이 듣기 얘기인가?

한국에서는 아직도 펀드레이저라는 직업이 일반인에게는 생소한 직업군이다. 어감 때문에 영리 목적의 펀드매니저와 혼동하기도 하고, 길거리에서 귀찮을 정도로 모금을 강요하는 사람들 혹은 할리우드에서 유명인들을 모아 놓고 정치 후원금을 모으는 폼나는 사람들이라는 극단적인 이미지로 생각하기도 한다.

미국 사회에서 펀드레이저들은 기부 문화를 선도하고 있으며, 재산을 사회에 환원하는 사람들 이름 뒤에 '자선가philanthropist, 인간을 지혜롭게 사랑하는 사람'이라는 영광스러운 칭호를 붙여 줄 수 있는 자격을 가진 유일한 직업이다. 그래서 펀드레이저에게 성직자와 같은 거룩한 의미를 부여하기도 한다. 훌륭한 의사 한 사람이 평생 동안 수백 명의 생명을 살릴 수 있지만, 훌륭한 펀드레이저는 수만 명을 살릴 수도 있다. 현재 미국에서는 10만 명 정도의 모금 관련 전문인들이 자부심을 가지고 일하고 있고, 필자가 소지한 국제 공인 자격증 소유자는 전 세계에 4,000명 정도 있다. 2007년과 2009년 US〈News & World Report〉는 두 번에 걸쳐 펀드레이저가 미래 최고 유망직종 중에 하나라고 보도했다.

최근 한국에서도 펀드레이저라는 직업이 사회적으로 관심을 불러일으키고 있다. 희망제작소의 박원순 변호사 등 풀뿌리 운동을 중심으로 하는 펀드레이저들이 우리 일상생활과 밀접한 관계를 맺고 있다. 이젠 여성으로 건국대의 황신애 씨, 국제백신연구소의 손미향 씨 등 많은 모금계의 여성 스타 펀드레이저들의 활약도 돋보인다. 그리고 의외로 많은 한국의 펀드레이저들이 열악한 환경 속에서도 그림자처럼 묵묵히 일하고 있다.

펀드레이저는 '도움이 필요한 사람들을 돕기 위해 부유한 사람들에게 기금을 확보하는 사람'으로 출발했으나, 지금은 '단체의 미션과 기부자의 가치의 공통점을 찾아 행동으로 옮기는 사람'으로 역할이 확대되었다. 여기서 기부자가 가치를 두는 것이 무엇인지 알려면 듣지 않고는 불가능한 일이다. 그래서 필자의 멘토는 마치 "일하기 싫은 자는 먹지도 말라."는 말을 패러디하듯이, 듣기를 거부하거나 게을리하는 자는 요청도 하지 말라고 젊은 펀드레이저들을 혹독하게 훈련시켰던 것으로 기억된다.

필자가 가장 힘들었던 것이 바로 그 점이다. 펀드레이저는 그저 말만 잘하고 설득력 있고 기금을 받아내기만 하면 되는 것으로 착각했던 적이 있다. 상대의 입장과 그의 이야기를 들을 생각도 하지 못했고, 제대로 듣는 훈련도 받지 못한 것이다. 그동안 많은 시행착오를 거쳤던 필자는 이제 펀드레이저가 무엇을 하는 사람이냐고 묻는다면 한마디로 "상대의 인생이 추구하는 자아실현에 관심을 갖고 듣는 사람"이라고 새로운 정의를 내린다. 주위에서 보면 펀드레이저들이 소속된 비영리단체 가운데 기부자들의 이야기를 듣지 못하는 단체는 곧 문을 닫게 됨을 볼 수 있다. 이는 필자가 펀드레이저들의 교육 프로그램에서 필자의 성공담보다 실패담을 '고백 형태로 나누면서 듣기를 가장 첫 번째로 그리고 가장 중요한 것으로 강조하게 된 연유가 되었다.

필자는 프로페셔널 펀드레이저다. 모금을 할 때는 말을 잘하고 설득을 잘하는 것도 중요하지만, 잘 듣는 것이 더욱 중요하다. 그런 면에서 모금가의 입장에서 듣기의 세계를 새로운 각도로 조명해 보는 것은 의미가 있는 일이며, 비록 독자가 직접 모금을 하지는 않더라도 듣기가 일반 생활에 도움이 된다면 기쁘고 보람된 일이다.

경청의 중요성

우리는 진짜 해야 하는 이야기와 실제로 자기 입에서 나오는 말이 다른 경우가 많다. 모든 상황을 고려하면 이 말을 해야 정상이고 윤리적이며 합리적이겠지만, 실제 입에서는 내가 말하고 싶은 내용이 먼저 나온다. 그러므로 수천 년을 두고 동서고금의 많은 성인들이 말하기는 더디 하고 주로 들을 것에 대해 이야기하고 있다.

지금까지는 모든 경청이 듣는 사람 입장에서 이야기되어 왔지만, 이제는 말하는 사람 입장이 되어 보면 어떨까 생각한다. 만약 모든 대화에 있어서 '듣는 사람이 말하는 사람에게 듣기 평가를 받는다'라고 생각하면 모든 게 달라진다. 대화가 끝난 후 즉시, 말한 사람이 듣기 점수를 매겨 준다면 어떻겠는가? 시험을 치르는 수험생처럼 나의 듣기 능력에 대해 지적인 태도, 마음의 태도 신체적인 반응이 종합 평가된다면 우리는 다음과 같은 말을 들을 것이다. "당신의 듣기 점수는 ○○점입니다."

장사로 치면 듣는 것은 남는 장사다. 사실 말해도 손해이고, 듣고만 있어도 어떨 때는 손해인 경우가 있다. 하지만 들어서 손해 보는 것이 말해서 손해 보는 것보다는 덜하기에 듣기에 열중하는 것이다. 말해서 잠 못 이루고 후회한 적은 많아도 듣기만 했다고 억울해서 잠 못 이룬 적은 그리 없는 것 같다.

경청의 중요성을 몰라서 사람들이 경청하지 못하는 것이 아니다. 대부분 경청에 대한 필요성을 못 느끼기 때문이다. 경청의 필요성은 사람에 따라 다르고 주제와 듣는 동기에 따라 다르다. 아무리 경청을 하지 못하는 사람이라도 대통령 앞에서는 귀를 기울이며 메모까지 하는 장면을 우리는 목격하게 된다. 그만큼 사람은 필요하다고 느끼면 다 하게 되는 것이다. 그러므로 진정한 경청의 훈련은 그리 중요하게 생각하지 않는 전달자에게도 집중해서 들을 수 있도록 태도를 바꾸는 일이 선행되어야 한다.

본래 이론상의 듣기는 첫째로 소리를 받아들이고, 둘째로 이해하고, 셋째로 기억하고, 넷째로 평가한 뒤에 마지막으로 대답을 하는 순서로 대화를 한다. 하지만 실제 대화하는 모습을 가만히 들여다보면 그런 순서로 하지 않고 순서를 건너뛰어 바로 상대의 말이 떨어지자마자 대응하는 것을 보게 된다. 이것은 사람들이 상대가 말을 하는 중에 이미 대답할 말을 준비하고 있다는 증거인 것이다. 그래서 스티븐 코비가 그의 성공을 위한 7가지 습관 중 하나로 "이야기하며 듣기는 답하기 위해 하는 것이 아니라 상대를 이해하기 위해 하는 것이다."를 꼽은 것을 기억해야 한다.

경청함으로 즐거움을 얻는다

사람의 말을 들을 때 어떤 목적을 가지고 듣는다면 반드시 한계를 느낀다. 모금전문가나 정신과 의사, 상담사, 코치가 경청하는 법을 누구든지 그대로 실생활에 적용해 보면 한두 번 해 보고 곧바로 본래의 습관대로 돌아오고 만다. 하지만 생각을 전환하여, 경청하는 것을 즐거운 음악을 듣는 것과 같은 마음과 태도로 임한다면, 경청은 창조주가 인간에게 주는 귀한 선물이 될 수 있다.

사람들의 이야기에 주의를 집중하여 잘 듣다 보면 무척 재미있고 흥미로운 점들을 발견하게 된다. 그 순간부터 경청의 맛을 느껴 의무감이나 윤리적 시각으로 듣는 것이 아니라 즐겁게 들을 수 있는 것이다. 대화하는 것도 음식을 먹는 것과 마찬가지이다. 우리는 생명을 유지하기 위해, 영양분을 섭취하기 위해 음식을 먹기도 하지만, 맛을 보면서 즐거움을 갖기 위해 먹기도 한다. 처음 만난 어떤 사람과 한 시간 동안 대화를 한다는 것은 때론 한 편의 영화를 보는 것과 같은 즐거움이 될 수도 있다.

가만히 다른 사람들의 이야기를 들어 보면 그 안에 존재감과 열등감이 동시에 나타나는 경우가 대체적으로 많다. 이처럼 감정은 아무리 숨기려 해도 은연중에 표현되는 신체언어로 결국은 나타나게 된다. 나와 직접적인 관계가 없고 자신에게 도움이 되지 않는 사람들일지라도 그 사람의 이야기를 듣고 그 숨은 뜻을 이해하는 자체로 즐거움을 얻을 수 있다면 좋을 것이다. **상대의 말을 듣고 그를 평가하거나 분석하려는 목적보다, 상대를 이해함으로써 얻는 즐거움을 찾는다면 경청은 저절로 이루어질 것이다.** 사람들은 자신과 연결되거나 관계성 없는 주제에는 관심이 없게 마련이다. 말하는 사람이 듣는 상대방의 입장을 생각해서 이야기하는 경우는 드물다. 상대가 나에게 다가오기를 기다리지 말고 내가 먼저 다가가야 친구가 되는 원리와 마찬가지로, 경청해 주길 바라며 말하는 것이 아니라 그저 즐겁게 먼저 들어주는 것이다.

Chapter 1

듣기의 정의와 해부학

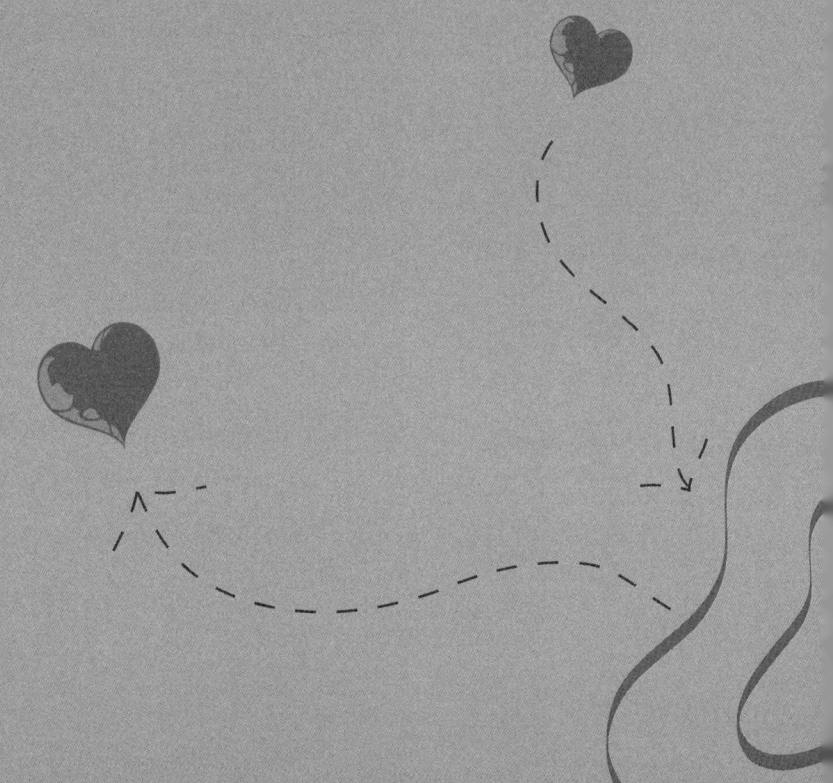

교육이란 흥분과 자긍심을 잃지 않고 무엇이든 들을 수 있는 능력을 키우는 것이다. *Education is the ability to listen to almost anything without losing your temper or your self-confidence.* –Robert Frost

1. 듣기 listening란?

듣기에 대하여 국제리스닝협회 International Listening Association에서는 '타인으로부터 오는 의미 있는 메시지를 선택하고 이해하고 반응하는 신체적이고 심리적인 과정' 이라고 정의하고 있다. 듣기는 크게 세 가지로 나눈다. 첫 번째는 단순히 정보를 듣고 내용에 초점을 맞추는 강의로서의 듣기 class listening, 두 번째는 일대일 대화 또는 그룹으로 대화를 할 때 내용과 감정을 듣는 대화로서의 듣기 conversation listening, 세 번째는 조직이나 단체 혹은 회사에서 이해 관계자 stakeholder의 말에 귀를 기울이는 업무적인 듣기 institutional listening가 있다. 지금까지 많은 저자들이 두 번째 듣기 방법에 주안점을 맞추었다면, 필자는 이 세 가지 모두의 균형을 맞추는 데 노력을 기울일 것이다. 많은 리스닝 관련 학자들이 지난 60년 동안 듣기에 대해 학문적으로 접근해 온 방향은 대략 5가지로 분류된다.

첫째, 사회적 정보 유입 과정으로 보는 관점이다. 주로 학교 강의나 말하는 자가 일반적으로 전해 주는 것을 효과적으로 받아 필기를 해서 정보를 얻는 데 주안점을 둔다. 그리고 메모하는 방법, 전문용어 이해하기 등으로 정보를 효과적으로 받아들이는 데 초점을 둔다. 비판적 듣기 Critical Listening의 연구와 훈련이 주 목적이라 볼 수 있겠다.

사례

필자는 오래전 미국계 아시아인의 인맥을 자랑하면서 대학의 최고위 모금 리더 포지션을 신청한 적이 있었다. 많은 시간에 걸쳐 2차 심사까지 통과했고 마지막 3차 프레젠테이션 시간이었다.

그때 심사위원 5명 중 한 명이 펀드레이저계의 유명한 전설적인 교수였는데, 필자의 프레젠테이션을 듣고는 "우리는 당신이 갖고 있는 인맥에 관심 있는 것이 아니라 인맥을 구축해 나가는 과정과 가치가 우리의 가치와 공통점이 있는가 없는가에 관심이 있다"는 말을 했다. 거기에 덧붙여서 "같은 펀드레이저로서 프레젠테이션을 30분 동안 지켜봤는데, 우리들 몇 사람이 질문을 하고 싶어 신체언어를 보냈는데도 그걸 못 읽어 낸 것을 보면 당신의 듣기 능력은 아직 역량이 부족하다고 본다. 하지만 이 시간을 통해 당신은 평생 잊을 수 없는 선물을 얻게 될 것이다. Good luck!" 사실 필자는 내가 얼마나 똑똑하고 지혜롭고 능력을 갖춘 사람인가를 PR하는 데만 신경을 썼지 상대의 관심에는 신경 쓸 새가 없었던 것이다. 굳이 변명을 하자면 영어는 나의 모국어가 아니기에 보여주기 위한 말하는 능력에만 신경을 썼다. 설득 능력을 보여주기 위해서는 듣기 능력도 포함되어야 함을 이론적으로 머리로만 이해했지 정작 마음과 몸은 따라 주지 못한 것이다.

프레젠테이션에 말을 잘하는 것은 기본이고, 낮은 레벨의 직책에는 그 정도로 충분할지 모르지만 중요한 임무에는 프레젠테이션에 잘 듣기까지 포함된다는 사실을 주지시켜 준 사건이었다. 비록 그 포지션에는 합격하지 못했고, 그 실패의 충격이 며칠은 갔지만, 리더십과 듣기에 대한 나의 사고 패러다임이 제대로 정립되는 매우 고마운 사건이었다. 지금 생각해 보면 필자에게 그 교수는 이 책을 집필할 수 있도록 해 준 은인이라 할 수 있다. 그의 말대로 선물을 준 셈이다.

둘째, 언어 습득의 일환으로 보는 관점이다. 주로 제2 외국어를 습득하는 데 치중하며, 토플 테스트나 외국어 듣기 능력을 향상시키는 분야이다. 상업적 교육산업과 출판물이 이 분야에 투자를 하고 있다.

셋째, 윤리적 관점의 노력이다. 특히 동양의 철학적인 사상이나 종교적인 이유에서 유래하며, 잘 듣기 경청를 해야 하는 이유를 윤리적인 차원에서 찾는다. 도덕적인 기초 안에서 남을 배려하고 존중하려고 할 때 듣기가 필요하다고 보는 것이다.

넷째, 듣기를 하나의 사회적 교류로 보는 관점이다. 대화를 통해 상대를 이해하고 좀 더 나은 관계를 유지하기 위한 수단으로 듣기가 이용된다. 비즈니스적인 관계에서 고객관계관리CRM의 한 방법으로, 조직적인 듣기institutional listening를 통해 여러 통로의 고객으로부터 불편 사항을 들음으로써 고객 관리를 돕는다. 또한 친구, 가족 간의 교류에 관한 것이나, 최근에 유행하는 자기개발서의 경청에 관한 부분이 이 분야에 속한다.

다섯째, 개인적인 경험으로 보는 관점으로, 강압적이고 부자연스럽기보다는 자연스럽고 창조적인 과정이다. 일차원적이거나 시스템 성향이 아니라 유동적이며 예술가의 경험처럼 지극히 듣기의 상황에 따라 다르게 느끼게 되는 개인적인 경험의 다양성이라 보는 것이다. 그래서 듣기의 부분을 한 틀에 놓고 이론화하고 교육할 수 있는 것이 아니라고 보는 관점이기도 하다.

이렇게 다섯 가지의 시각으로 이론을 정립하면 체계적인 듣기의 영역 이해에 도움이 된다. 우선 실험적인 데이터를 통한 구체적 이론을 바탕으로 테스트를 거친 후 살아남은 것을 실전에 사용하여야 한다. 하지만 실험적인 사례가 많다고 해도 그것이 구체적인 이론화를 거치지 않으면 실제 생활에 적용되기는 어렵다.

예를 들어, 정신과 의사와 환자 간에 이루어진 듣기의 이론이 일반적인 인간관계의 부분에까지 도구로 쓰여지고 있다. 그러나 이것은 하나의 콘텐츠contents로 존재하기보다는 문맥상의 기초contextually based에 따른 이론화가 되어야 한다. 또 다른 예로, 일반적인 인간관계의 이론으로 조직이나 정부의 차원에서 공무원, 관리, 판사, 컨설턴트가 결정을 하기 전에 개인의 이야기를 들어야 하는지, 아니면 법적인 차원으로 제도화해서 들어야 하는지에 대한 문제도 매우 흥미로운 과제라 할 수 있겠다. 이러한 것이 주 분야인 비즈니스, 관계, 정신건강 클리닉, 교육, 종교 분야에 주로 영향을 미칠 수 있을 것으로 본다.

2. 네 가지 귀

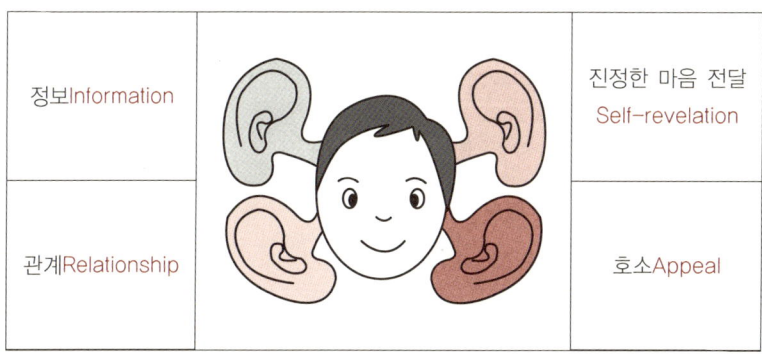

말에는 네 가지 의미가 담긴 메시지가 함께 전해진다. 듣는 자가 의도를 갖고 주의를 기울이지 않으면 이 의미들은 그냥 놓쳐 버리고 만다. 필자는 모금교육을 할 때 모금가는, 특히 직접적인 요청을 하는 모금가는 상대방과 대화를 하면서 위와 같은 네 가지의 귀를 가져야 한다고 교육하고 있다.

사람은 누구나 말을 할 때 의미를 두고 이야기한다. 대화에서 듣는 사람이 그 말의 의미를 이해하지 못한다면 말을 하는 입장에서는 매우 힘든 일이 될 것이다.

예를 들어, 한 어머니가 오랜만에 집에 온 아들을 보고 "그래, 다시 네가 집에 와서 좋단다."라고 말하였다. 사실 이 짧은 말 안에는 네 가지의 의미가 들어 있다.

1) 정보Information : '오랜만에 집에 왔구나. 기분이 좋다.' 즉, 말 그대로의 정보를 전한다.

2) 진정한 마음 전달Self-revelation : '외롭게 지내고 있었는데, 자주 왔으면 좋겠다.' 라는 뜻이 있을 것이다.

3) 관계Relationship : 관계를 얘기한다. 부모와 자식 간이다. '자식이 부모님을 자주 찾아뵙고 안부를 묻고 해야 하는데, 너무 오랜만에 왔구나 좀 섭섭하다.' 라는 뜻이 담겨 있다.

4) 호소Appeal : '넌 집에 잘 찾아오지를 않는구나. 앞으로 자주 찾아오길 바란다.' 라는 뜻이 담겨 있을 수 있다.

대화를 할 때는 상대방의 말에 귀를 기울여야 하고, 어떤 뜻으로 말을 하는지 느낌, 배경을 잘 이해해야 하는 공감적 듣기Empathic Listening가 필요한 것이다.

3. 듣기와 신체적 구조

창조주가 인간을 만들어 낼 때 우리의 신체의 구조를 자유스럽게 그리고 쉽게 들을 수 있도록 만들지는 않았다. 그렇기에 그 신체적인 결함을 극복하기 위해 많은 공을 들여야 진정한 듣기가 가능해진다. 그런 신체의 결함을 극복한 사람만이 상대의 진정한 말의 의미를 이해하게 될 것이다. 다음 네 가지는 신체 구조상 듣기를 어렵게 만드는 요소이다.

1) 두뇌 구조상의 이유

인간의 두뇌 구조는 생각하는 속도와 듣는 속도가 같지 않다. 이것은 다른 어떤 신체 구조상의 문제보다 듣기에 가장 큰 결함이 되는 부분일 수 있다. 생각하는 속도는 사람에 따라 다르지만 듣기보다 약 4~5배가 빠르다. 그러므로 항상 생각에 공회전이 있게 마련이어서, 듣는 중간에도 다른 생각을 하게 되고 다른 말할 거리를 꾸준히 찾기 때문에 듣기에 집중하기가 어렵다. 만약 생각하기와 듣기의 속도가 같다면 듣기 시간이 여유가 없기에 듣기에 대해 고민할 것이 없어진다. 그러므로 75%를 듣는 중간에도 상대의 신체 언어를 읽는다든지 지금까지 말한 것을 정리한다든지 앞으로 상대가 말할 것을 예측한다든지 해서 빈 공간을 채워야 된다. 이렇게 하는 것이 인간의 자연스러운 생각의 구조인데, 이는 서로 시간이 맞을 경우에만 잘 듣기가 가능하다.

2) 입과 귀의 구조상의 문제

입을 열어 말을 하는 순간에 상대적으로 귀의 듣는 기능은 마비된다. 그래서 듣고 싶다면 말하지 말아야 한다. 우리는 모두 말하는 것과 듣기를 동시에 할 수 없고, 둘 중에 하나만 선택할 수밖에 없는 구조로 태어났다.

영어로 듣기라는 단어가 'LISTEN' 이고 침묵이라는 단어는 'SILENT' 이다. 우연히도 이 두 단어는 단지 순서가 다를 뿐 같은 알파벳으로 이루어져 있다. 듣기와 침묵은 별개의 것이기보다는 일맥상통하는 것이라 볼 수 있다. 싸우는 사람들을 가만히 지켜보면 상대가 말하는 중간에 끊으면서 자기가 하고 싶은 말만 하고 상대의 말은 들으려 하지 않는다는 것을 알 수 있다. 입과 귀의 기능이 적절히 작용할 때 원만한 대화가 이루어진다.

3) 눈과 귀의 구조상 문제

귀는 눈을 따라가게 만들어져 있다. 대화를 할 때 서로의 눈이 상대의 눈에 초점을 맞추지 않고 다른 곳에 초점을 맞추면 자연히 귀는 그 초점을 따라가게 마련이다. 그래서 잘 들으려면 상대의 눈을 바라보아야 하며, 나머지 말하는 사람의 주위 배경을 흐릿하게 만들어야 한다. 만약 다른 곳을 쳐다보면서 고개만 끄떡인다면 그는 다른 생각을 하고 있는 것이다. 그래서 잘 듣기의 첫째 조건을 꼽을 때 말하는 이와 눈을 마주치라고 하는 것이다.

4) 귀와 다른 신체의 행동을 따로 할 수 없다

아무리 대화의 달인이라 해도 자신의 신체언어를 속일 수는 없다. 상대의 이야기를 들으면서 듣는 이의 반응은 자기도 모르게 신체언어로 표현된다. 단지 상대가 그것을 감지하는가, 못하는가의 문제이지 반드시 신체언어는 어떤 방식으로든 표현된다. 많은 사람들이 연습을 통해 신체언어를 드러내지 않고 남을 속이려 하지만 그것은 한두 번뿐이지 금방 탄로가 나고 만다. 그래서 전문가들은 사람들의 말보다 신체언어를 더 믿는다. 신체언어는 말보다 더 많은 내용을 내포하고 있기에, 말한 내용의 진실성은 들은 내용과 행동이 일치할 때 비로소 신빙성을 얻게 되는 것이다. 영어의 표현 중에 "Preach water and drink the wine"이란 말이 있다. 즉, 다른 사람에게는 물을 마시라고 하면서 자신은 와인을 마시는 격이라는 말이다. 물이라는 단어를 귀로 듣고 있지만 보이는 것은 와인일 경우에 그 말은 실효가 없다는 말이다.

4. 네 가지 듣기의 능력

우리는 서로 다른 네 가지 듣기 능력을 가지고 있는데, 어떤 부분은 뛰어나고 또한 어떤 부분은 뒤떨어질 수 있다. 이런 능력들은 나이가 들면서 조금씩 향상되며, 사람마다 차이가 있다. 그리고 이것에 수반되는 직업 수행 능력도 각 영역별로 차이가 있게 마련이다.

첫째, 신체적 듣기 능력으로서 신체적으로, 물리적으로 들을 수 있는 능력을 말한다. 물론 청각도 정상이어야 하고, 정신적으로 혹은 육체적으로 피곤함이 없어야 한다. 어느 기간 동안에 남의 말을 중단시키지 않고 자신의 듣기 규율 속에 스스로를 통제할 수 있어야 한다. 얼마 전에 한 미국 포병 장교가 타격 포인트를 상부로부터 연락받고 지시했는데, 69를 96으로 잘못 듣고 실수로 아군 쪽으로 포탄을 발사해 사상자를 낸 적이 있었다. 나중에 조사를 해 보니 그 장교는 가끔 번호를 반대로 듣는 장애를 갖고 있음을 발견했다.

둘째, 지적 듣기 능력이다. 이것은 IQ와 관계가 있을 수 있고, 지적 듣기 능력이 뛰어난 학생들은 모든 과목에 높은 학점을 유지할 수도 있다. 고도로 숙련된 듣기 훈련을 요구하는 119 구조요원이나 파일럿 같은 전문적인 일을 하는 사람들에게 중요한 영역이다. 지시 내용을 듣고 동시에 머릿속에 정리가 가능해야 하며, 요점을 파악하여 기억하는 것은 물론 그 속도와 이해력이 본문의 내용과 일치해야 한다. 이런 능력은 훈련도 중요하지만 사실 타고나야 하는 점도 있다. 보통은 IQ가 높은 사람이 듣는 속도도 빠르고 이해력이 뛰어나다. 또한 그 이해한 것에 대해 기억력도 좋고 다시 반복해서 표현도 잘하는 편이다.

셋째, 감성적 듣기 능력이다. 물론 EQ의 영역이기도 한데, 말하는 사람의 감정을 읽을 수 있고 자신의 듣기에 감정적 조절을 할 수 있는 능력이다. 신체적 언어 body language로 나타날 수 있으며 지적 듣기 능력을 통해 상대를 배려하여 경청할 수 있다. 말하는 사람의 숨겨진 의도나 깊이 있는 감정을 끄집어낼 수 있으며, 여기서 맥락적 경청이 가능하다. 이 부분에 장애가 있으면 리더십을 키우는 데 곤란하며, 인간관계 또한 장기간 유지할 수 없게 된다. 주로 직업적인 상담원이나 코치, 모금가, 정치인들에게는 이런 능력이 필수적이다. 반드시 내용을 듣고 상대의 감성을 읽고 자신의 생각 내부에 정리가 가능해야 하고 기억도 해야 한다.

넷째, 영적 듣기 능력이다. 주로 종교 지도자들이 갖추어야 하며, 영적 내면의 소리를 들을 수 있고 느낄 수 있어야 한다. 혼자 있는 명상의 시간을 많이 가지면 도움이 된다. 앞에서 말한 세 가지와 달리, 영적 듣기 능력은 객관적인 수치로 잴 수는 없는 영역이기에 논란이 있을 수 있다. 종교 모금을 하는 모금가들은 바로 이 능력이 있어야 모금이 가능하고 그들을 이끌 수 있다. 눈에 보이지 않는 영역이지만, 옳고 그름을 판단할 수 있고 희생을 감수할 수 있다.

5. 듣기의 종류

듣기의 종류는 크게 5가지로 나눌 수 있다. 자신이 듣기의 어떤 분야에 강점이 있는지 또는 부족한지를 잘 모른다면 결코 잘 들을 수 없다. 각 직업별로 요구하는 듣기 능력이 다르다. 그렇기 때문에 각기 테스트를 거쳐 기본 능력을 점검해서 고용하기도 하고 훈련 프로그램을 만들기도 한다. 자신이 어떠한 종류의 듣기에 능한지를 파악하는 것은 직업을 떠나 일반 생활에도 꼭 필요한 것이다.

1. 분별적Discriminative 듣기: 여러 가지 잡음을 포함한 소리 속에서 내가 찾는 소리를 끄집어내기 위한 듣기인데, 예를 들자면, 어머니가 여러 아이들이 떠드는 속에서 자녀의 목소리를 찾아내거나, 해양생물학자가 바다에서 나는 여러 소리 중에 고래의 소리를 찾아내는 것이다.

2. 의도적Deliberative 듣기: 자신만의 시각으로 문제와 흠을 찾아내기 위한 듣기로서 논리적인 이유를 근거로 듣는다. 예를 들면, 건설 하청업자가 공사 마감일을 연장해 줄 것을 요구하며 그 이유를 설명할 때의 듣기나 속도위반 범칙금 고지서를 받은 사람이 자신의 무죄를 설명하는 것을 교통경찰이 들을 때이다.

3. 감상적Appreciative 듣기: 가장 기초적인 듣기로서, 음악감상이라든지 소속 팀의 공로를 치하하는 사장의 말을 듣는 것과 같은 즐거움을 갖기 위한 듣기이다.

4. 비평적Critical 듣기: 상황을 이해하거나 어떤 결정을 하기 위해 정보를 분석하며 비평적으로 듣는 것으로서, 진학이나 물건 구입, 정책 투표 등을 앞두고 그에 대한 홍보 내용을 듣거나 누가 길을 가르쳐 줄 때 듣는 것이 여기에 속한다. 119 구조대에서 긴급하게 대

피하는 방법을 알려줄 때, 회사에서 첫 근무 시 오리엔테이션을 가질 때의 듣기도 이에 해당된다.

5. **치료적/공감적**Therapeutic/Empathetic: 상대를 염려해서 듣는 것으로서 아픈 친구의 이야기를 듣는다든지 엄마가 놀이터에서 다쳐서 울고 들어온 아이의 말을 듣는 것, 아는 사람이 자식을 잃어버린 사연을 듣는다든지, 지역 국회의원이 주민들에게 지역사회의 문제점을 들을 때라든지, 판사가 형을 선고받은 사람에게서 벌금이 너무 많아 가족의 생존권마저 위협받는다는 호소를 들을 때 듣는 방법이다.

사실 선천적으로 어느 한 분야의 듣기에 재능을 가진 경우도 있고, 여러 가지 듣기 능력을 두루 갖춘 사람들도 있으며, 혹은 후천적으로 어느 한쪽에 특별한 훈련을 받아 잘 발달된 경우도 많다. 하지만 훈련도 나이가 어릴수록 중요하다. 중학교 음악시간에 클래식 음악을 틀어 주고 제목을 맞히는 시험 대비성 훈련critical을 했는데, 그보다는 음악을 어떻게 즐겁게appreciative 듣는가를 훈련했더라면 하는 아쉬움이 늘 있었다. 문제는 자신의 역할이나 직업적으로 어떤 듣기의 기술이 요구되는지 잘 모르는 데 있다. 듣기의 종류를 잘못 적용하거나 전혀 능력이 안 될 때 갈등이나 문제가 생기곤 한다.

예를 들어, 다쳐서 집으로 들어온 아이의 이야기를 엄마가 비판적critical 듣기로만 듣고 잘못을 다그치기만 한다면 엄마의 역할을 제대로 하지 못하는 것이다. 의사가 환자의 고충을 감정적·심리적으로 이해하지 못한 채 너무 사무적으로 환자의 아픈 곳만 치료한다면 결국은 환자를 잃게 된다. 정치인이 지역구 주민의 고충을 공감적empathetic으로 들어 주지 못한다면 다음 선거에서 탈락할 것은 자명하다. 듣기를 잘못함으로써 비롯되는 이 모든 사회적 손실은 돈으로는 계산할 수 없는 엄청난 부분으로 불어나게 되는 것이다.

 지금까지 듣기에 관한 대부분의 경우는 5번의 치료적/공감적 Therapeutic/Empathetic 듣기 유형을 중점으로 상담이나 코치, 또는 인간관계를 위한 경청 훈련을 해 왔다. 다른 4가지는 각각의 전문 분야에서 산발적으로 활용되어 왔으며, 일반인에게 공개적으로 훈련 프로그램을 적용하는 경우는 드물다. 하지만 모금전문가 과정 가운데의 듣기교육은 위의 5가지 능력을 골고루 갖추도록 돕고 있다. 그리고 고용에 있어서도 간단한 인터뷰나 테스트를 통한 검증을 거친다. 고용 후에도 그 듣기 능력을 상황에 따라 잘 매치하는가에 대해 매니저가 모니터링도 하고 효과적으로 듣도록 하는 훈련에 투자를 하고 있다.

6. 듣기의 수준

사람에 따라 듣기 수준이 다르다. 다음은 MIT 슬론 경영대학원 MIT Sloan School of Management의 오토 샤머Otto Scharmer 박사가 발표한 네 가지 듣기의 단계이다.

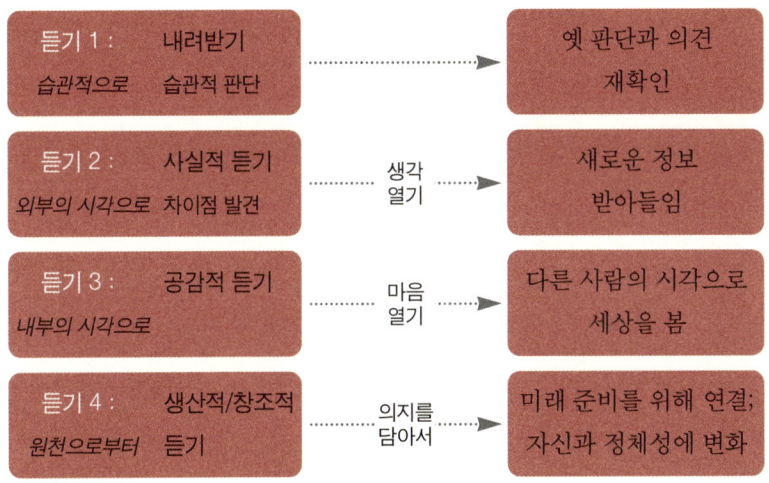

출처: Otto Scharmer, www.presencing.com/permissions/

그림 1. 듣기의 수준

- **1단계 수준 : 내려받기**Downloading – **자기중심적으로 듣기이다.**

마이크와 카메라를 자신의 몸 안에 설치한 형태이며, 이 듣기는 다른 사람의 말을 듣고 있는 동안 듣는 이가 주로 무엇에 관심이 있는지에 따라 내용을 자기중심적으로 듣는 형태를 의미한다. 1단계에서 듣는 목적은 본인의 필요를 충족하는 것으로서 본능적으로 관념과 습관에 의해서 판단한다. 여기서 듣기란 자신의 옛것을 재확인하는 과정이다.

- ■ 2단계 수준 : 사실적Factual 듣기로 상대의 입장에서 듣기 - 말하는 사람에게 초점을 맞춘다.

마이크와 카메라를 바로 자신의 몸 앞에 놓고 이야기하는 형태이다. 말하는 사람을 주목하고, 듣는 이의 의제나 의견, 또는 다음에 할 어떤 말들 등 자신에게 집중하지 않는다. 우선 마음을 열고, 들을 때가 되면 거울처럼 말하는 사람의 말에만 집중하여 듣는다. 간혹 말을 할 때는 스스로가 완전히 듣고 있다는 느낌이 있도록, 충분한 이해가 있었는지를 다시 확인해서 상대에게 말하곤 한다. 다름을 인정하고 집중해서 사실을 분석하고 이해하려고 한다.

- ■ 3단계 수준: 공감적Empathic 듣기 - 감정이입된 전체적인 듣기이다.

마이크와 카메라를 상대의 몸 안에 설치한 것과 같은 형태이다. 말하는 사람의 전반적인 메시지를 이해할 수 있도록 도와줄 단어, 리듬, 피치, 감정 및 신체언어에서 힌트를 찾아낸다. 예를 들면, 그가 기분이 좋지 않은 이유는 무엇인지, 그가 말하는 동기가 무엇인지를 알아차리는 것이다. 말하는 사람과 듣는 사람뿐만 아니라 주변 환경과 참석자, 그리고 듣는 이의 귀, 눈, 몸, 감정, 직관과 받아들이는 행동이 다른 사람과 환경에 어떤 영향을 주는지 감지하면서 듣는다. 부드럽게 집중해서 들어야 한다. 또 다음을 어떻게 해야 할지에 대한 힌트가 될 만한 대화의 사소한 변화에도 주의하며 마음을 열어야 한다.

- **4단계 듣기: 생산적/창조적Generative 듣기** - 매우 세련된 듣기로서 그것은 창조적인 행위의 하나로 듣고 있다는 것이기도 하다.

마이크와 카메라가 듣는 이와 말하는 이의 몸 안에 부착된 것 외에도 다른 주위에 더 설치되는 형태이다. 현재 어떤 상황인지, 원하는 것이 무엇인지 들을 수 있도록 세밀한 수신기가 귀에 부착되어 있다. 생산적 청취의 힘으로 완전히 다른 각도의 시각과 개념을 이해함으로써 새로운 아이디어를 이끌어 내거나, 새로운 인식 또는 더 높은 수준의 이해에 도달하는 것이다. 문제 또는 위기, 전략적 질문 등을 말하는 사람에게 강요하지 않고 그 전에 고려되지 않았던 해법을 찾아내는 듣기이다. 고집과 자존심을 접어 두고 선입관과 편견을 완전히 배제하여 모르는 듯이 참을성 있게 들어 무엇인가 독창성 있고 창조적인 새로운 것을 만들어 내기 위한 듣기이다.

사람들은 각자 다른 개인적인 역사와 경험을 통해 각기 다른 듣기의 고정 통로가 있다. 폐쇄된 정신 모델과 과거에 사용한 적이 있는 청취 방식에 의해 다른 관점들은 차단된다. 이런 상상력에 대해서 우리의 능력은 단순한 호기심만으로 이루어진 1단계 수준에 갇혀 있게 되는 경우가 많다. 그런데 예부터 동양에서 말해 온 '경청'은 아마도 2, 3, 4단계 수준을 모두 다 포함한 의미였을 것이다. 사실 우리 모두는 궁극적으로 4단계 수준의 듣기를 목표로 듣기의 훈련을 쌓아 나가야 한다.

현재 모금전문가 교육의 듣기에는 3단계를 넘어서 4단계의 듣기 부분에까지 역량을 키우도록 프로그램을 개발해 훈련하고 있다. 다음은 듣기의 레벨이 좀 더 큰 차원에서 응용되는 것을 표시한 그림이다.

보는 시각의 위치	행동	대화의 행동	조직적 행동	글로벌 행동
I-in-me	듣기 1 습관적 생각을 내려받기	친절하고 예의바르게	중심적	체계적
I-in-it	듣기 2 사실적/목적의식적 듣기	토론적 비평적	비중심적	시장경제적
I-in-you	듣기 3 공감적 듣기	토의적 질문·성찰	연계적	토의적 대화
I-in-now	듣기 4 생산적 듣기	창조적	균형적	통합적

출처: Otto Scharmer, www.presencing.com/permissions/

그림 2. 개인적 듣기에서 글로벌한 듣기에 적용

7. 진정성 있는 듣기를 위한 3가지

모금가 훈련 기간 중에 듣기에 관한 교육 내용이 있다. 제일 먼저 묻는 질문은 다음과 같다.

(1) 당신은 상대가 말을 끝낼 때까지 기다리는가?
(2) 그의 말에서 나의 의견과 다른 부분을 듣는가?
(3) 들으면서 빨리 판단을 하는가?

이 세 가지를 물어보고, 그 대답을 통해 스스로를 돌아보게 한다. 또한 다음 세 가지를 반드시 거쳐서 이해하고 동의해야 진정한 듣기 훈련이 가능하다는 것을 가르치고 있다.

첫째, 듣는 것이 말하는 것보다 유리benefit하다.

에너지도 덜 소모되고 듣는 시간이 말하는 것보다 훨씬 시간적 여유가 남기 때문에 어떻게 하든 본인에게 전략적으로 좋다. 이전 시대는 말로써 남을 설득하거나 이해시켜서 자신이 원하는 것을 성취하는 시대였다면, 말하려는 사람이 넘쳐나는 현대사회에서는 듣는 사람이 더 귀하게 여김을 받고 대우도 받으며, 실제로 이 사회에 더욱 유용함이 증명되고 있다. 말로 인한 실수로 손해를 보는 경우가 있고, 말하지 않고 듣기만 해도 기회를 놓쳐 손해를 보는 경우도 있다. 그래도 듣기만 해서 손해를 보는 것이 말로 인해서 손해를 보는 경우보다 확실히 적다. 그럼에도 우리는 무의식 중에 말하는 것이 듣기만 하는 것보다 더 낫다는 생각을 가질 수 있다. 이런 생각을 계속 가지고 있으면 아무리 경청이나 듣기 훈련을 해도 자신도 모르게 본심이 나와 훈련의 노력이 물거품이 되는 경우를 어렵지 않게 볼 수 있다. 인간은 이기적인 존재이기에 틀림없이 이익이 된다고 믿으면 그 쪽으로 향하게 마련이다. 요컨대, 경청으로 인한 사회적 성공은 그것을 믿는가, 아닌가에 관한 문제라고 할 수 있다.

둘째, 듣기는 웬만한 영화보다 재미있다.

직업 때문에 어쩔 수 없이 들어야 하는 상황이라고 여긴다면 진정한 경청은 불가능하다. 듣는 것을, 좋은 음악을 감상하거나 영화를 관람하듯이 생각하면 저절로 즐거워진다. 사실 사람이 말하는 것을 가만히 들어 보면 그의 개인적인 스토리를 듣는 것이 시시한 영화를 보는 것보다 더 재미있을 때가 많다. 또한 어떤 사람이든 생각하기에 따라 그의 말에 숨은 재미와 정보를 분석하는 데 흥미를 느끼게 된다. 마치 보물찾기를 하는 어린아이처럼 말이다. **경청을 잘하는 사람들의 공통적인 특성은 듣기를 즐긴다는 것이다.** 즐기는 사람은 당할 방법이 없다. 정 듣고 싶지 않다면 듣기 싫은 음악이나 보고 싶지 않은 영화처럼 처음부터 선택을 하지 않으면 된다.

만약 듣기로 작정하고 선택했다면 그 이후로는 즐기면서 듣는 자세를 가질 때 진정으로 경청할 수 있다.

셋째, 진정하게 마음을 열고 Open your mind 듣는 것이다. 이것이 진정한 듣기를 위해 가장 중요한 부분이라고 보아도 무방하다.

내가 이 사람의 이야기를 듣고 지금까지 갖고 있던 나의 지식, 신념, 믿음, 정보가 바뀔 수 있다는 각오와 태도로 듣는다면 진정한 경청이 가능하다. 많은 리더가 경청하는 척하지만 어째서 진정으로 변화되어 사람의 마음을 움직이지 못하는가를 묻는다면 바로 진정한 경청이 없었기 때문이다. 단순히 상대의 말을 이해하는 수준에서 경청한다면 더 이상 발전이 없다. 나는 당신의 말을 듣고 변할 수 있으며 그 준비가 되어 있다 I am ready to listen to you for me 라는 확신이 들기 전에는, 경청은 단지 겉으로 보여주는 위선이 될 수밖에 없는 것이다.

8. 듣기의 중요성

말하고, 쓰고, 읽고, 듣는 것 중에 가장 중요한 소통 능력을 꼽으라면 그것은 듣기이다. 현대사회에서 듣기 능력이 부족한 리더는 아무리 다른 것이 뛰어나더라도 한계에 이르고 만다. 아무리 좋은 학교를 나왔고, 머리가 우수하고, 글을 잘 쓰고, 학식이 뛰어나 글을 잘 읽는다 해도 잘 들을 수 없다면 한계에 부딪힌다. 현대사회는 점점 더 듣기 능력을 갖춘 리더를 요구한다. 문제는 듣기가 중요하다는 것을 알고 자신의 듣기를 바로잡으려 해도 그것이 즉시 해결되지 않는다는 데 있다. 이것은 마치 비만이 건강에 안 좋다는 것을 자각하고도 비만을 곧바로 해결하지 못하는 것과 마찬가지이다. 육체적인 부분과 정신적·심리적인 상황이 매우 복잡하게 얽혀져 있기 때문이다.

비만을 의지만으로 해결하지 못하고 수술이나 다른 약물치료를 병행해야 하는 경우와 마찬가지로, 간혹 병리적인 이유 때문에 훈련만으로는 듣기가 향상되기 힘든 경우가 있다. 그런 경우는 다른 임상 치료 전문가와 상담하는 것이 좋다. 이와 같이 특수한 경우를 제외한 일반적인 사람들의 잘 듣고 싶다는 의지와 동기를 재확인하면서 훈련을 통해 행동의 변화를 가져오도록 돕는 것이 이 책의 목적이기도 하다.

동서고금東西古今을 막론하고 경청의 중요성은 숱한 속담이나 고사를 통해 강조되어 왔다. 하지만 문제는 경청이 나와 무슨 관계인가와 어떻게 경청할 수 있는가이다. 거듭 같은 예를 들지만, 비만을 해결하기 위해서 열심히 운동하고 음식 조절을 잘하라는 조언을 담은 많은 책들이 나왔고, 이를 사람들이 읽고 공감했다. 그러나 실제로 어떤 변화를 경험한 사람보다는 실망했던 사람이 대부분이다. 물론 "말하는 것은 지식의 영역이고 경청은 지혜의 영역이다."는 격언이 있듯이, 교육 수준을 가지고 해결될 문제는 아니고 부모로부터 물려받은 영역일 수도 있다는 이론도 있다. 어떤 사람은 선천적으로 경청을 잘하고 어떤 사람은 성격상 경청이 힘든 것은 마치 지혜와 능력이 사람마다 다름을 인정하는 것과 같다.

하지만 경청은 다른 부분의 의사소통 방법인 쓰기, 말하기와 마찬가지로 적절한 훈련과 스스로 필요를 느끼는 강한 동기만 있다면 얼마든지 부족한 점을 극복할 수 있다고 본다. 사실 다른 부분보다 적은 시간에 가장 효과를 보는 것도 듣기의 영역이다.

어떤 학자는 인간이 약 8,000년 전에는 주로 서로 간에 대화로 소통했기 때문에 듣기에 문제가 없었다고 본다. 그러나 국가와 조직이 생기면서 대화보다는 상명하달 식의 일방 소통 구조로 변화된 것이 현대에 이르러 듣기에 문제가 발생하도록 했다는 것이다.

한국의 교육은 모든 면에서 쓰고 읽는 것에 집중하여 훈련한 후 나중에야 말하는 것을 훈련시킨다. 그리고 교육에 가장 덜 투자하고 인색한 부분이 듣기이다. 약간의 시간 투자만으로 이 모든 문제를 해결하기는 쉽지 않다. 왜 듣기가 필요한가? 교육적인 차원에서 분명히 이런 질문이 있어야 한다.

인간 모두에게 근본적으로 필요한 것은 이해하는 것이고 이해되는 것이다. 그리고 사람을 가장 잘 이해하는 방법은 잘 듣기 Good Listening라고 볼 수 있다. 상대를 이해하는 것보다 우리를 이해하는 상대의 결정에 우리의 운명이 달려 있다. "마음은 의지의 하인이다"라는 니체의 말처럼 우리를 이해하는 상대의 의지에 따라 상대의 마음이 결정되는 것이다. 그들의 결정은 나를 위한 것이 아니라 그들 스스로를 위한 어떤 이유가 있기 때문이다. 우리의 듣는 태도에 따라 그들의 입장이 다르게 변화할 수 있는 것이다. 충성심으로 행하는 듣기는 정직과 정의, 긍휼함으로 듣는 것만 못하다.

듣기 훈련을 위한 연습 문제

연습 문제의 주 목적은 각 Chapter에서 얻은 내용을 통해 자신을 객관적으로 돌아보는 기회를 갖고 본문을 복습하는 데 있다. 문제의 답을 다른 사람과 나눌 수도 있고, 자신의 듣기 능력을 향상시킬 수 있는 파트너나 코치를 정해 아래 내용을 주제로 이야기해 보는 것도 좋다.

1. "오늘 동창회 나가는데 이 옷을 입을까, 저 옷을 입을까?"라는 아내의 질문을 다음 4가지 귀로 듣는다면?

    정보 _____

    마음 전달 _____

    관계 _____

    호소 _____

2. 나의 신체 구조상 가장 힘든 부분이 무엇인가?
    _____

3. 나의 가장 뛰어난 능력과 부족한 능력은 4가지 중 어느 것인가?

4. 나의 듣기 수준은 어디까지 도달한 것인가?

5. 듣기 수준을 향상시키기 위해 지금까지 자신이 해 온 훈련 방법은 무엇인가? 그 훈련 방법은 어디에서 온 것이며, 왜 효과가 없다고 생각하는가?

Chapter 1. 듣기의 정의와 해부학

Chapter 2

강의에서의 듣기

모든 사람에게 진실을 말하는 것을 가르치기 위해 듣는 방법을 배우는 것이 필요하다.*In order that all men may be taught to speak the truth, it is necessary that all likewise should learn to hear it.* −Samuel Johnson

1. 강의에서의 듣기

강의에서의 듣기는 일방적인 교실 듣기 class listening와 대화로서의 강의 듣기 두 가지로 나뉜다. 학교에서 강의를 듣는다든지 세미나, 컨퍼런스 강의를 듣는 것은 주로 지적인 정보를 담아 풀어내는 듣기 방법이다. 또한 외국어를 이해하고 듣기는 모국어의 듣기와는 또 다른 차원에서 훈련되어야 한다.

지금까지 경청을 주제로 한 많은 책들은 주로 대화를 하는 데 우리 안에 상대의 느낌과 감정을 다 담아 자신이 반응하는 쌍방의 소통 방법을 제시했다. 하지만 아직도 우리의 모습은 주로 일방적으로 듣기만 하고 강의를 하는 사람에게 거의 피드백을 하기 어려운 상황이다. 강의라고 할지라도 듣는 사람은 강의자에게 내가 현재 당신의 말을 잘 듣고 있다는 것을 보여줄 의무가 있다. 결국 그 피드백이 강의 내용의 질을 높이게 된다. 이번 chapter에서는 주로 어떻게 전달자의 메시지를 효과적으로 담을 수 있는가에 대해 논하고자 한다.

우선, 듣기 전에 내용을 읽어서 이해되지 않는다면 들어도 이해할 수 없다는 이론이 있다. 사실 필자의 경우처럼 듣고 이해하는 것이 책을 읽는 것보다 더 편하고 이해도가 높은 사람들도 있다. 전달자의 전달 내용 자체가 이해되지 않는 고차원의 내용이거나 전혀 다른 분야의 전문 내용이라면 아무리 경청하려는 태도가 있다 하더라도 소용이 없을 것이다. 학교 언어교육은 내용의 논리logic를 이해하고 기억한 뒤에 머릿속으로 평가하고 평가받으며 듣는 지적 수준을 향상시키는 것이다. 그 가운데서도 전공 분야를 세밀히 나누어 좀 더 심층적으로 들어가 다른 비전문가와 차별화되는 전문가의 듣기 수준에 이르는 것이다.

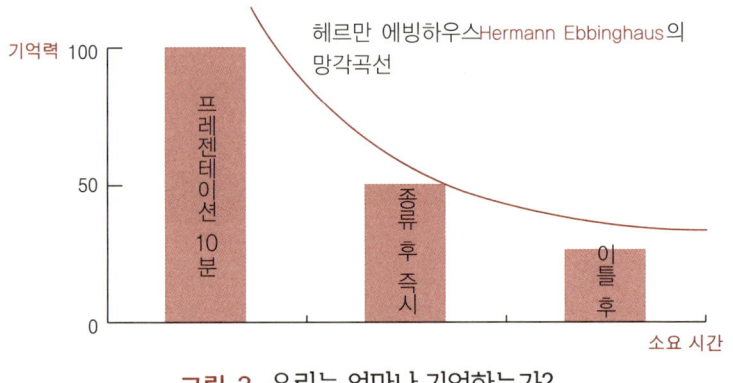

그림 3. 우리는 얼마나 기억하는가?

읽기와 비교해 듣기가 갖는 또 하나의 단점이 있다면 빠른 망각이다. 들을 때 뇌가 쉬지 않고 연속적으로 받아들일 수 있는 시간은 17초뿐이라는 연구 보고가 있다. 10분 동안 프레젠테이션을 할 때 그 현장에서의 기억력이 최상이라고 한다면, 프레젠테이션을 마치고는 거의 50% 정도가 잊혀진다고 한다. 그리고 약 이틀이 지나면 거의 20~30% 정도만 기억에 남는다고 한다. 프레젠테이션에서 청중의 할 일은 듣고 이해하는 것이다. 그러나 듣는 것 가운데 자연적으로 잊혀지는 부분이 발생한다. 커뮤니케이션은 어쩔 수 없이 흘러갈 수밖에 없는 구조이다. 사람이 기억할 수 있는 기억력의 한계는 분명히 있다. 그래서 메모가 필요한 것이다.

기억의 한계를 메우기 위해 미국에서 보편적으로 사용되고 있는 것 중 하나가 코넬 대학에서 만들어 낸 코넬Cornell 메모이다. 이 방법은 필자도 많이 사용했을 뿐만 아니라 학생들에게도 권하고 있다.

B영역 : 단서란 '노트 필기란'에 쓴 내용의 요점이나 질문을 적는다.	A영역 : 노트 필기란 1. 기록Record : 강의 중 짧게 요점 정리한 문장 형태로 강좌를 정리하기 위해 오른쪽의 필기란을 이용한다. 2. 질문Questions : 가능한 한 강의를 마치자마자 왼쪽 단서란에 기록된 메모를 기초로 해서 질문을 만든다. 3. 암송Recite : 노트 필기란을 가린다. 그리고 나서 단서란의 질문이나 단서들을 보고 자신의 말로 제시된 단서들이 제시하는 내용이나 사실들에 대해 큰 소리로 말한다. 4. 숙고Reflect : 스스로에게 질문함으로써 내용을 곰곰이 생각해 본다. 중요한 것은 무엇인가? 무슨 원칙에 근거를 두고 있는가? 내가 알고 있는 것으로 어떻게 적합하게 맞추는가? 그것을 초과하는 것은 무엇인가? 5. 복습Review : 매주 10분 이상 복습한다. 그러면 시험을 위한 것뿐 아니라 유용한 것들을 기억할 수 있다.

C영역 : 요점 정리란
강의를 마친 후 위의 내용들을 정리하여 적어 둔다.

다른 유학생과 마찬가지로, 필자가 처음에 미국이라는 전혀 다른 문화권에서 공부를 하면서 가장 어려웠던 점이 바로 듣기 부분이었다. 한국에서의 교육은 주로 선생님이 칠판에 수업의 요점을 먼저 적으면 학생들은 그것을 그대로 필기하고 선생님이 그 내용을 근거로 다시 설명하는 방식으로 이루어졌다. 필자 역시 그러한 방식에 익숙해 있었다. 학생들이 잘 알아듣는지 피드백을 가지기도 전에 다음으로 넘어갔고, 시험은 주로 듣기에 의존하는 것이 아니라 노트를 다시 보고 단지 기억을 테스트하는 형태로 이루어졌다. 그렇기 때문에 듣기 능력을 향상시킬 필요나 도전할 필요를 전혀 느끼지 못한 것이다.

하지만 미국의 수업 방식은 한국과 달랐다. 선생님이 주로 이야기하면 학생들은 듣고, 이해하고, 기억하고, 스스로 기록하는 것에 습관화되어 있었다. 그래서 아무래도 한국에서의 수업 방식에 익숙했던 필자는 듣기 능력이 부족했던 것이다.

사회에 나와서도 누군가가 정보를 전해 줘도 글로 써 준 것이 없으면 머릿속에 정리가 잘 안 되거나 기억하기가 힘든 상황이 한두 번이 아니었다. 필자의 기억으로는 한국에서는 학교에서 한 번도 듣기 훈련을 받은 적이 없었던 것 같다. 필자가 한국에 와서 강의를 하면서 느낀 점이 미국인의 듣기 능력이 한국인보다 월등하게 뛰어나다는 것이다. 그 이유는 바로 미국인은 어렸을 때부터 들음을 통해 얻은 정보가 책을 보면서 얻은 정보보다 더 많고, 듣고 스스로 정리하는 습관이 몸에 배어 있기 때문이다. 필자가 잘 알고 있는 어떤 미국인 작가는 자신의 글의 영감이나 주제를 책에서보다는 주로 들음으로부터 얻는다고 말한다.

2. 듣기가 의사소통에서 차지하는 비중

지금까지 우리가 인생을 살면서 의사소통을 위해 교육에 투자해 온 시간들을 살펴보면 다음과 같이 분류할 수 있을 것이다.

표 1. 듣기에 사용되는 시간 Time Spent Listening

의사소통의 방법	교육에 필요한 시간	의사소통 시 실제로 사용되는 시간
쓰기	12년	9%
읽기	6~8년	16%
말하기	1~2년	30%
듣기	0~몇 시간	45%

상대방과 의사소통하는 방법에는 쓰기, 읽기, 말하기, 듣기의 네 가지가 있다. 이 네 가지 의사소통 방법에 대한 교육 시간과 의사소통에서 사용도를 보면 위의 표와 같다. 쓰는 것을 배울 때는 12년,

읽는 것을 배울 때는 6~8년, 말하는 것을 배울 때는 1~2년 정도의 시간이 사용되지만, 듣는 것을 배울 때는 거의 시간을 들이지 않는다. 하지만 의사소통할 때의 사용 현황을 백분율로 환산해 보면 쓰기 9%, 읽기 16%, 말하기 30%, 듣기 45%가 나온다. 쓰기는 12년 배워서 사용할 때는 10%가 채 되지 못하는 데 비해 듣기는 45%나 사용됨에도 불구하고 교육에는 단지 몇 시간이 할애될 뿐이라는 것은 너무나 안타까운 현상이다.

우리의 일상에서 의사소통은 절대적으로 중요한 역할을 한다. 혼자만의 사색, 공부, 아주 개인적인 시간을 제외하면 타인과의 의사소통은 우리의 삶에서 반드시 가져가야 할 필수적인 요소이기 때문이다. 이 의사소통을 통해야만 우리는 사업적으로, 친교적으로, 문화적으로 다양한 나눔을 할 수 있다. 대다수의 직장인과 학생들의 경우, 아침 7시부터 밤 11시까지 16시간 정도를 깨어 있다고 본다면 하루의 약 70% 정도를 각종 활동에 사용한다고 가정할 수 있다.

표 2. 듣기에 사용되는 시간의 통계

일반적 통계		IT 전문가의 보고	
쓰기	9%	쓰기	50%
읽기	16%	읽기	23%
말하기	30%	말하기	17%
듣기	45%	듣기	10%

위의 〈표 2〉는 듣기에 사용되는 시간에 대해 일반적인 통계와 IT 전문가의 보고를 비교해 놓은 것이다.

일반적인 통계로는 약 9% 정도의 시간은 글씨를 쓰는 데 사용하고, 16%의 시간을 읽는 것에, 30%의 시간은 말하고, 약 45% 정도의 시간을 듣는 시간으로 사용한다고 한다. 우리가 상식적으로 아는 것처럼 인간이 태어나서 처음 익숙해지는 의사소통 방법은 듣기이다. 어린 아기가 듣는 것부터 시작하여 성장하면서 점점 말하고, 읽고, 쓰는 것은 너무도 명백한 과정이기 때문에 우리는 결코 그런 과정에 대해 부인할 수 없다.

그러나 성인이 된 후의 언어 사용 환경은 놀랍게도 일반적인 통계와는 정반대로 이루어져 있다. 쓰는 데 50%, 읽는 데 23%, 말하는 데 17%, 그리고 듣는 데는 10% 정도를 사용한다는 통계가 나왔다. 듣는 것이 우리가 처음에 습득했던 언어 환경의 부분과는 정반대로 이루어지는 것이다.

사회가 발전하며 우리는 더욱 많은 지식을 쌓아 간다. 그것을 습득하는 데 있어, 그리고 그런 지식을 개인 자신에게 적용하여 발전시키려면 쓰면서 암기하고 체득할 수밖에 없는 현실이 되었다. 또 그런 암기를 병행하려면 읽는 것이 필요하다. 그래야 지식의 의미와 사용에 있어서 좀 더 편의성을 가질 수 있는 것이 지금의 현실이다. 현대사회에 와서 가족의 단위가 점점 작아지고, 개인주의 만연으로, 또한 각종 정보통신의 발전으로 우리는 말하는 것보다는 정보통신IT 기술로써 메시지를 보내는 데 익숙해 있다. 실제로 상대방의 음성을 듣는 비율이 부쩍 줄어든 것이다. 계속적으로 업그레이드 되는 소셜 네트워크와 각종 스마트폰, 아이패드iPad의 발전이 점점 의사소통 방법에 있어 말을 하는 환경을 줄어들게 만들고 있다. 이에 따라 듣기 또한 자연스럽게 줄어들고 있다.

이 모든 환경 가운데서도 듣기Listening의 감소는 특히 주목할 만하다. 이 듣기의 부분이 일반적인 언어 습득과 사용 환경에서의 비율의 1/4에도 못 미치는 실정이 되어 버렸다. 상대의 말을 들어줄 여유가 없다고 보고 필요성을 느끼지 못한다. 상대의 말을 듣는 자체가 시간 낭비라고 생각하는, 그야말로 속전속결의 시대에 우리가 살고 있는 것이다.

현재 많은 교육학자들은 교육에 있어 가장 중요한 부분이 듣기인데 가장 적게 투자되고 있으며, 적은 투자에서 가장 큰 효과를 보는 것도 듣기라고 말하고 있다. 아마도 많은 인간 사이의 갈등과 소통 부재의 원인은 바로 듣기가 부족하기 때문일 것이다. 그러므로 이제는 모든 교육 프로그램 가운데 듣기 부분의 시간 할애에 더욱 신경을 써야 할 때이다.

다음의 그림에서 말하듯이 기부자는 많은 이야기를 하고 싶어 하며, 모금가는 그 이야기를 귀 기울여 들어야 한다. 하지만 모금가가 의도대로 훈련되어 있지 않으면 듣기도 쉽지 않다.

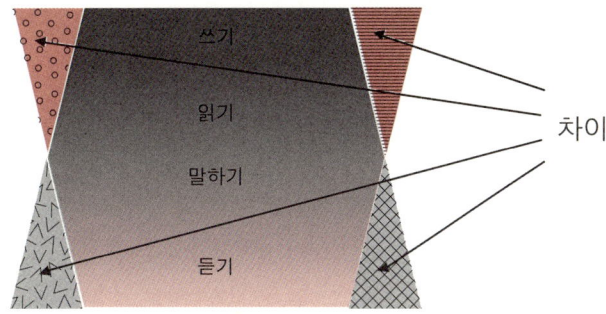

그림 4. 듣기에 필요한 시간과 사용된 시간의 차이

표 3. 총 커뮤니케이션의 하루 평균 소요 시간

N=대학생 206명

커뮤니케이션 활동	총 시간	%
쓰기	1.82	8
읽기	1.40	6
말하기	4.83	20
듣기*	5.80	24
텔레비전*	2.12	9
라디오*	.86	4
CD/테이프*	1.32	5
전화*	1.87	8
이메일	1.33	6
인터넷	2.73	11
*총 듣기에 관련된 활동	11.97	50

* = 총 듣기에 관련된 활동만을 묶으면 듣기, 텔레비전, 라디오, CD/테이프, 전화

출처: Janusik & Wolvin, 2006.

3. 잘 듣기와 의사소통

우리는 지금까지 의사소통을 잘하는 사람이란 그저 말을 잘하고 글을 잘 쓰는 사람 정도로만 여겨 왔다. 하지만 진정한 소통을 하는 사람은 잘 듣는 사람이다. 훌륭한 연설가이고 설득력 있는 사람이라고 해도 듣기가 부족하다면 모든 것을 잃을 수도 있다. 그러면 잘 듣는 것이란 과연 무엇일까? 무조건 상대가 이야기하게 하고 고개만 끄덕인다bobble head고 잘 듣는 것은 아니다. 말을 많이 하지 말라는 단순한 뜻도 아니다. 적극적인 듣기Active listening도 필요하고 상대를 배려하는 진정한 마음도 있어야 한다.

또한 듣기의 목적은 주로 대답을 요구하는데, 들은 후 행동으로 옮기거나, 선택을 하거나, 대답을 하거나, 말을 전하거나, 말을 요약하거나, 들은 말을 재연하거나, 말에 좀 더 살을 붙이거나, 말을 다른 말로 바꾸어야 하는 경우가 있다. 듣는 사람의 의무는 어쩌면 위의 여러 사례 가운데 한 가지로써 대답을 해야 할지도 모름을 우리는 명심해야 한다.

일반적인 언어 환경에서 우리는 잘못 이해함과, 혼란, 미숙함을 거치면서 언어 학습을 해 왔다. 그리고 그것을 스스로의 자정 능력으로써 극복하거나 각종의 언어교육 환경의 도구를 이용하며 이제까지 올 수 있었다. 그런데 언어 습득과 교육의 환경이 뒤바뀌거나 차이가 나게 되면 그 가운데서 오해가 생길 수밖에 없고, 각종 장애와 이를 통한 물질적·사회적 자원이 낭비되는 현상이 발생하게 된다. 더욱이 이런 차이GAP가 복합적으로 나타나게 되면 사회적 영향력이 전파되어서 의사소통의 역할이 중요하게 작용하는 비즈니스의 가치마저 떨어뜨리게 된다. 사회적인 브랜드 가치와 경제적인 가치가 동반 하락하는 것이 당연한 일 아니겠는가? 곰곰이 생각해 보라. 결국 이것은 전반적인 이미지 하락으로 이어지고, 변질된 의사소통이 사회적으로 통용되며 그것이 정당화된 가치로 인식되는 현상까지 일어나므로 그 폐해는 아주 심각한 결과로 나타나게 될 것이다.

4. 듣고 이해하기

외형적으로 잘 듣고 있는 것처럼 보이는 것과 진정으로 이해한 것과는 다르다. 말로만 하는 것을 믿어서는 안 되는 분야가 많다. 학교나 직장 또는 생명이 오가는 중대한 임무를 맡은 직업인들에게는 듣고 이해한 것을 확인하는 방법이 꼭 필요하다. 그래서 교육할 때 진정으로 잘 듣고 이해했는지를 확인하는 방법을 경청에 적용할 수 있다. 전문 모금 교육인들은 이것을 이해의 육면체라고도 하는데, 이해했는지를 확인하는 방법을 6가지로 나누어 생각해 본다.

첫째, 들은 것을 글이든 말로든 설명할 수 있어야 이해한 것이다. 만약 설명하거나 표현할 수 없고 머릿속에만 저장되어 있다면 아무 소용이 없는 것이다. 설명을 해야 혹 무엇을 잘못 이해했는지 알 수 있다. 둘째, 해석할 수 있어야 한다. 말하는 사람의 아이디어 뒤에 숨어 있는 진정한 뜻을 잡아내야 한다. 못한다면 게으르거나 아니면 무성의해서 질문을 하지 않은 것이다. 그냥 이해한 척하는 것일 뿐이다. 셋째, 적용할 수 있어야 한다. 적당한 청취자에게 그들의 이야기의 지식을 다시 사용할 줄 알아야 한다. 넷째, 보는 시각을 균등하게 맞출 줄 알아야 한다. 들은 이야기의 정보를 나중에 해결에 쓸 수 있도록 축적해야 한다. 다섯째, 공감할 줄 알아야 한다. 그의 입장을 이해하고, 들은 것으로 남을 가르칠 수 있을 정도가 되어야 한다. 여섯째, 자각할 수 있어야 한다. 자신이 들은 이야기를 아무 때나 기억해 내고 사용할 수 있어야 한다.

위의 6가지 단계를 거쳐야 진정으로 이해한 것이기에, 학교에서는 학생들이 수업을 제대로 듣고 있는지를 테스트하는 것이다. 실무자들의 입장에서는 단지 경청이 상대의 기분을 좋게 하기 위한 것이 아니라, 경청 뒤에 이해했음을 보여주고 증명하는 것까지 포함하는 것을 진정한 의미의 경청으로 본다.

5. 비평적 듣기 Critical Listening를 통해 강의 이해하기

비평적 듣기 Critical listening란 말하는 이의 언어와 비언어의 메시지를 어떤 의도 아래 선택·조직화·분석·정리해서 머릿속에 저장하는 듣기를 말한다. 이런 듣기의 목적은 주로 어떤 결정을 하거나 문제를 해결하기 위한 것이고, 때때로 들은 메시지를 통해 새롭게 얻은 아이디어나 콘셉트를 새로운 자신만의 문맥context으로 만들어 내기 위함이다. 효과적인 비평적 듣기를 위해서는 우선 주의 집중attention을 위해 주위의 소음을 제거하고, 강의 중 변화하는 강사의 주제도 융통성 있게 받아들여야 하며, 듣기 영역의 심리적 수용 영역comfort zone을 넓혀야 한다.

다음 단계는 언어의 지식적 능력knowledge base을 늘려야 하는데, 용어나 수사학적인 이해가 있어야 하고 언어의 조합과 이해의 영역에 깊이를 더해야 한다. 그리고 체계적으로 단기 또는 장기 기억memory을 머릿속에 저장하도록 역량을 키우고, 메타 인지 Metacognition의 방법, 즉 자신의 생각과 행동을 비판할 줄 알고 자신의 듣기를 객관적으로 바라보며 이해를 조절할 줄 알고 이해하지 못했을 때 질문을 적절히 하며 원하는 정보와 들리는 정보의 차이 gap를 연결하는 노력이 있어야 한다. 내용 그 자체와 전달 방법의 메커니즘을 구별해야 하고, 말하는 이의 숨은 의도도 파악해서 메시지를 다른 방법으로도 해석할 수 있어야 한다.

마지막으로, 전략적인 배움Learning strategy이 필요한데, 이는 말하는 이에 따라 메시지를 다르게 듣고 전략적으로 결정하는 것이다. 필요하면 메모도 하고, 어떤 스타일로 정보를 분석하고 정리하고 기억할 것인가를 상황에 따라 결정하면 된다.

자전거를 타기 위해서는 자전거를 소유하는 것만으로는 부족하다. 안전하게 자전거 타는 법을 배워야 한다. 마찬가지로 듣기는 훈련이 따로 필요하고, 특히 비평적 듣기를 위해 필요한 과정의 정보를 다루는 기술은 훈련을 통해서 가능하다. 말하는 이의 입장에서는 적절한 듣기의 환경과 패턴을 만들고, 말하는 중에 지루하지 않게 변화를 주며, 대화 중에 듣는 이와 생각을 주고받아야 한다. 자기만의 듣기의 좋은 모델이 스스로 형성된다면, 효과적인 정보 전달이 이루어질 것이다.

6. 정보 수집을 위한 듣기

각 국가의 정보기관이나 비영리단체의 이해 당사자stakeholder들의 정보를 수집·분석·저장하고, 정보가 필요한 기간 내에 사람들에게 전달하는 과정 중에 듣기의 기술은 매우 중요하다. 필자는 전문모금가 교육을 할 때 잠정기부자나 기부자를 만나기 전 혹은 만나서 그의 모든 것을 들어야 하는 이유와 방법을 소개한다. 이때 경청하는 태도가 왜 중요한가를 알기 위해 미국 CIA나 FBI 같은 국가 정보기관에서 사용하는 정보 수집 방법을 응용한다.

정보 수집 방법에는 다섯 가지가 있다.

1. 공개 정보Open source intelligence(OSINT): 일반에게 공개된 자료, 요즘은 인터넷 검색이나 신문 스크랩 등으로 정보를 수집한다.
2. 인간 정보Human intelligence(HUMINT): 사람을 통해 직·간접으로 수집하는 방법으로, 직접 묻거나 다른 사람으로부터 들은 이야기를 수집한다.
3. 영상 정보Imagery intelligence(IMINT): 시각적인 정보를 이용한다. 국가 기관에서는 인공위성 사진이나 비행 사진을 판독하기도 하고, 비영리단체는 대상의 사진이나 그의 회사의 사진, 그룹 사진 등 모든 관련 자료를 수집한다.
4. 신호 정보Signals intelligence(SIGINT): 사람이나 기계로부터 발신 신호를 연구하고 듣는다. e-mail 리스트도 한 종류이고, 사람들은 신체언어로서 많은 정보가 담긴 신호를 보내고 있기에 정보 수집 차원에서 세심한 듣기를 위한 집중력과 훈련이 요구된다. 예를 들어, 만날 때 악수하는 형태만 보고서도 상대의 생각과 성격을 분석하고 분석자가 그 이유를 기록할 수 있는 것이다.
5. 기술적 정보Technical intelligence(TECHINT): 과학적이고 기술적인 정보와 장치를 분석한다. 상대가 만든 어떤 물건, 작품, 혹은 그가 쓴 글을 분석함으로써 이해한다.

위의 모든 것이 다 비영리기관 정보 수집가에게 필요한 것은 아니다. 어떤 것은 혼합되어 있고 여러 가지를 한꺼번에 사용할 수도 있다. 하지만 어느 하나라도 관찰하고 듣는 것이 매우 중요하다. 정보 수집 담당자는 위의 수집 방법의 코드code를 기입하고, 분석 방법과 그 근거를 함께 포함해서 그 정보가 필요한 사람이 이해할 수 있는 형식으로 변경해 주어야 한다. 예를 들어, 미국에서 필자가 어떤 단체의 오래된 기존 기부자를 만나려고 그의 기록을 확인하는 중에 전 담당자가 써 놓은 2001 이혼비밀정보이라는 코드를 보게 되었다. 아마도 직접 대화를 통해 들었다든가 아니면 지인을 통해 들었을 경우인 것이다. 그래서 그 정보는 하지 말아야 할 이야기 주제 중 하나로 유용하게 활용되었다.

7. 듣기 과정 선택과 훈련

듣기는 전체적으로 요약하면 주의 집중, 인식, 해석, 기억, 그리고 응답의 과정으로 진행되는데, 듣기 전에 청취자는 어떤 방법으로 들을 것인가 전략적인 판단을 하는 것이 중요하다. 듣는 목적과 주제의 전문성, 동기와 환경 등을 고려해 각각 다른 접근 방법의 듣기가 요구된다. 다음에 소개할 세 가지는 현재 효과적인 시험을 위해 외국어 듣기 훈련이나 강의 듣기 훈련을 할 때 쓰는 방법으로서 실용 가치가 높다.

1) 상향식 과정 bottom-up process

상향식 과정이란 외적 자료에 의한 과정 data-driven process이라고도 하며, 들을 때 정보의 하위 단위에서부터 상위 단위를 인식하고 해석하게 되는 과정이다. 인지심리학자들에 의하면 하위 단위란 인식하고자 하는 정보의 부분을 의미하고, 상위 단위란 그 부분들이 합쳐져 의미가 통하는 정보의 전체를 의미한다. 따라서 상향식 과정에 의한 듣기에서 하위 단위는 음소 및 단어가 되고, 상위 단위는 텍스트의 문장 및 단락이 된다. 상향식 과정에 의한 듣기의 단계는 제1단계에서는 먼저 음소 및 단어를 인식하고 해석하며, 제2단계에서는 구와 절을 인식하고 해석하며, 제3단계에서 문장과 단락을 인식하고 해석하여 최종적으로 제4단계에서 텍스트의 종합적 의미를 파악하게 된다. 상향식 과정에 의한 듣기에서는 음소 및 단어의 인식과 해석, 구와 절의 인식과 해석, 문장과 단락의 인식과 해석을 거쳐 텍스트의 종합적 의미를 파악하기 때문에 언어 해독 능력이 듣기 능력을 결정하는 중요한 요인이 된다.

주로 어린 학생들의 언어 능력을 키우기 위해 학교에서 이 방법을 채택하고, 펀드레이저 기초 과정을 들을 때 훈련 과정으로 사용한다.

2) 하향식 과정 top-down process

하향식 과정이란 지식에 의한 과정 knowledge-driven process이라고도 하며, 청취자는 외적 자료보다 내적 지식, 즉 배경지식/스키마에 의하여 듣기를 하게 된다. 따라서 하향식 과정에서는 언어 능력보다 배경지식이 중요한 역할을 하게 된다. 제1단계에서 예측 및 필요한 단어를 선택하고, 제2단계에서 확인 및 수정을 하며, 제3단계에서 텍스트의 종합적 의미를 파악하게 된다. 텍스트의 종합적 의미를 파악하기 위해 주어진 정보를 활용하여 먼저 내용을 예측하고 필요한 단어를 선택한다. 예측은 주어진 이야깃거리 topic, 삽화, 상황, 선행지식 등 가능한 방법을 토대로 배경지식을 활용하여 이루어지며, 예측한 내용을 확인하기 위해 필요한 단어를 선택하여 듣는다. 만약 예측한 내용이 맞으면 다시 새로운 내용에 대하여 예측하고, 예측한 내용이 틀리면 수정한 후 되돌아가 다시 예측한다. 이러한 과정을 반복하여 최종적으로 텍스트의 종합적 의미를 파악하게 된다.

하향식 과정은 상향식 과정과 비교하여 다음과 같은 장점이 있다. 첫째, 상향식 과정에서는 단순히 모든 단어, 구, 문장을 듣게 되는 반면 하향식 과정에서는 예측, 선택, 확인 및 수정과 같은 복잡한 과정을 거치게 되므로 청취자는 상향식 과정보다 하향식 과정에서 더욱 적극적으로 듣게 된다. 둘째, 하향식 과정은 상향식 과정과 달리 필요한 단어만 선택적으로 주의를 기울이기 때문에 발화 속도가 빠른 듣기에 적합하다. 특히 영어 토플 듣기 시험은 주어진 시간이 적기 때문에 이 훈련 방법을 많이 사용하며, 실제 펀드레이저들 중 전문적인 배경지식을 이미 갖춘 사람은 테마별 전문 강의를 들을 때 이런 방법으로 많이 듣는다.

3) 상호작용 과정 interactive process

상호작용 과정은 상향식 과정과 하향식 과정을 절충한 이론이다. 따라서 상호작용 과정에 의한 듣기에서는 상향식 과정에서 중요한 역할을 하는 언어 능력과 하향식 과정에서 중요한 역할을 하는 배경지식이 핵심적인 역할을 하게 된다.

상호작용 과정에서는 언어 능력과 배경지식이 서로 보상관계에 있게 된다. 즉, 청취자가 듣기를 할 때 언어 능력이 부족할 경우 배경지식에 의존하게 되고 배경지식이 부족할 경우 언어 능력에 의존하게 된다는 것이다. 이 방법은 대학에서 필자가 학생들에게 교육하는 방법으로, 여러 영역의 지식이 필요하며 시간적 여유가 있는 경우에 사용한다. 또한 펀드레이저가 되는 중급 과정에 이 방법을 포함한다.

8. 입학사정관제도와 듣기 능력

1) 자식 사랑에 경청처럼 중요한 교육은 없다

경청하는 스타일을 보면 그가 어떠한 사람인가를 알 수 있다. 그의 과거를 알 수 있고 현재를 이해하며 미래를 가늠할 수 있다. 그의 경청하는 모습은 그가 속해 있는 사회 문화의 영향을 받았고, 그의 부모와 주위 동료로부터 영향을 받아 왔기 때문이다. 어려서부터 부모가 대신 경청을 해서 아이에게 전해 주게 되면, 성인이 되어서도 스스로 경청하기 힘들 것이고 그것이 아이의 전 생애에 영향을 미칠 수 있다. 입학사정관은 특히 이 점을 주시하는 것이다. 그러므로 부모가 아이를 진정으로 사랑하고 아낀다면 어려서부터 바른 경청법을 가르칠 기회를 만드는 것이 글과 숫자를 가르치는 것 못지않게 중요하다.

아이는 무의식 중이라도 부모의 경청 방식을 흉내 낸다. 부모가 일상 속에서 만나는 문제와 어려움을 경청을 통해 어떻게 해결하는가를 보고 배운다. 흔히 아이를 보면 그 부모가 보인다는 말이 경청에도 적용된다. 경청은 그의 성격을 알 수 있는 가장 좋은 방법이다. 그를 이해하는 데 경청처럼 많은 정보를 담고 있는 것은 없다. 그래서 입학사정관의 입장에서는 조금만 신경을 써서 신청 학생의 경청하는 태도를 들여다보면, MRI 사진처럼 그가 장래에 어떤 문제를 가지고 있는지도 엿볼 수 있다. 그러므로 이제 부모는 자녀에게 잡은 고기만 건네줄 것이 아니라 고기 잡는 법을 가르쳐야 한다. 즉, 미리 가정에서 스스로 경청하는 법을 훈련함으로, 잘 듣는 자가 더 큰 이익을 남기게 된다는 사실을 가르쳐야 하는 것이다.

2) 경청의 태도 변화를 통해 반전을 시도

만약 지금까지 일에 결과가 안 좋았다고 생각되면 지금까지 경청하던 방식을 바꾸면 된다. 실패의 원인을 극복하려고 하면서 다른 분야는 고치지만 잘못된 듣기법을 되풀이하면 똑같은 실패를 경험하게 될 것이다.

얼마 전 잘못을 저지른 유명인이 감옥살이를 하고 나온 후 새로운 삶을 살겠다며 책을 출간한 적이 있다. 하지만 책을 통해 여전히 독자에게 자신을 이해해 달라고 호소하는 방식으로 독자의 소리를 듣는 모습을 보며, 감옥에 가기 이전의 경청 방식을 그대로 재현하는 것 같아 안타까운 생각이 들었다. 경청의 생각과 태도의 틀frame을 바꾸지 않는다면 변하는 것은 아무것도 없다. 경청의 틀을 바꾼다는 것은 예를 들어, 필요하면 필요하다는 신호를 보내 누구든지 들어주는 사람을 기다리던 지금까지의 수동적인 패턴에서 벗어나, 직접 필요를 채워줄 사람을 찾아가 적극적으로 경청한다면 모든 것이 달라진다는 것이다. 모금 선진국과 모금 후진국의 다른 점을 살펴보면, 선진국은 적극적으로 기부자를 찾아 경청하는 데 반해, 후진국은 가게를 차려 놓고 가게에 손님이 오기만을 기다리는 것과 같이 근본부터가 다르다.

또한 경청을 통해 얻은 결과에 대한 감사와 후속조치follow up가 없다면 늑대와 양치기 소년 이야기처럼 신뢰를 잃게 되어 다시는 후원을 기대하기 어렵게 되는 것이다. 만약 무엇이든지 받은 후에 감사와 인식 그리고 나름의 보상이 있다면 모든 것이 달라진다.

학생의 모금 경험이 미국 유명 대학 입학사정관의 단골 메뉴가 된 이유는, 성공적인 모금 경험이 경청과 직결되기 때문이다. 그래서 입학사정관은 학생이 제출한 모든 서류와 인터뷰를 통해 그의 경청 스타일을 재점검하는 기회를 만들려고 노력한다. 경청을 잘 하는 것이 실적과 업적Track Record에 어떻게 반영되었는지도 보는 것이다.

3) 입학사정관의 선발 기준

전 세계의 교육계는 대체적으로 21세기가 원하는 인재상을 토대로 교육의 목표를 다음의 4가지로 정하고 있다. 이는 각 명문대학이 입학사정관제도를 통해서 학생을 선발하는 기준이 되고 있다. 듣기의 능력과 경험이 각 분야에 촉매제 역할을 하기 때문에 교육자나 부모의 입장에서는 매우 심도 있게 고려해 봐야 할 사항이다.

1. **의사소통 표현**Communication: **내 아이디어를 어떻게 표현하나?**How do I express my ideas? 요청을 하기 위해 듣기는 기본이고 적당한 질문

이 있어야 적절한 표현을 할 것이다. 당당하게 요청할 수 있는 사람은 자신을 잘 표현할 수 있다고 보는 것이다.

2. 경험적 추론Empirical Reasoning: 내가 아는 바를 어떻게 증명하나?How do I prove it? 듣기를 하다 보면 귀납법적인 논리를 자연히 습득하게 될 것이다.

3. 개인적 특성Personal Qualities: 내가 책임감과 리더십을 가지고 어떻게 내 능력을 발휘해 더 발전시키나?What do I bring to this process? 현대의 리더십은 섬김에 기반을 둔 듣기를 통해서 그의 특성을 살려낼 수 있다.

4. 자기 주장만 하지 말고 타인의 견해 수용하기Social Reasoning: 다른 사람들의 견해는 어떤가?What are other people's perspectives on this? 다른 사람을 모르면 듣기는 이루어지지 않는다. 다름을 이해하고 듣기를 해야 된다는 것을 자연히 알게 된다.

현실적으로는 이와 같은 4가지 분야의 능력을 체크하기가 쉽지 않다. 그런 면에서 가장 간단하게 종합적인 면에서 그를 볼 수 있는 한 방법은, 그가 남을 위해 모금 활동을 해본 경험이 있는가, 어떻게 팀을 구성해서 어떤 역할을 했는가를 보는 것이다. 이를 통해 위의 4가지를 추측하고, 그의 미래를 예측해 볼 수 있다.

4) 입학사정을 위한 3가지 듣기 훈련

내면의 시계의 정확도를 높여라

대학에서의 스토리텔링 콘서트에서 스토리텔러들의 능력을 향상시키기 위해 수업 받는 학생들을 대상으로 실험을 해 보았다. 3분 스피치를 시키고 가능한 대로 3분에 맞도록 이야기를 하게 해보니, 어떤 학생은 2분에 끝내고 어떤 학생은 5분 동안 이야기했다. 정확한 시간 안에 끝내는 학생이 드물었다.

사람들은 말을 할 때 자신이 얼마 동안 말하고 있는지를 나름대로 측정하는 내면의 시계가 있다. 어떤 사람은 한 5분 동안 말한 것처럼 느끼지만 3분 정도 말하였고, 또 어떤 사람은 15분 정도 말했지만 본인의 내면의 시계는 5분 정도 말한 것으로 느끼기도 한다. 그런가 하면 어떤 사람은 내면의 시계 자체가 고장이 나 전혀 감을 잡지 못하는 경우도 있다. 그래서 자신의 내면의 시계를 점검해 볼 필요가 있고, 만약 부족하다면 훈련을 통해서 정확도를 높여야만 한다. 대화를 할 때 경청한다는 것은 무조건 그의 말을 듣기만 하는 것이 아니라 소통하는 것이므로 내면의 시계가 고장이 나 있으면 경청도 힘들다.

내면의 통을 비워라

사람마다 내면의 통 크기는 다르다. 본래 통이 큰 사람은 상대의 말을 오랫동안 들어서 내면의 통을 채울 수 있지만, 어떤 사람은 본래 통 사이즈가 작아서 도무지 담기 힘든 경우도 있다. 그러므로 경청을 논하기 전에 자신의 통 사이즈를 한번 점검해 보는 것이 매우 중요하다. 종교 지도자의 내면이 다른 일로 차 있으면 성도의 말을 제대로 들을 수 없다. 부모의 마음이 다른 일로 가득 차 있으면 아이의 말이 들리지 않는다. 많은 생각이 마음속을 채우고 있으면 상대의 말을 듣기가 불가능해진다. 듣기를 통해 계속해서 들어오는 이야기는 자신의 통을 넘쳐흘러 축적이 될 수 없다. 듣는 것 같지만 기억을 할 수 없고, 그저 겉으로만 듣게 된다. 그러므로 내면에 빈 통을 준비해야, 즉 자신의 마음속에 차 있는 다른 생각을 먼저 해결하거나 잠시 비운 뒤에야 경청이 가능해진다.

내면의 그림의 프레임을 바꾸어라

갈등을 만드는 것은 상대의 말 그 자체가 아니라 말을 받아들이는 사람이 어떻게 해석하느냐의 문제이다. 내면 그림의 프레임이 긍정적인 사람은 상대방이 말하고자 하는 이야기를 긍정적으로 들을 것이다. 잘못을 찾아내기 위한 듣기나, 변명을 하기 위한 듣기는 진정한 경청이 되기 어렵다. 노래에 점수를 매기는 심사위원들은 그저 감상하는 사람보다 즐거움을 더 얻지 못할 것이고, 옆에서 응원하는 부모라면 더더욱 노래의 가사가 들리지 않을 것이다.

필자의 경험으로는 위의 3가지 방법으로 훈련을 거친 학생과 훈련을 받지 않은 학생의 차이는 엄청나게 컸다. 입학사정관제도로 입학을 생각하는 학생이나 부모라면 한 번쯤 시도해 볼 만한 훈련 방법이다. 또한 입시뿐만 아니라 학생의 인생에 있어서도 남을 배려하고 자신을 잘 피력할 수 있는 좋은 경청의 자세라는 자산을 선물로 받을 유익한 훈련이 될 것이다.

듣기 훈련을 위한 연습 문제

연습 문제의 주 목적은 각 Chapter에서 얻은 내용을 통해 자신을 객관적으로 돌아보는 기회를 갖고 본문을 복습하는 데 있다. 문제의 답을 다른 사람과 나눌 수도 있고, 자신의 듣기 능력을 향상시킬 수 있는 파트너나 코치를 정해 아래 내용을 주제로 이야기해 보는 것도 좋다.

1. 나는 쓰기, 말하기, 읽기, 듣기에 각기 어느 정도의 시간을 사용하는가?

2. 나의 강의 듣는 습관은? 나의 수용 영역이 어디까지인지 알아보자.

3. 나의 듣기 과정은 상향식인가, 하향식인가, 상호 과정인가?

4. 나는 말하기, 쓰기, 읽기, 듣기 중에 가장 잘하는 것과 못하는 것이 무엇이고, 왜 다른 사람과 비교해서 그런가 생각해 보자.

5. 코넬 메모 방법을 사용한 뒤에 장·단점을 말해 보자. 그리고 자신의 메모 방법과 비교해 보자.

Chapter 3

경청의 해부학

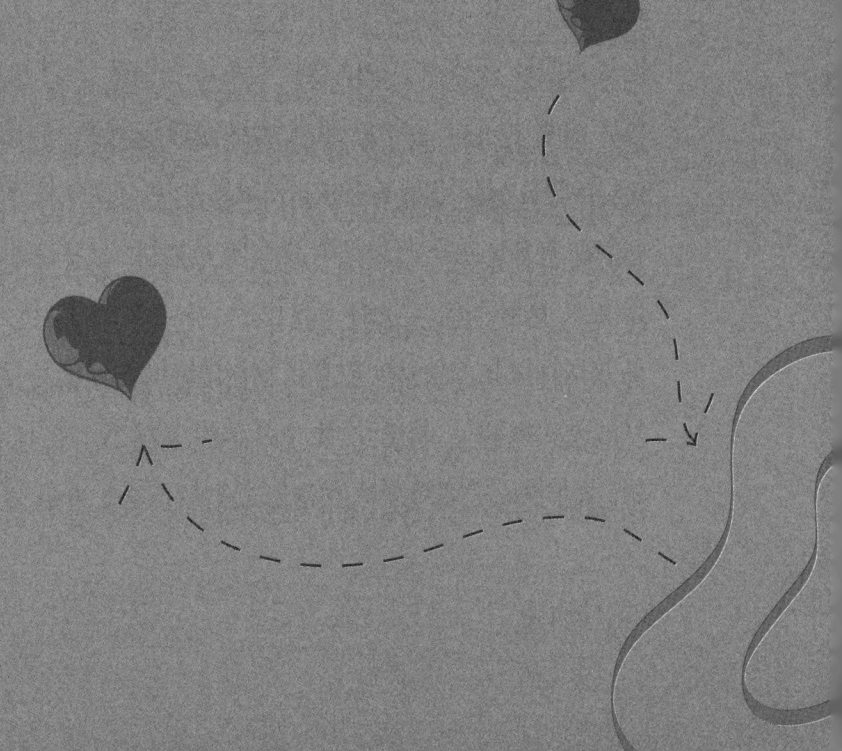

역사는 처음에는 아무도 듣지 않기에 반복할 수밖에 없다. *History repeats itself because no one listens the first time.* –Anonymous

1. 동서양의 듣기 해부학

"네가 남에게 대접받고자 하는 대로 너희도 남을 대접하라."는 것은 수천 년 전부터 이어져 온 가장 기본적인 윤리관이다. 마찬가지로 듣기의 황금률은 생각보다 간단하다. 내가 말할 때 남들이 들어주기를 원하는 방법으로 들으면 된다. 그리고 하나 더하자면 남의 말을 듣기 위해 자신의 필요를 잠시 내려놓으라는 것이다.

듣기의 영어 철자 'LISTEN'을 다음과 같이 해부해 볼 수 있다. 이를 통해 서양에서는 듣기를 어떻게 이해하고 있는지 알 수 있다.

Look: 눈을 마주치고
Inquire: 가끔 질문을 하고
Summarize: 요약해서 반응하고
Take note: 메모를 하기도 하고
Encourage: 계속 말하도록 용기를 주고
Neutralize: 중립적인 가치관으로 듣는다.

그렇다면 동양에서 듣기는 과연 어떻게 이해되어 왔는가? 한자 '聽' 들을 청을 해부해 보면 알 수 있다. 동양에서는 단순히 귀로 듣는다라는 차원을 넘어선다. 왕 같은 귀를 크게 열고 열 개의 눈으로 보듯 바라보면서 마음이 하나가 되는 것이 바로 듣기인 것이다.

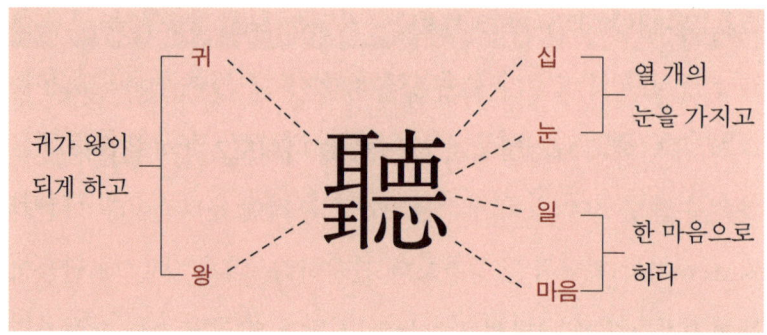

2. 듣기 훈련의 세 가지 전제

듣기의 중요성을 인식하고 훈련을 하려 한다면 그 전에 받아들여야 할 세 가지가 있다. 이는 훈련의 효과를 극대화하기 위해서 반드시 필요한 사항들이다.

1) 대화로 인한 오해의 결과에 대한 책임 소재를 분명히 밝힌다

대화를 할 때 오해가 발생한다면 말하는 사람sender과 듣는 사람receiver 중에 누구의 책임이 더 클까? 진정한 듣기를 원하는 사람들은 듣기의 결과가 듣는 사람의 책임이라고 전제하여야 한다. 만약 말하는 사람의 책임이 더 크다고 한다면 큰 혼란이 온다.

한국에서 강의를 하다 보면 미국과 다른 점이 있다. 강의의 평가를 하는 관점이 다르다는 것이다. 미국은 강사의 강의 내용에 치중

하고 평가하는 반면, 한국의 경우는 강사의 내용 전달 방법에 더 신경을 쓰는 것 같다. 그래서 이해를 하지 못하면 강사의 책임으로 돌리고 그 강사를 탓하는 것이 한국적 문화이다. 상대와 대화를 했는데 본인이 잘못 이해했으면 상대를 탓할 것이 아니라 잘못 들은 자신을 탓해야 한다.

2) 상대에 대한 선입관을 갖고 미리 짐작하지 않는다

스스로 원하고 기다리던 대화도 있을 수 있지만 마지못해 참석한 자리거나 혹 우연히 만들어진 대화는 아무래도 집중력이 떨어지고 다른 생각이 앞서게 된다. 그래서 필자는 대화를 하기 전에 상대의 대화 동기가 무엇인지 먼저 파악하려고 노력한다. 그저 시간을 때우기 위한 것인지 아니면 중대한 정보를 원하는 것인지, 자신을 알리기 위한 것인지 파악해야 한다. 하지만 이런 필자의 의도는 사실 진정한 듣기에 방해가 되는 생각의 요소이다. 사람은 말하기 전에 상대의 의도를 짐작하게 되면 진정으로 잘 들을 수가 없다. **상대의 입에서 나오는 모든 말을 처음 듣는 말처럼 들어야 경청이 가능하다.** 만약 어떤 사람이 대화를 원하는 상대의 의도를 미리 안다면 말을 듣기도 전에 미리 대답을 정해 놓게 된다. 상대의 말에 귀 기울이기보다 이미 정해 놓은 나의 대답을 그의 말 속에서 말대답 형식으로 찾으려고 노력할 것이다. 그래서 오히려 상대의 말을 잘 들을 수 없게 된다.

3) 사람들이 말할 때 원하는 것은 정보가 아니라 확인이다

상대가 원하지도 않는데 어떠한 정보를 도움이 될 것으로 생각하여 마구 쏟아 내지 말아야 한다. 상대는 그의 정보에 대한 확인을 원하기에 그저 들어주는 사람을 찾는 것이지, 새로운 정보로 되돌려 주는 사람을 찾는 것은 아니다. 한편 사람들은 주로 말을 하기 위해서 만나는 것이지 듣기 위해 만나는 것은 아니다. 그래서 둘 사이에 꼭 순위를 따질 수는 없지만 그래도 듣는 사람이 더 위에 있다고 본다. 필자가 가장 견디기 힘든 부분이 바로 이 부분이다. 나라면 그런 상황에서 이렇게 할 것이라고 하면서 상대가 원하지도 않는 조언을 하며 자신의 의견을 강요하기 일쑤인 것이다. 다음에는 그렇게 하지 말아야지 결심하지만 좀처럼 고치기가 어렵다.

3. 듣기의 원리와 잠자리 효과

대화 중인 사람들에게 있어 자신의 듣기 패턴이 늘 같은 것은 아니다. 사람에 따라 조금씩 자신도 모르게 전혀 다른 듣기의 반응이 나타난다. 대화의 주제subject, 대화의 방법method, 대화의 상대person 그리고 대화의 동기motivation에 따라 듣기의 반응이 다르게 나타날 수 있다.

과학자처럼 혁신적인 개발을 위해 가끔 자연의 원리나 심지어는 곤충의 생김새로부터 영감을 얻어서 듣기의 원리에 적용하기도 한다. 그중 하나가 잠자리 효과Dragonfly effect이다. 얼마 전 『티핑 포인트The Tipping point』에서 말콤 글레드웰Malcolm Gladwell은 아주 작은 움직임에서부터 큰 변화를 일으킬 수 있다는 이론을 그 성공의 3가지 요소와 함께 설명해서 베스트셀러가 된 적이 있었고, 최근에 제니퍼 아커Jenifer Aaker와 앤디 스미스Andy Smith의 책 『드래곤플라이 이펙트The Dragonfly Effect』가 나온 이래로 급속히 자기 개발 분야에 그 적용 범위가 퍼지고 있다.

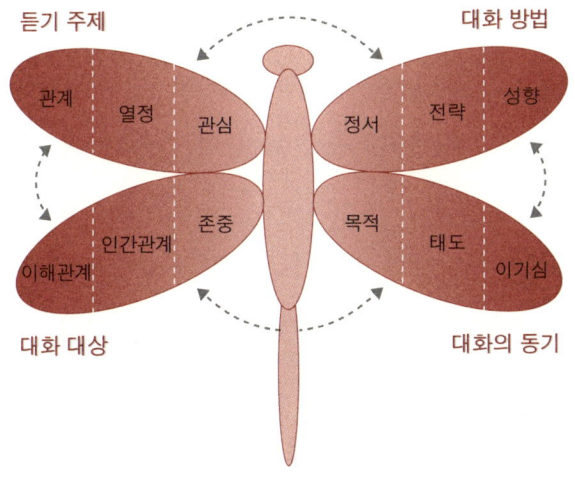

그림 5. 잠자리 효과

왜 하필 잠자리인가? 잠자리는 날개 네 개를 동시에 이용해서 어떤 방향이든 자유자재로 날 수 있는 유일한 곤충이라고 한다. 그래서 네 개의 각 날개의 기능이 독립적이지만, 마치 오케스트라처럼 조화를 이루어 목표를 향하여 비행하는 것과 같다. 하나의 날개가 빠지거나 부족하면 비행에 지장을 준다. 이 잠자리 효과는 작은 역할로 시작, 연결되어 사회적 큰 변화를 만들어 내기 위한 네 가지 요소의 통합의 중요성을 상징하므로 심리학과뿐 아니라 경제학, 사회학 등 많은 분야에 적용하고 있다. 듣기에도 4가지의 요소가 조화를 이루어 잠자리의 비행처럼 대화를 원활하게 할 수 있다.

1) 대화의 주제 Subject

자신이 관심 있는 주제가 아니면 사람들은 경청하기가 쉽지 않고, 자신이 관심 있는 분야라면 말이 많아진다. 수년간 서로 교제하면서도 상대가 무슨 주제를 좋아하는지 모른다면 진정한 친구가 될 수 없다.

회사에서 근무하는 한 컨설턴트가 병원에 입원했다는 소식을 듣고 문병을 갔다. 그는 말도 못하고 누워서 괴로워하는 처지에 있었다. 약간의 우울증 증세도 보이고, 다른 사람들의 위로에도 별 반응을 보이지 않았다. 필자는 그가 축구광이라는 사실을 알고 있었다. 그래서 며칠 전에 벌어졌던 한일전 축구 경기에 대한 이야기를 꺼냈다. 그러자 그는 아픈 몸으로도 경기를 다 보았다며 자리에서 벌떡 일어나서 전략 분석까지 하며 열심히 이야기하였다.

한번은 어떤 단체의 CEO와 면담을 하고 컨설팅에 대한 대화를 나누었다. 그는 컨설팅 주제에 대해 관심이 없는 듯 자꾸 시계만 보다가, "미안합니다. 점심 약속이 있어서 대화를 더 이상 할 수가 없네요."라고 하였다. 결국 대화를 끝내야 할 상황이었다. 그때 우연히 필자가 "이번에 쓰신 책 40쪽에서 매우 흥미로운 것을 발견했습니다." 하고 말을 건넸더니 갑자기 그 CEO의 표정과 태도가 변했다. "잠시만요. 무엇을 발견하셨습니까?" 하며 다시 자리에 앉아 30분간 그 책에 대해 이야기를 하게 되었다. 자연히 그와 함께 점심 식사까지 초대 받았고, 지금까지도 돈독한 관계를 유지하고 있다. 만약 그 주제의 말을 꺼내지 못했다면 그와의 관계는 그때가 마지막이었을지도 모른다. 그의 관점은 자신의 삶에 대해 누군가 관심을 갖기를 바라는 것이었고, 우연히 그것을 필자가 알게 된 것이다. 사람은 누구나 자신의 관심 영역에 대해 들어주는 사람과 가까이하고 싶어 한다.

　상대의 관심 분야를 미리 알고 대화를 하면 큰 도움이 되지만, 그럴 수 없을 때는 대화하면서 그 관심 영역에 대해 빨리 알아채는 감각이 있어야 한다. 상대가 좀 더 적극적으로 말을 하게 하려면 그가 좋아하는 주제, 혹은 그가 가장 자신 있어 하는 주제를 사용하여 대화하면 그를 움직이게 할 수 있고 전체적으로 대화에 활력을 불어넣을 수 있다. 지금까지 우리가 수많은 사람들과 만나고 헤어지면서 계속적인 관계를 유지하지 못하는 이유 중 하나는 서로가 공통적인 화제를 발견하지 못하거나 아예 그런 화제가 없었기 때문이다. 대화를 할 때 상대가 좋아하는 주제가 무엇인지 좀 더 깊이 있게 생각해 봐야 한다. 서로 간의 역학 관계에서 누가 먼저 그것을 발견하고 대화를 주도하는가에 따라 의사소통의 관계가 결정된다. 관계가 계속 유지될 것인가, 아니면 중단될 것인가.

2) 대화의 방법method

사람들은 대화 방법에 따라 경청의 태도가 달라진다. 필자의 경청 태도의 문제점은 아무리 좋은 강의를 듣는다 해도 한 시간을 넘지 못한다는 것이다. 아무리 재미있고 유익한 주제라도 긴 시간 동안 계속되면 서서히 집중력이 떨어진다.

어떤 사람은 둘만의 대화에는 잘 적응하고 대화를 나눌 수 있지만, 팀 미팅처럼 여럿이 하는 대화에는 어색해하면서 힘들어하기도 한다. 둘이 있을 때는 대화를 잘하던 사람이 여러 사람들이 대화를 나누면 전혀 말을 하지 않는 경우도 있고, 반대로 둘만 있을 때는 가만히 듣고 있던 사람이 여럿이 모이면 말이 많아지는 경우도 있다. 또한 서로 따지는 성격의 대화라면 말이 많고 목소리가 큰 사람이 이기는 경우가 많다. 그래서 대화의 방법이 무엇인가에 따라 경청의 태도가 전혀 다른 양상을 띠게 된다. 그 자리가 일방적인 강의를 하는 자리인지, 남을 조언하는 자리인지, 훈계하는 자리인지, 돈을 요청하는 자리인지에 따라 대화의 방법은 달라진다. 하지만 강의를 하든 아니면 듣든, 쌍방 간에 대화하는 것이라는 근본은 같기에 자신의 경청 패턴이 대화 방법에 따라 어떻게 변화하는지 살펴볼 필요가 있다.

3) 대화의 대상person

경청을 잘한다는 것은 상대가 어떤 사람이든 변함없이 기본 원리를 그대로 적용할 수 있는 능력을 의미한다. 듣는 태도에 변화를 주는 것 중에는 대화의 대상도 포함된다. 대상에 따라 전혀 다른 태도를 보이는 사람도 있다. 상대가 나보다 낮은 지위라고 생각되면 경청하는 그 자체를 모멸스럽게 여기는 사람이 있는가 하면, 나이가 많은 사람이 주로 말을 해야 한다고 믿는 경우도 있다. 자신의 인사권을 쥐고 있는 사람에게는 경청을 하고, 자신이 인사권을 가진 사람이라면 전혀 반대의 경우를 나타내기도 한다. 자신의 경청하는 태도가 상대에 따라 어떻게 변하는지 스스로 느낀다면 아마도 쓴웃음을 지을 것이다. 전략적으로 어쩔 수 없는 상황일지라도 상대가 그 부분을 느낀다면 그 취했던 전략은 실패한 것이라고 할 수 있다.

미국에서 펀드레이저 교육을 할 때 "이 세상에서 가장 참기 힘든 극기 훈련은 노인정의 할머니, 할아버지에게 말 상대해 주는 자원봉사다."라는 농담을 하곤 한다. 그와 같은 환경에서 한 시간 동안 끝까지 경청할 수 있으면 무조건 듣기 훈련은 합격이란 말이다. 진정한 리더는 자신보다 아랫사람의 말에 경청할 수 있어야 하며, 그로써 더 존경받는 것이다.

4) 대화의 동기 motivation

경청은 이기적인 발상에서 시작된다고 말하는 사람들이 있다. 과연 경청을 해서 나에게 이득이 되는 것이 무엇인가? 이득이 되면 경청이 아니라 그 이상이라도 할 것이고, 아니면 구태여 할 필요가 있겠는가에 대해 문제를 제기한다. 결국 경청의 태도는 그 듣는 사람의 동기에 달려 있다고 보는 관점이다. 이 대화를 통해서 무엇이 나에게 도움이 될까라는 근본적인 동기가 듣는 이의 태도를 결정하게 한다.

그 동기에 따라 부탁하는 톤이든가 설득하기 위한 톤일 때에는 거절을 위한 대답을 찾기 위해 경청을 한다는 의도인데, 이러한 태도를 유발하는 가장 큰 원인은 경청은 아쉬운 사람이 한다는 오해에서 비롯된 것이다. 특히 동양적인 사고방식에서 더 많이 나타나는데, 현대 사회의 리더는 받는 사람이기보다 주는 사람의 위치이므로 경청보다 주로 말을 하게 되는 입장이다. 그렇지 않은 사람은 듣는 위치에 있게 되는 것이다. 이러한 현실에서 경청 문화는 먼 나라 이야기로만 들린다. 이렇게 형성된 부정적인 경청의 문화는 자칫 잘못하게 되면 하나의 홍보 형태로, 또는 전략적인 용도로 변질되어 얄팍하고 방법론적인 경청으로 전락할 가능성이 높아진다.

4. 경청의 실행을 위한 변화

경청은 마치 비만인 사람이 살을 빼는 작업과 비슷하다. 오늘부터 해야겠다고 해서 쉽게 실행되는 것이 아니다. 살을 빼지 않으면 곧 죽는다든가 모 방송의 경우처럼 특별한 다이어트 프로그램으로 많은 사람들에게 보여주어야 하는 강한 동기가 없으면 실행하기가 어렵다. 글쎄, 경청이 중요한 것은 아는데 과연 지금 당장 필요한가? 동기를 어떻게 갖는가를 먼저 배우지 않으면 그 동기 자체부터 가질 수 없다. 행동의 변화를 가져오기 위한 동기 유발을 위해 요즘 유행하는 NLP Neuro-Linguistic Programming* 방법도 사실 알고 보면 상업적이고 임시적이며 심리학적인 유행 정도로 취급된다. 살을 빼면 무엇이 좋은가를 확실히 이해하고, 그것이 강한 동기가 되면 실천할 수 있다. 그러나 동기가 약해서 실천 과정에서 겪는 어려움을 이겨내지 못하면 중단하게 된다.

경청에 쏟은 노력보다 결과가 만족스럽지 못하다면 변화가 일어나지 않는다. 만약 경청을 못해서 직장에서 쫓겨났다든가 누구에게 심하게 모욕을 당했다면 사람들에게 경청을 하게 되는 강한 동기가 부여될 것이다. 가장 아끼는 사람이 눈물로 호소를 하든가, 20년간 담배를 끊지 못한 사람이 정기 건강검진에서 폐암 선고를 받

---

* NLP Neuro-Linguistic Programming
  신경언어학 프로그래밍: 신경언어학을 기반으로 하여 적극적 사고를 돕는 기법

고 의사가 담배를 끊어야 살 수 있다고 경고한다면 아마도 그는 하루 만에 담배를 끊을 수도 있을 것이다. 듣기를 잘 못한다면 마치 담배 중독의 결과처럼 당장은 느끼지 못하지만 서서히 인간관계를 포함한 모든 것이 조금씩 파괴되어 갈 것이다. 하지만 사람들은 그가 듣기가 부족한 것에 관심이 없다. 그저 피할 뿐이다. 예를 들자면, 담배가 나쁘다는 것을 알고 스스로 끊는 경우도 있지만, 담배가 별로 몸에 해롭지 않으며 장수와도 무관하다는 생각을 갖고 흡연을 고집하는 사람도 의외로 많다. 마찬가지로 경청을 중요하게 생각하지만 그것이 그다지 내 인생에 큰 영향을 미치지는 않는다고 생각하면서 그냥 마음에 내키는 대로 편하게 사는 사람이 대부분이다.

행동의 변화를 위한 경청을 위해서 제임스 프로차스카 James O. Prochaska의 설득력의 순환 persuasion cycle 이론이 도움이 될 것 같다. 마크 고울스톤 Mark Goulston의 『뱀의 뇌에게 말을 걸지 마라 Just Listen』라는 책에서 그의 이론을 듣기에 적용한 사례를 예로 들어 보자. 처음엔 듣는 것을 거부하고, 두 번째는 듣는 것을 생각하고, 세 번째는 듣기를 결심하고, 네 번째는 듣기를 행동으로 옮기고, 다섯 번째는 들어서 좋은 것을 알고 계속해서 습관화하는 5단계의 사이클을 만드는 것이다. 혹시 어떤 사람이 듣는 것을 강하게 부인한다면 그냥 그의 말을 들음으로 스스로 그 사이클 안에 들어오게 해 변화를 갖게 할 수 있다.

사실 전문가들은 살을 빼는 것에 대해 음식 과다 섭취와 같은 나쁜 습관을 억제하는 것에 앞서 건강을 위해 운동하는 좋은 습관을 가질 것을 권장한다. 먼저 운동하는 강한 의지를 습득하는 것이 살을 빼는 데 훨씬 성공 확률이 높은 것으로 나왔다. 마찬가지로 경청도 말을 줄이고 상대와 눈을 맞추는 것부터 습관을 들이면 좀 더 힘든 과정을 해 나갈 수 있을 것이다.

5. 사람은 왜 듣고 있고 왜 들어야 하는가?

만약 사람들의 어떤 행동에 대해 동의할 수는 없지만 이해만이라도 된다면 그로부터 오는 두려움, 원망, 실망, 화가 나는 것 등이 사라질 것이다. 대부분의 사람들은 경청이 자신들에게 유익함을 알면서도 실행에 옮기지 못한다. 그 이유는 바로 심리적 사각지대 blind spot와 편견 bias을 가지고 있기 때문이라고 할 수 있다. 이 두 가지를 해결하는 방법은 듣기를 잘하는 것인데 이 또한 이 두 가지 때문에 듣기를 잘할 수 없다는 딜레마에 빠져 있다. 사람의 정도에 따라 다르지만 조금씩 또는 아주 많은 것 때문에 잘 들을 수 없는 상황이 찾아오는 것이다.

그래서 이 문제점을 인정하는 순간부터 사람들은 약점 blind spot 을 해결하기 위해 들어야 한다. 사람들은 편견의 확증 confirmation bias을 위해 남의 말을 듣는다. 비록 그 상대의 정보가 진실이든 아니면 편견에 의한 것이든, 자신이 믿는 바에 도움이 되는 정보만을 귀에 담고 기억하고 다시 재생해서 자신의 믿음을 더 굳건히 하기 위해 듣는다.

사람들은 자신의 부족함을 채우기 위해 그 사람에게 의견을 묻고 듣는다. 그의 정보도 알고 싶지만, 그 정보를 갖고 있는 그 사람 자체를 알고 싶어 하기도 한다. 상대를 즐겁게 하기 위한 이타주의적인 듣기는 이론적으로는 가능하나 현실 세계에선 보기 힘들다. 필자는 처음에는 성공지향주의적인 모든 경청은 성공의 지름길이라는 말에 거부감을 느꼈다. 그나마 경청하는 이유가 성공의 길로 이르는 중요한 동기가 된다라고 이해하면서 사람들을 새로운 시각으로 바라보기 시작했다.

갈등을 해결하기 위해 서로 상대의 말을 경청해야 한다는 점은 현장에선 전혀 힘을 받지 못한다. 갈등 관계에서의 듣기는 또 다른 차원으로 이야기되어야 한다. 갈등을 해결하기 위해 잘 듣는 것이 매우 중요하긴 하나, 듣기 이전에 갈등의 문제를 해결해야 잘 들을 수 있다. 또한 병리적인 현상으로 상대가 횡설수설한다면, 그를 치료하는 의사들조차 억지로 듣지 못하는 것을 도덕적인 이유만으로 들으라고 강요할 수는 없는 것이다.

6. 경청에 대한 세 가지 오해

1) 시간의 안배

경청이라 하면 무조건 상대의 말에 귀를 기울이는 것이라고 생각하면서 상대가 말을 하도록 하고 자신은 듣기만 하는 경우가 많다. 그리고 과묵한 사람을 높이 평가하기도 한다. 대화량의 안배에 있어서도 귀는 두 개이고 입은 하나인 것처럼 말하는 것의 두 배를 들으라고 가르친다. 하지만 여기서 오해가 있을 수 있다. 무조건적인 시간상의 배분이 좋은 것은 아니다. 그 정도로 상대를 배려하라는 뜻이지 기계적으로 시간을 제한하라는 의미는 아니다. 현장 대화는 상황에 따라 역할이 변할 수도 있다는 것을 기억해야 한다.

경청에 대한 이러한 오해는 한쪽에서 경청을 잘 모르고 있을 때 하는 말이다. 만약 이러한 시간 안배의 조건대로 경청의 고수 두 사람이 만나서 대화를 한다면 어떻게 되겠는가? 서로 상대에게 말을 하도록 하고 자신은 듣겠다고 할 것이고, 이로 인해 원활한 대화는 이루어지지 않을 것이다. 진정한 고수는 만약 상대가 나의 말을 듣기 위해 온 것이고 나도 그의 말을 듣고자 한다면 누가 양보를 할 것인가를 고민해 봐야 한다. 실제 그런 경우는 드물긴 하지만, 경청의 중요성을 알고 많은 사람들이 경청을 하겠다고 서로 나서면, 그 가운데 누군가 침묵을 두려워하지 않는 자가 있을 것이고 결국은 그가 대화와 경청 가운데 우위를 점할 것이다.

진정한 경청을 하는 자는 기꺼이 자신을 희생할 수도 있다고 본다. 수학적인 수치로 따지자면 대화는 50:50으로 이루어지는 것이 정상이라고 말할 수도 있겠지만, 현실적으로 둘 중의 한 명이 대화의 주도권을 갖게 된다. 그 주도권에 신경을 쓰는 것보다는 어떤 대화는 자신이 주로 말을 하고 어떤 자리에서는 주로 들을 것인지를 분별하여 실행하는 것이 더 중요하지 않을까? 경청의 훈련 중에 무조건 들으라는 것은 미련한 형태일 것이다. 그 자리를 구별해 대화의 안배를 적절히 할 줄 아는 것이 진정한 경청의 고수이다.

2) 기능의 안배

필자가 가장 상대하기 힘든 직업을 가진 사람들은 전문 지도자들이다. 그들은 직업적으로 상대의 말에 경청을 하고 무의식중에 남을 지도한다는 생각으로 좀처럼 자신의 이야기를 하기보다 상대로 하여금 말을 많이 하도록 질문을 한다. 때로 느끼는 것은, 서로 전문 분야에 있는 사람끼리는 그리 기분 좋은 대화를 하지 못한다는 생각이 들 때가 있다.

만약 두 전문 지도자들이 만나면 무슨 대화를 할까 상상도 해 본다. 사람들 간의 의사소통에 있어서 모두가 다 경청을 잘한다면 좋겠지만, 한편으로는 경청을 잘하지 못하는 사람들 때문에 사회적 의사소통에 있어서 경청이 그렇게도 중요한 것이다. 만약 상대가 경청을 하겠다고 작정하고 나선다면 기꺼이 자신이 희생할 각오를 하고 있어야 한다.

　내가 아는 어느 대학의 교수는 많은 사람들로부터 주로 그가 대화의 주도권을 잡는다는 평가를 받았던 분이다. 하지만 필자가 우연히 그와 대화를 하다 보니 반드시 그런 것만은 아님을 발견했다. 대화의 상대가 자신보다 더 할 말이 많다고 판단되면 기꺼이 그는 말을 듣는 사람이 되었다. 단지 그는 대화에 있어 있을 수 있는 1초의 어색한 침묵을 두려워한 것이다. 그가 대화를 원활하게 하고 배려하기 위해서 그 침묵을 깨려고 나서서 말하다 보니 다른 사람보다 말이 길어진 것뿐이다. 만약 더 희생하는 다른 사람이 나타난다면 그는 기꺼이 들을 사람이었다. 또 다른 이유 하나는 다른 사람의 말에 나름대로 경청을 하고는 있었지만 상대가 그 교수가 경청하는지 안 하는지에 대해 전혀 피드백을 하지 않았기 때문이다. 그러므로 우리가 경청에 대하여 좀 더 생각한다면, 진정한 경청은 내가 상대의 말을 잘 듣고 있다는 인식을 주는 것까지 포함하고 있다는 사실을 알아야 한다.

3) 경청의 목적

　우리는 제대로 대답하기 위해 경청하기도 한다. 하지만 진정한 경청은 대답을 하기 위해 듣는 것이 아니고 그를 이해하기 위해 듣는 것이다. 대답을 위해 듣는다면 대화에 집중하기보다 대답할 궁리를 먼저 하기 때문에 잘 들을 수가 없다. 어떻게 변명할까, 어떻게 반박할 것인가에만 신경을 쓰기 때문에 상대의 신체언어 등에 대해 도무지 관심을 갖지 않게 마련이다.

이 문제는 사회적 정서 교육과도 직·간접으로 영향이 있다고 본다. 경청에 대해서는 간간이 세미나에서나 강사에게 들은 것이 현재 우리가 알고 있는 경청의 전부이다. 공자는 《논어》에서 예순 살이 돼야 비로소 제대로 듣는 이순耳順이 된다고 했다. 말을 배우는 데는 2년이 걸리지만, 경청을 제대로 배우는 데는 60년이 걸린다. 하지만 시간이 지나고 나이를 먹었다고 다 경청이 가능한 것은 아니며, 게다가 경청은 저절로 향상되는 것이 결코 아니다. 인생의 연륜이 쌓이면 쌓일수록 경청의 중요성을 깨닫게 된다고 한다. 그러나 말하는 입이 아니라 말을 듣는 귀가 대화의 성패를 좌우한다고 해서 모두가 경청에 대해 자세히 아는 것은 아니다.

누구나 들을 수 있지만 귀담아 듣기란 쉽지 않다. **듣기는 가만히 있어도 되지만 경청은 능동적으로 참여하는 것이다.** 귀로 마음을 열자. 듣는 것이 쉽다고 생각하고 대강 들었다면, 이제부터 귀 기울이는 연습을 해야지 그렇지 않고 경청에 대해 익히는 것은 불가능하다.

말하기나 쓰기는 준비할 수 있고 고칠 수도 있다. 읽기는 이해가 안 되면 다시 읽으면 되지만, 듣기라는 것은 상대에 따라 다르고 다시 듣기도 쉽지 않다. 말하기는 바로 티가 난다. 잘하면 칭찬도 받고 못하면 망신을 당한다. 말을 잘하면 박수를 받지만, 말 실수를 하면 그에 대한 대가를 치러야 한다. 그래서 말하기는 미리 준비한다. 직원들과 회의하기 전에나 고객과 미팅하기 전에 무슨 말을 어떻게 해야 할지 연습하고 구상한다. 하지만 사람들은 듣기 위해 미리 준비하지 않는다. 큰 노력 없이 그냥 마음만 먹으면 그 순간부터 되는 줄 안다. 잘 들은 것 같지만 대충 들었고 집중한 것 같지만 듣고 싶은 것만 들었는데도 말이다. 그래서 오해는 쌓이고 착각은 늘어 간다. 듣기도 투자를 해야 향상된다. 시간과 노력 그리고 약간의 재능이 더해지면 새로운 세계가 들리기 시작한다. 새로운 세계의 소리를 들을 수 있어야 새로운 시야가 열린다. 그래야 새로운 세계를 발견하게 된다.

7. 기대와 경청

사람들은 만남을 가질 때, 서로 어떤 기대감을 가지고 만난다. 금전적인 도움을 주는 관계를 원할 수도 있고, 인맥 정보나 소개를 받기 위해서, 또는 단순한 친분을 쌓기 위한 것일 수도 있다. 이런 대부분의 기대가 인간 행동의 근본적인 동기가 되기도 한다. 그리고 그 기대는 지극히 이기적일 수 있다.

다른 한편으로, 사람들은 만남으로 인해 시간과 에너지를 소비하게 된다. 일 때문이든 개인적 친분이 있는 만남이든 마찬가지이다. 전문 모금가들의 입장에서는 특히 이 기대를 정확히 파악하는 것이 매우 중요하다. 그래서 필자는 펀드레이저 교육을 할 때 기부는 받기 위해 주는 것이고, 사람들의 기본 심리는 돕기 위해 만나는 것이 아니라 도움을 얻을 수 있을까 하는 기대로 만나는 것이라고 가르치고 있다.

펀드레이저가 상대의 말에 경청해야 하는 첫째 이유는, 내가 갖는 기대와 상대가 줄 수 있는 정도의 간격을 최소화하기 위함이다. 만약 그 차이가 크다면 절대 기부 요청을 해서는 안 된다. 일반적으로 컨설턴트가 처음에 클라이언트의 말에 경청하는 이유는 클라이언트의 주 고객층이 갖는 기대치와 클라이언트가 주는 서비스의 차이Gap Analysis가 무엇인가를 찾기 위함이다.

그리고 교육의 핵심으로서 적은 기대와 대비되는 큰 희망Low expectation, High hope을 가르친다. 서비스와 기대치가 너무 차이가 나면 실망도 크고, 아마도 그 기대치를 영원히 충족시키지 못할 수 있기 때문일 것이다.

요즘 사람들이 인맥에 목을 매는 이유는 나중에 도움을 받기 위해서이지, 도움을 주기 위해 인맥을 관리하는 것은 아니다. 우리가 일반적으로 알고 있는 정을 나눈다는 것에는 우리의 상호적인 나눔과 그 보답Reciprocal Sharing에 대한 기대감이 함께 포함되어 있다. 자신의 친절함과 베푸는 행동도 나중에 도움을 얻고자 하는 무언의 기대 속에 이루어지는 일종의 투자와 계약인 셈이다. 그것이 진행되는 시간 가운데 어느 한쪽이 일방적이라고 생각하거나 상대방이 도움을 받은 데 대한 보답을 잊어버리거나 기대에 비해 턱없이 부족할 때, 보통 그들을 사기꾼Cheater이라고 부르게 된다.

어떻게 보면 현대사회에서의 만남이란 순수한 이타주의적 만남은 거의 없다고 볼 수도 있다. 단순하게 이타주의적 만남이 없다는 현실이 나쁘다고 비판하자는 것이 아니라 좀 더 이 시대의 상황과 환경에 대해 이해해야 한다는 의미이다.

누군가 오래간만에 만나자고 전화를 했다면 아마도 도움을 청할 확률이 높다. 갑자기 당신에게 도움을 주려고 일부러 기다렸다가 만나자고 하는 경우는 극히 드물다. 만나서 대화 중에 직접적으로 도움을 청하는 경우도 있지만, 대부분은 상대에게 무엇인가 기대를 하게 만든다. 이때의 대화는 그 무언의 계약 조건을 타진하는 성격을 가지게 된다. 대화 중에 자신의 부족함을 이야기하는 것은 혹시나 도움을 받을 수 있을까 하는 기대감이 표현되는 것이고, 은근히 자랑을 하는 것은 나에게 잘하면 바라는 기대감을 현실적으로 나눌 수 있다는 것이다. 물론 대화가 단순히 즐거움을 위한 것일 수도 있다. 하지만 그 즐거움 역시 자신을 위한 것이기 때문에 즐거움이라는 기대감이 충족되지 않는 대화는 오래 지속하기 어려워지는 것이다.

사람에 따라 다를 수 있지만, 서로의 관계가 깊어지면서 서로가 각각 바라는 기대치에 못 미치면 관계에 금이 가기 시작한다. 문제는 그 기대치가 대부분 자신 위주로 상상하거나, 다른 사람이 어떤 기대를 하게끔 하는 말을 하며 소개하든가, 아니면 첫 만남이나 대화 속에서 상대의 말 속에 기대를 하게 만드는 것 등 다양한 관점으로 해석된다는 것이다. 사람은 본래 자신이 갖고 있는 능력이나 소유물, 조건부 보상 능력을 약간 과장해서 말하는 버릇이 있다. 마치 중매쟁이가 상대를 소개할 때 결혼의 성사를 위해 첫 대면에서 기대치를 높여 놓는 것과 마찬가지이다. 하지만 관계가 진행될수록 기대에 못 미치는 것을 가리려 하거나 그 차이를 극복하기 위해 위장된 행동과 과장된 말을 하게 된다. 특히 남녀의 관계가 깨지는 이유는 서로의 신뢰가 깨어지기 때문인데, 서로가 생각하는 상대방에 대한 기대에 차이가 있어서이다.

그런가 하면 사람들은 본의 아니게 스스로 파 놓은 함정에 빠져 허우적거리기도 하고, 감당하지 못해 피하거나 무의식 중에 갈등을 겪기도 하며 후회하기도 한다. 그런데 후회도 하고 다음에는 절대 안 그럴 것이라고 결심도 하지만, 또다시 사람을 만나면 자신도 모르게 상대가 기대하도록 만드는 과거의 경험들을 반복한다. 왜 그럴까? 많은 심리학자들의 이론을 특별히 참고하지 않더라도 스스로 눈을 감고 천천히 생각해 보면 이내 당연하게 받아들일 수밖에 없을 것이다. '내가 여기 있고, 나는 당신에게 귀중한 사람으로 인정받고 싶고, 내가 원하면 당신을 도와줄 수 있다.' 는 바람인 것이다. 여기서 내가 원하면이라는 것에는 '상대의 행동에 따라서'

라는 조건이 숨어 있다. 바로 그것이 서로의 기대의 차이Gap expec-tation에서 오는 것이라 볼 수 있다.

　필자는 본인이 누군가와 1:1로 대화하는 비디오를 찍어 모니터링 해 보았다. 그것을 통해 자신을 자랑해 보이기 위한 단어 선정이라든지 은근히 상대방이 본인에게 기대하게 하는 쓸데없는 어투나 말이 숨어 있는 것을 발견하고 부끄러움을 느끼게 되었다. 대화 가운데 상대가 나를 너무 모른다고 생각하거나, 초면이기에 좀 더 제대로 알아주길 바라는 마음으로 인해 마음속으로 부풀린 혹은 군더더기 같은 단어를 사용하여 대화하였던 것이다. 필자가 많은 사람들을 실망시켰다면 아마도 그 대화에 대한 기대치를 충족시키지 못했기 때문일 것이다.

　사람들은 일생 동안 수많은 사람들과 만나고 헤어짐을 반복한다. 그리고 그 가운데서 계속적으로 기대하고 그 기대에 대해 실망하며, 또 다르게 기대하며 다른 만남을 가지는 것이 반복적으로 이루어진다. 경청의 목적이 비록 이타주의적인 것은 아닐지라도 경청은 인간관계에 결정적인 도움을 줄 수 있다. 이제는 너무 큰 기대를 주거나 잘못된 기대를 갖지 못하도록 서로를 배려하는 것이 경청의 또 하나의 모습으로 정의되어야 한다. 이제 우리의 대화에서 경청의 목적은 상대의 진실을 가려내기보다 이해하면서 서로의 기대치를 적정 수준으로 만들기 위함이다.

8. 현명한 경청의 방법

귀로 들을 때는 눈과 입의 협조가 절실히 필요하다. 귀는 불행하게도 눈이 가는 곳에 따라가고, 말을 할 때는 전혀 들을 수 없다. 서로 따로 놀기도 하고 같이 움직이기도 한다. 제대로 들으려면 이들의 협조가 없이는 안 된다. 이것이 통제가 안 되면 시간 낭비이고 상대와의 대화는 깨어지게 되어 있다. 시선이 분산되면 귀가 어두워진다. 눈은 그의 감정을 읽을 수 있는 가장 좋은 신호이다. 유혹을 참기 위해서 스스로의 눈은 반드시 말하는 자의 눈에 가 있어야 한다. 그리고 때때로 상대가 눈치채지 못하게 그의 몸동작에 살짝 시선을 주면 된다. 눈 못지않게 중요한 것이 몸짓, 즉 신체언어이다. 신체언어를 읽음으로써 상대의 의도를 알 수 있는 경우도 많다.

입을 여는 순간에는 당연히 들을 수 있는 능력이 떨어지게 된다. 훈련이 안 된 사람에게는 제로섬 게임이다. 시간이 정해진 대화에서 말하는 시간이 많으면 듣는 시간은 상대적으로 줄어든다. 정 안 되면 그 듣는 범위를 키우는 것 외에는 방법이 없다. 그래서 잘 들으려면, 아니 더 많이 들으려면 가능한 한 말을 적게 하는 것이 유리하다. 가끔 짧게 추임새를 넣을 때만 사용하면 된다. 너무 같은 추임새를 반복하면 건성이라는 오해를 받을 수 있으므로 조심스레 추임새를 변형시키는 훈련도 필요하다. 그러나 이것에 너무 신경 쓰다 보면 상대의 말이 들리지 않게 되므로 자연스레 몸에 배도록 훈련해야 한다.

단순히 기술적으로 말하고 들으면 서로 피곤해지므로 그 또한 현명한 방법이 아니다. 진정으로 상대의 말에 관심을 가지고 들어야 하고, 스스로 상대를 존중하며 들어야 한다. 들으려는 마음이 없으면 경청은 고문이 될 뿐이고, 대화 대신에 다른 소통 방법을 찾아야 한다. 그래도 정 안 되면 경청을 배우기 전에 근본적인 심리 치료가 필요하다. **내가 마음을 다해 듣는다면 상대는 그런 당신에게 마음을 줄 것이다.** 상대의 말을 잘 들어서 얻는 것도 좋지만 대화는 원래부터 윈윈win win 전략이며, 그것이 바로 현명한 경청이다.

9. 나의 경청의 기준이 보편적이라 믿는 위험성

일반적으로 사람들은 스스로가 믿는 경청에 대한 견해가 남들과 비슷할 것이라고 생각한다. 바로 의견이 편견이 되는 순간이다. 자신의 의견이 반드시 보편적일 필요는 없다. 하지만 자신의 의견이 보편적일 것이라는 착각은 관계에서 큰 오해를 낳고 잘못된 판단과 결정을 내리게 할 수 있다. '나는 그것을 좋아하지 않아.' 가 '아무도 그것을 좋아하지 않아.' 라는 믿음으로 확산되고 만다. 예를 들어, '요즘 같은 불경기에 누가 그런 큰 금액을 기부하겠는가?' 라고 믿고 있다면 남들도 그럴 것이라는 추측이나 결론을 성급하게 내려 기부 요청을 시작할 엄두조차도 내지 못할 것이다. 이런 현상은 스스로 세상을 객관적으로 보고 있다고 믿기 때문에, 내 주관적 경험과 객관적 현실 사이에 어떤 왜곡도 없다고 생각하는 것이다. 이런 경향을 철학과 심리학에서는 '소박한 실재론'이라고 한다. 이런 경향 때문에 사람들은 '내가 선택한 것을 다른 사람들도 똑같이 선택할 것'이라고 믿게 된다는 것이다.

    듣기에 대한 자신만의 경험으로 리더가 어떠한 판단을 하고, 남들도 그 같은 생각을 갖고 행동할 것이라고 추측하는 것은 인간관계에서는 매우 위험한 일이다.

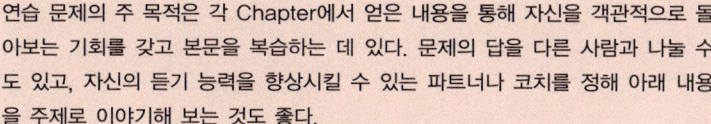 듣기 훈련을 위한 연습 문제

연습 문제의 주 목적은 각 Chapter에서 얻은 내용을 통해 자신을 객관적으로 돌아보는 기회를 갖고 본문을 복습하는 데 있다. 문제의 답을 다른 사람과 나눌 수도 있고, 자신의 듣기 능력을 향상시킬 수 있는 파트너나 코치를 정해 아래 내용을 주제로 이야기해 보는 것도 좋다.

1. 자신이 다른 사람과 대화하는 것을 객관적으로 모니터링해 보자. 그 결과 특이점은 무엇이며 고쳐야 할 점이 있다면 어떤 것인가?

2. 나는 만약 경청을 한다면 주로 어떤 목적으로 하는가?

3. 나는 무엇으로 경청을 지속 가능하게 하는가? 100% 기준으로 분배해 보자.

   주제 _____% 　　방법 _____%
   대상 _____% 　　동기 _____%

4. 자신이 차를 구입한다면 무엇이 최우선 선택 조건인가? 100% 기준

   색깔, 모델 _____% 　　가격 _____%
   서비스 _____% 　　엔진 사양 _____%

5. 위의 두 가지(3과 4)를 비교 평가해서 자신의 듣기 스타일을 알아보자.

Chapter 3. 경청의 해부학

Chapter 4

신체언어 Body language 이해하기

나이를 먹을수록 말을 많이 하지 않는 사람의 말에 더 귀를 기울이게 된다. *The older I grow the more I listen to people who don't talk much.* –
Germain G. Glien

1. 7-38-55의 법칙

일대일 대화나 수많은 사람들을 대상으로 하는 대중 연설 등 모든 커뮤니케이션의 기본 법칙을 보통 7-38-55의 법칙이라고 말한다.

7-38-55법칙의 구체적 의미는, 어떤 대화에서든 의미 전달이 7%인 말 자체보다는 전달자의 음성에서 느껴지는 톤에서 38%, 신체언어Body language에서 55%가 전달된다는 것이다. 어떤 사람이 말을 할 때는 그 내용보다도 오히려 음성의 톤과 신체언어가 의미 전달에 더 많이 기여한다는 것이다. 이 이론은 본래 1970년 초, UCLA의 앨버트 메라비언Albert Mehrabian 교수 팀이 실험을 통해 발표한 뒤로 커뮤니케이션 교육에서 항상 등장해 온 이론으로, 모금 교육에서도 절대적으로 신봉되어 왔다.

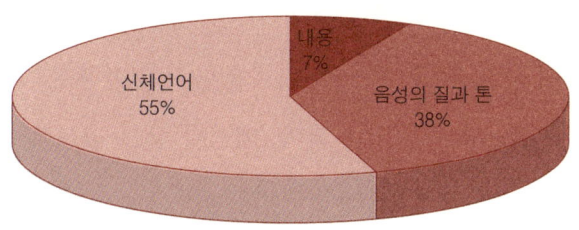

그림 6. 7-38-55의 법칙

Chapter 4. 신체언어 이해하기

최근에는 이 법칙이 말의 중요성을 너무 과소평가하는 것은 아닌지에 관한 논쟁이 있기는 하지만, 말 속의 내용보다 말의 톤과 신체언어가 더 중요하게 작용한다는 점은 모든 전문가들이 동의하고 있다. 내용, 톤, 신체언어, 이 세 가지가 함께 잘 어우러지고 일치하게 되면 더욱 효과적인 의사 전달과 설득을 할 수 있다. 때로는 말하는 내용 그 자체와 나머지 신체언어가 일치하지 않을 때 어느 것을 더 믿어야 하는가의 문제가 생긴다. 그럴 때 이 이론에 의하면 신체언어가 더 신빙성이 있다는 것이다.

모금에서도 마찬가지로 이러한 법칙이 적용된다. 잠정기부자에게 기부금을 요청할 때, 말의 내용은 모금의 필요성을 적절히 이야기하는 것이더라도 말하는 톤이나 제스처가 어색하거나 상대방에게 부정적인 인상을 준다면 잠정기부자는 정작 말의 내용보다는 다른 것에 신경이 거슬려 기부에 참여하지 않을 것이다. 그래서 기금 요청 시 최소한 두 사람이 찾아가 대화하는 이유는, 한 사람은 최소한 잠정기부자의 신체언어를 읽을 수 있도록 하기 위해서이다.

모금가의 목소리에는 짜증이 섞여 있다거나 신경질적이거나 조소적인 요소가 있어서는 안 되며, 열정이 담겨 있고 상대방에게 좋은 감정을 유도할 수 있는 톤이어야 한다. 또한 말보다 눈에 먼저 띄는 신체언어도 눈에 거슬려서는 안 되고, 그 사회의 정서와 문화를 잘 반영하여 겸손과 존중하는 모습이 보이도록 해야 한다. 눈맞춤의 위치와 손의 위치, 앉아 있는 자세 등이 자연스러워야 하며, 그 모습이 말의 내용을 도와주고 말과 일치하도록 해야 한다. 그러나 이 모든 것은 사람의 몸에 밴 습관이기 때문에 본인에게 있어 어떤 점이 잘못된 것인지 잘 알지 못하거나 안다고 하더라도 한 번에 잘 고쳐지지 않는다. 따라서 제3자의 모니터링이 필요하며, 실제 요청에 들어가기 이전에 전문가와 여러 번 훈련을 하는 것이 필요하다.

2. 신체언어 body language 이해하기

사람들은 보통 처음 만날 때 악수를 하는데, 그 유형을 보면 대충 어떤 성격의 소유자인지 알 수 있다. 그만큼 신체언어는 대화에서 매우 중요하다. 경청을 한다는 것은 상대의 신체언어를 읽는 의무가 포함되어 있다. 대화 중 상대의 말을 들을 때 나머지 75%의 여유 시간의 일부를 상대의 신체언어를 파악하는 데 쓰는 것이 현명하다. 대부분 말보다는 간접적인 신체언어로 대화의 반응을 나타낸다. 하지만 신체언어를 읽는 것이 쉽지만은 않다. 나라마다 문화적 차이도 있고 성격이 내향적이냐 외향적이냐에 따라서도 차이가 있다.

그렇다면 이 신체언어를 통해서 우리가 구체적으로 알아야 할 것은 무엇인가?

첫째, 신체언어는 하나의 동작에도 여러 가지 뜻을 내포하는 경우가 많기 때문에 해석하기가 힘들다. 예를 들어, 사람들이 두 팔을 가슴으로 모으는 자세는 편안한 자세일 수도 있지만 무엇인가 듣고 냉정해질 때일 수도 있다. 자신의 얼굴을 만진다는 것은 심각하게 생각하는 중이라는 뜻이거나 혹은 전혀 다른 뜻을 갖기도 한다.

둘째, 신체언어는 어떤 신호가 발생한 후 바로 그다음에 일어난다. 만약 어떤 질문을 했을 때 상대가 몸을 움츠린다면 그는 사실을 말하고 싶지 않다는 뜻이다. 어쩌면 그 질문이 상대를 기분 상하게 하거나 당황하게 할 수 있으므로 접근 스타일을 바꿔야 한다.

셋째, 신체언어는 보통 여러 동작이 순서적으로, 그리고 집단적으로 일어날 경우 주의 깊게 관찰해야 한다. 예를 들어, 다리와 팔을 교차하면서 다른 쪽 방향으로 눈을 돌린다든지 하는 경우는 상대에게서 여러 가지 생각이 교차될 때 나타나는 신체 동작으로, 조절과 감정 잡기를 하려고 애를 쓰는 것이다. 그럴 경우는 대체적으로 상대를 신뢰하기 힘들어진다.

다음은 청중을 대상으로 강의하는 교육자들은 알 만한 내용들이다. 필자도 강의를 하면서 청중의 신체언어Body language를 보고 어떤 상황인가를 짐작할 수 있다. 물론 신체언어를 해석할 때 이 내용을 맹신하는 것은 좋지 않다. 사람마다 신체언어에 차이가 있고 문화적 차이도 있기 때문에 듣는 사람의 입장 또는 발표하는 사람 입장에서는 참고할 만하다.

- 표정: 맞장구를 치지 않고 미소를 짓는다-거북하다는 의미, 완곡한 거절의 표시이다.
- 눈: 눈 마주치는 것을 피한다-상대를 피하고 싶거나 말을 계속하고 싶지 않다는 뜻이다.
- 입에 손을 대고 있으면 더 이상 이야기하고 싶지 않다는 뜻이다.
- 입술 양끝을 약간 뒤로 당길 때는 경청을 하고 있다는 뜻이다.
- 이야기 도중 코를 만지면 상대의 부탁에 대한 거부 반응이다.
- 어깨를 움츠리면 거부의 표현이다.
- 주변 물건을 만지면 긴장하고 있다는 뜻이다.
- 대화 도중 음성을 낮추며 고개를 숙일 경우는 대화를 중단하고 싶다는 뜻이다.
- 너무 기계적으로 끄덕이면 경청하고 있는 척하는 것이다.
- 갑자기 등을 젖히고 듣는 경우는 말하는 상대가 삼천포로 빠지고 있는 것에 대한 무언의 시위이다.

위와 같은 상황에 대해서는 말하는 사람이나 듣는 사람들이 상대방의 입장을 이해해야 한다. 듣는 사람이 자신도 모르게 자신의 신체언어를 상대에게 알려서 상대가 변화할 수 있다면 다행이지만 기분이 언짢을 수도 있으므로 조심해야 한다.

우리가 신체언어를 이해하려는 이유는 상대의 반응을 살펴서 그때마다 대처해 나가라는 뜻이다. 그것을 모르면 계속 상황을 이해하지 못하는 상태에서 분위기가 악화되어 결국은 관계 자체가 나빠질 수 있다. 신체언어를 읽는 법을 알아야 하는 이유는 상대를 배려하고 좀 더 나은 대화를 유지하기 위함이다.

3. 비언어적non-verbal 소통에서 듣기

필자는 얼마 전 아내와 함께 친구 부부와 식사를 하게 되었다. 그 자리에서 아내는 평소와 다름없이 상대 부부가 자신의 기분을 알아채지 못하도록 말하고 행동하였다. 하지만 나오면서 "그때 그런 감정으로 말하지 않았어?" 하고 필자가 물으니 "내 감정을 숨기고 자연스럽게 말한다고 했는데 어떻게 알았지?" 하며 오히려 놀라는 표정을 지었다. 아내는 평소에 신체언어로는 좀처럼 숨어 있는 감정을 읽기 힘든 유형의 사람이다. 세심하게 관찰하거나 경청하지 않으면 세세한 감정의 변화를 감지하기 힘들다. 하지만 비언어는 신체언어로 발견하기 힘든 부분까지 나타낸다. 사람들은 보통 자신이 잘 아는 사람의 말에는 귀를 기울이지 않는다. 필자도 지금은 나이가 들어 쉽지 않지만 아내의 말을 집중해서 들으려고 상당히 노력한다. 때문에 아내가 하는 비언어적인 미세한 부분까지 필자에게는 본능적으로 감지되는 것이다. 필자의 아내의 경우는 주로 비언어의 분석을 다음과 같은 정도까지 할 수 있다.

1. 눈을 맞추는 정도eye contact: 상대의 눈의 각도가 평소와 다르면 무언가 감정의 변화가 있는 것이다.
2. 표정facial expressions: 말의 내용과 표정의 일치가 안 되는 경우를 발견하게 된다. 얼굴의 미세한 주름의 변화는 무엇인가 말을 하고 있는 것이다.
3. 제스처gestures: 평소에 제스처를 잘 쓰지 않지만 어떤 감정이 있을 때 일치하는 것을 발견하게 된다.
4. 몸의 자세posture and body orientation: 무언가 마음에 언짢은 일이 있으면 똑바로 앉지 않고 약간 비스듬히 앉는다.
5. 대화 시 상대의 거리proximity: 둘 사이의 공간적 거리는 친분의 정도와 연관이 있다. 거리가 가까울수록 친분도 가깝다.
6. 준언어paralinguistic: 음성의 톤, 피치, 리듬, 음색, 크기, 억양 등 6가지의 차이를 들으면 그 뒤에 숨어 있는 의도나 감정을 읽을 수 있다.
7. 유머humor: 평소에 잘 안 하던 유머를 하면 현재의 기분을 알 수 있다.

이런 비언어는 사람마다 다르기에 일반적으로 똑같이 적용할 수 없다. 안 지 얼마 안 되면 이해하기 힘든 것이 비언어 분석이기에 펀드레이저들은 평소에 기부자와의 관계 다지기cultivation 과정 중에 상대의 비언어 분야까지 들으려고 한다. 대화를 통해 심리 상담하는 사람이나 범죄자 취조 시에도 이런 기술이 쓰인다.

듣기 훈련을 위한 연습 문제

연습 문제의 주 목적은 각 Chapter에서 얻은 내용을 통해 자신을 객관적으로 돌아보는 기회를 갖고 본문을 복습하는 데 있다. 문제의 답을 다른 사람과 나눌 수도 있고, 자신의 듣기 능력을 향상시킬 수 있는 파트너나 코치를 정해 아래 내용을 주제로 이야기해 보는 것도 좋다.

1. 내가 알고 있는 사람의 특정한 신체언어를 찾아내고 그 의미를 알아보자.

2. 상대의 신체언어를 잘못 해석하거나 오해해 곤란을 당했던 일이 있는가?

3. 내가 듣기 거북하거나 싫은 말에 어떤 신체언어로 표현하는지 생각해 보았는가?

4. 잘 아는 사람이 나의 말을 듣기 싫어한다면 어떻게 알아낼 수 있을까?

Chapter 5

경청의 방해

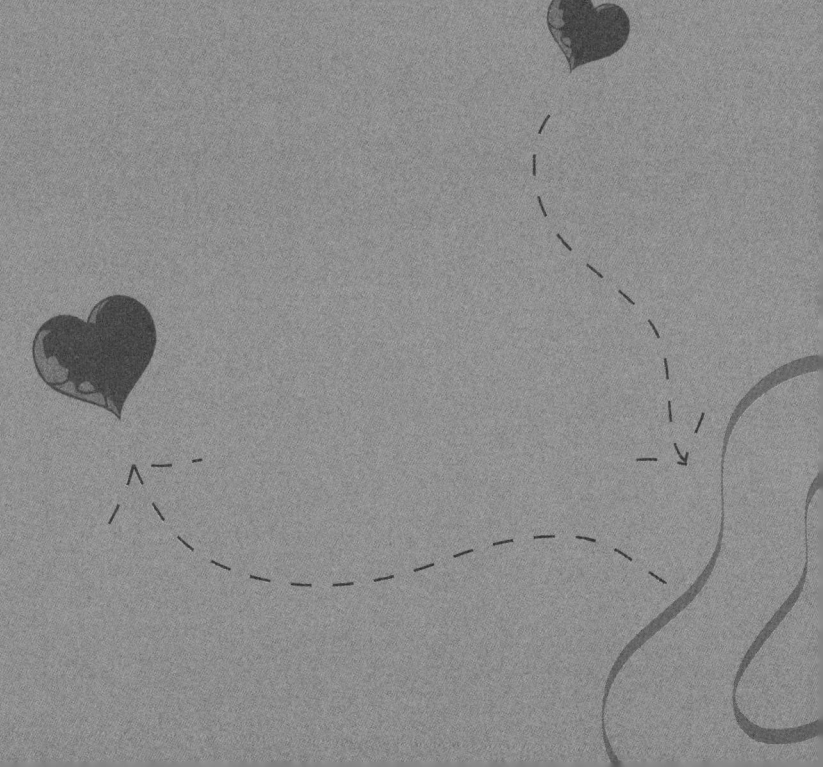

말하기의 반대는 듣기가 아니고 기다림이다. *The opposite of talking is not listening. The opposite of talking is waiting.* –Fran Lebowitz

1. 왜 잘 듣기가 힘이 드는가?

사람은 보통 1분에 125개 정도의 단어를 말할 수 있고, 그보다 4배인 500단어를 생각할 수 있다고 한다. 어떤 사람은 1,000단어까지도 생각한다고 한다. 그래서 대화를 할 때 항상 두뇌의 75% 정도는 여유가 있으므로 대화하는 25%의 두뇌를 향해 끊임없이 압박을 가한다. 또한 조금만 틈이 있으면 즉시 다른 생각에 빠지곤 한다. 예를 들어, 다른 소음이 들린다든지, 상대가 잠시 말을 멈추고 숨 고르기를 한다든지 하면 바로 다른 생각이 끼어들 수 있는 환경이 조성되기에, 듣기에 100% 몰입하는 기본적인 훈련이 되어 있지 않으면 듣기에 대한 몰입이 불가능한 것처럼 보인다.

훈련 프로그램 중에 그 75%를 활용하는 과정이 있다 하더라도 이론일 뿐 실전에서는 쓰기가 쉽지 않다. 사람마다 다르지만 왜 자신이 금방 상대의 말에 흥미와 초점을 잃고 다른 부분으로 빠지는지를 알아야 한다. 특히 자신이 어떤 주제나 단어에서 대화가 막히는지 자세히 살펴볼 필요가 있다. 한국인은 어렸을 때부터 단순히 복종하기 위해서 또는 자신이 필요한 것을 얻어내기 위한 수단으로 듣기를 해 왔다. 그래서 짧은 시간에 요점만 듣는 훈련이 되어 있기 때문에 앞에서 말한 문제를 구체적으로 고쳐 나간다는 것이 쉽지 않다.

예술적 경청art of listening이라는 표현이 있다. 특별히 경청을 예술이라고 정의하는 이유는 오랜 훈련을 통해야만 달성할 수 있기 때문이다. 단지 듣기의 중요성을 아는 것이 끝은 아니다. 반복을 하다 보면 듣는 습관이 몸에 배어 자연스럽게 잘 들을 수 있는 것이다. 하지만 진정성이 부족한 훈련된 듣기는 금방 티가 난다. 고수들은 상대의 눈동자를 보면 듣는 척만 하는지 진심으로 듣는지를 안다고 한다. 파티에서 만나 서로 악수를 하고 이야기를 할 때, 상대가 대화하면서 계속 다른 사람을 쳐다본다면 어서 대화를 중단하고 싶다는 신호일 것이다. 이와 같이 경청은 어떤 상황이든 어떤 주제든, 특히 어떤 사람이라도 상대의 말에 흥미를 갖고 경청하는 훈련이 되어 있어야 하기에 어렵고, 그 경지를 예술이라 부르는 것이다.

2. 현대에서의 경청의 의미

현대의 사람들에게 말에 대한 신뢰는 더 이상 존재하지 않는다. 정치인의 말을 곧이곧대로 믿는 사람은 거의 없으며, "밥 한번 먹자!"라는 말은 진짜 밥을 먹자는 약속이 아니라 인연이 되어 다시 볼 수 있으면 보자는 뜻인데, 한국 사회를 오랫동안 떠나 있던 사람들은 이 말의 참뜻을 알아채지 못하기 쉽다. 시간, 숫자가 포함된 약속은 하나의 가이드라인이지 반드시 그 숫자가 의미 있는 것은 아닌 경우가 많다. 단지 숫자는 표현을 위한 수사학적 의미일 뿐이다. 그것을 순진하게 믿고 행한다면 미련하거나 눈치 없는 사람 취급을 받는다. 대부분의 사람들이 경청을 힘들어하는 이유는, 상대가 내뱉는 말이 의도적이든 아니든 간에 생각과 말이 다르고 말이 하려고 하는 행동과 다르기 때문이다. 살면서 많은 경우, 사람과의 관계에 실망하여 더 이상 말 그 자체에 무게를 두지 않기 때문에 보이는 것에 더 관심을 두게 된다. 그렇게 된 데는 과학기술의 발달이 한몫을 차지한다. 긴 생각 없이 쉽게 소통하려 하기 때문에 오해나 실수가 많아지고, 점점 그 내용에도 별 의미가 없어지고 있다. 눈에 보이는 것에 더 가치를 두기 때문에 말은 그저 보이는 것에 대한 보조 역할로 전락하여 있으나 마나 한 것이 되고 있다. 들은 말을 믿는 것이 아니라 보고 믿기를 원한다. 말을 신뢰하지 않기 때문에 경청에 대해 그럴듯하게 이야기는 하지만 지극히 계산적으로 행해지고 있고, 의사소통에 있어서도 경청은 투자 대비 효율성이 매우 낮게 여겨진다.

3. 잘 듣기의 공공의 적

아무리 잘 들으려 노력해도 상대의 이야기를 듣는 중에 자신이 할 이야기나 하고 싶은 이야기가 마음속에 자꾸 떠오른다면 그의 이야기를 들을 수 없게 된다. 자연히 상대의 이야기를 중단시킬 기회를 본다든지 상대의 이야기 중에 끼어들어도 좋은지를 재는 데 신경을 쓰다 보면 상대의 이야기가 잘 들리지 않는다. 필자도 다른 사람과 미팅을 잡아 놓고 무슨 말을 할지 생각한 후 대화를 시작해 보면 그의 말에 100% 집중하지 못한 기억이 많다. 실행하기 쉽지는 않겠지만 듣는 시간과 말할 시간을 따로 잡는 것이 최선의 방법이라고 생각한다.

듣는 사람 입장에서 말하는 사람이 자기 입맛에 맞는 주제만 이야기하기를 기대하거나, 대화 가운데 서로의 눈치를 살피며 대화를 진행한다면 상대의 이야기를 듣는 데 어려움이 따르게 된다. 그렇다면 그 대화는 생산적인 대화가 될 수 없다. 예를 들어, 영화를 볼 때 결말을 미리 알고 본다면 그 영화가 흥미롭겠는가? 아마 영화의 참된 재미를 못 느낄 것이다. 혹은 원하는 장면이 예고편에 나온 것을 기억하면서 영화 관람 중에 원하는 장면이 나오기만을 기다린다면 영화에 몰입하는 것이 힘들어지고 스토리에 집중하기도 어려울 것이다. 마찬가지로 강의를 들을 때도 미리 나눠 준 자료집에 전적으로 의존하다 보면 강의에 100% 집중하기 힘들다. 그래서 어떤 강사는 강의안을 강의 전이나 중간에 배부하지 않고 끝난 뒤에 주는 것이 더 효과적이라고 말하기도 한다.

4. 나쁜 듣기 습관들

무엇이 나를 잘 듣지 못하게 하는가 꼼꼼히 살펴보면 다음과 같은 걸림돌이 있을 수 있다.

1) 내가 말하는 사람보다 그 주제에 대해 잘 알고 있다고 믿고 있을 때
2) 자신의 약점soft spot을 자극할 말이나 단어를 들었을 때
3) 자신이 믿고 있는 사실과 상충되는 말을 하거나 들을 때
4) 이미 알고 있는 이야기를 장황하게 해서 시간 낭비라고 생각할 때

이 내용은 사실 남의 이야기가 아니다. 필자 자신이 듣기를 진단하는 과정에서 이러한 걸림돌이 있음을 발견하였다. 하지만 이것은 겉으로 드러난 이유일 뿐, 근본적으로는 본인의 가치관이 변화해야 한다. 그렇지 못할 경우 이러한 것이 나중에는 습관이 되고 고정되어 변화하기가 사실상 불가능해진다. 그래서 나이 든 사람들은 고정된 듣기 습관을 고치기 힘들기에 자신의 장점을 살려서 전략적인 경청을 하는 쪽으로 결정하는 것이다.

모금에 있어서 요청이 중요하다면, 그 요청 중에 듣기listening가 가장 중요하다. 커뮤니케이션에 능숙한 사람이라는 뜻은 바로 잘 듣는 사람을 말하는 것이다. 사실 필자는 듣기에 따라 요청의 승패가 갈리는 경우를 많이 경험해 보았다. 듣기라고 해서 가만히 상대

의 말을 듣기만 하라는 뜻만 있는 것은 아니다. 자신이 어떤 듣기 습관을 갖고 있는지 알아야 한다. 다행히 부모로부터, 혹은 멘토로부터 자신의 듣기 습관을 지적받고 교정의 과정을 거친 사람은 그래도 행운아이다. 대부분의 사람들은 그냥 자신의 나쁜 습관을 모르고 살아간다.

다행스럽게도 필자는 직업상 대화를 하면서 동료나 멘토로부터 수많은 조언을 받아 왔다. 필자 역시 모진 경쟁 가운데 어떻게 하면 효과적으로 상대를 설득할지에만 신경을 써 왔지, 상대의 말을 잘 듣는 것에는 관심이 없었다. 지금 와서 생각해 보니 만약 경청에 대해 좀 더 어렸을 때부터 교육을 받았더라면 하는 아쉬움이 남는다. 우리는 누군가와 대화를 나누다 보면 여러 가지 경험을 하게 되는데, 이런 대화 속에 알아야 할 중요한 포인트가 있다. 아마도 인생의 비밀이 이곳에 있는지 모른다. 친구들과 만나서 이야기를 나누면서 이런 경험을 한 경우가 있을 것이다.

1) 보통 상대방의 잘못된 점을 찾으려는 습관이 있다. 그가 쓰는 단어, 용어 이해 등에 대해 잘못된 것을 찾아 지적하고 싶은 충동이 앞서기도 한다.
2) 상대방과 대화를 하면서 잡다한 것 빼고 결론만 얘기해 보라고 하거나 혹은 사실만을 들으려고 하면서 상대의 의견은 사실적이지 않다고 무시하는 경향이 있다.

3) 회의를 할 때 회의가 길어져 이야기를 메모해야 하는 상황이 발생해도 자세하게 메모하려 하지 않고 중요한 내용만을 찾으려고 하는 경우도 있다. 물론 결론이 중요하지만, 중간의 이야기들 속에도 우리가 꼭 메모해야 할 중요한 이야기가 있을 수 있다.

4) 학교에서 친구와 대화를 하면서 오히려 주위의 다른 친구들의 대화에 귀 기울여 본 적이 있는가? 상대방과 대화를 하면서 주위가 시끄럽고 다른 친구의 이야기가 들려서 정작 상대방과의 대화에 엉뚱한 이야기를 한 적은 없는가? 우리는 대화의 방해 요소를 일부러 끄집어내어 내가 들을 수 없었던 이유를 변명하려고 한다.

5) 혹은 친구와 대화를 하는데 나의 콤플렉스를 건드린다면 어떻게 하겠는가? 넌 왜 내가 싫어하는 이야기를 하냐며 화를 내지 않겠는가? 상대방의 대화 의도와는 상관없이 내 귀에 거슬리는 이야기를 했다고 해서 대화의 맥을 끊고 잘못된 부분에 대하여 핏대를 세워서 이야기한다면 대화는 불가능할 것이다.

6) 말이 빠른 사람이 있고, 느린 사람도 있다. 또 말을 쉽게 풀어서 이야기하는 사람이 있는가 하면 이야기를 지루하고 길게 하는 사람도 있다. 이런 많은 부류의 사람들과 대화를 하고 있다고 가정해 보자. 예를 들어, 말이 느린 사람이 이야기를 시작했다. 당신이 이 사람의 이야기를 듣는 동안 머릿속에는 많은 생각이 들 것이다. '이 정도에서 끝이 날까? 아니면 다른 이야기가 나올까?' 이런저런 생각을 하는 동안 상대방의 이야기를 잠시 동안 듣지 못한 경험을 해

보았는가? 사람은 1분에 150~200자 정도의 이야기를 하지만, 머리는 250~300개의 단어를 생각하고 가정하고 있다고 한다. 말이 느린 사람도 마찬가지일 것이다.

남의 이야기를 끝까지 듣지 않는다면 어떠한 결과가 나올지는 아무도 알 수 없다. 내 생각에 이러했으니 이런 결론이 나올 것이라고 생각하여 상대방의 말이 끝나기가 무섭게 말을 자르고 내 이야기를 한다면 상대방과의 대화에서 좋은 결과를 가져올 수 없을 것이다.

이런 나쁜 습관들은 필자가 살면서 계속 지적받았던 부분이기도 하다. 물론 자신의 문제를 안다고 해도 고치기는 매우 어렵다. 하지만 듣기만 잘 해도 요청이 아주 쉬워지는 것을 경험해 본 사람이라면 경청의 중요성을 간과할 수 없다.

5. 경청을 방해하는 요소들

모금을 하다 보면 사람들을 만나 모금에 관한 대화만 나누는 것이 아니다. 때로는 일반적인, 전혀 관련 없는 주제로 서로를 알기 위해 가벼운 대화를 나누기도 한다. 여기에서 잘 듣는다는 것은 단순히 집중해서 듣기만 하면 된다는 뜻은 아니다. 요청자가 요청을 하는 순간이든 아니면 그 전에 일반적인 주제에 대해 이야기를 나누든, 대화를 방해하는 요소가 무엇인가를 알 필요가 있다.

성의를 갖고 듣는다는 것은, 할 수만 있다면 대화에 방해되는 요소를 제거해서 좀 더 원활하고 즐겁고 건설적인 대화를 나누는 것일 것이다. 자신의 문제는 스스로 알아서 고치면 되지만, 상대의 문제는 그를 지적하고 고치려는 만용을 부려서는 안 된다. 이것을 알아야 말을 할 때 주의를 하고 상대를 배려하며 듣기에 열중할 수 있다. 만약 그것이 어렵다면 자신의 문제가 무엇인지를 알고 시정하도록 노력해야 한다.

우선 주제가 재미없다든가 전혀 관심 분야가 아니라면 경청을 기대하기 어렵다. 비록 좋은 내용의 주제로 이야기한다 하더라도 모든 이들이 경청하는 것은 아니다. '저 내용은 지난번에 들었는데, 저 주제는 내가 이미 아는 내용이야. 저 주제는 나하고 전혀 상관없어.' 이런 마음으로 대화에 참석했다면 무슨 말을 한다고 해도 받아들이지 않을 것이다.

말하는 사람의 소통 방법에 물리적이고 근본적인 문제가 있을 수도 있다. 예를 들어, 목소리가 너무 작거나 주제가 명확하지 않아 횡설수설할 수도 있다. 소음 문제가 있으면 소음을 차단하면 되지만, 상대에게 근본적인 장애가 있어 문제가 있다면 그 자리에서 지적하고 시정을 요구하는 것은 아무래도 실례가 될 수 있다.

듣는 사람이 큰 걱정거리가 있어 딴생각을 할 때 말하던 사람이 질문을 했다면, 그래서 듣던 상대방이 "네? 다시 한 번 말씀해 주세요."라고 답한다면, 말하는 이는 어떤 기분이 들까? 이런 문제로 대화의 흐름이 깨지고 주의가 산만해진다면, 대화는 실패한 것이다.

말하는 사람이나 듣는 사람 사이에 편견이 있다면 의사소통에 어려움이 생길 수 있다. 학창 시절 선생님이 싫었던 경험이 있는가? 난 저 선생님이 싫다는 생각 때문에 집중하지 못해서 수업을 듣는 데 어려움이 생겼을 것이다. 말하는 사람 자체가 싫어서 신뢰를 갖지 못하면, 그가 말하는 내용이 아무리 좋다 하더라도 귀에 들어오지 않게 마련이다. 또한 여러 가지 예시를 들며 이야기할 때 집중하지 않고 있다가 결론만 듣는 경우도 마찬가지일 것이다.

6. 조절하기 힘든 것 세 가지: 듣기 장애의 고백

필자가 듣기에 관심을 갖게 된 것은 모금 활동을 하면서였다. 그때 스스로의 듣기에 심한 중증장애가 있음을 발견하게 되었다. 필자의 아들은 사람들이 모이면 "아버지 목소리만 들린다."라고 말했다. 대화가 끝나고 나면 "좋은 말씀 감사합니다." 혹은 "좋은 조언 감사합니다."라고 하기에 내가 말을 재미있게 잘해서 그런가 보다 하고 대수롭지 않게 넘긴 게 실수였다. 나는 그들의 말에 귀를 기울이지 못했고, 그들이 꼭 조언을 듣기 위해 대화를 한 것은 아닐 터인데 너무 말을 많이 한 것은 아닌가 하는 생각이 들었다. 수년간 숱한 사람들이 많은 신호를 나에게 보냈음에도 인식하지 못했던 지난 과거가 안타깝기만 하다.

결국 사람들에 대해 이해하지 못했고, 오히려 그들과의 관계에 악영향을 끼쳤으리라 생각하니 소름이 돋기도 한다. 그래서 자신을 돌아보며 상대의 말에 귀를 기울이려고 노력해 봐도 쉽지 않았다. 이미 중증장애인이 된 뒤에 알게 된 것이다. 물론 장애라는 표현이 자학처럼 들릴 수도 있지만, 문제는 안다고 해결되는 것이 아니라는 점이다. 그것이 이 글을 쓰게 된 동기였고, 리스닝 교육에 관심을 갖게 된 이유이기도 하다.

펀드레이징을 하기 전에도 그것을 알고는 있었지만 그렇게 중요하다고는 생각하지 못했다. 펀드레이징에서 요청은 매우 중요한 요소인데, 요청하기 전에 듣기 능력은 필수이다. 필자의 듣기 능력에 중증장애가 있다는 사실을 알고는 서서히 이 분야에 관심을 가지고 본인 자신의 문제를 살펴보게 되었다. 그리고 만나는 사람의 유형을 관찰하며 그 사람들도 나와 같은 장애를 갖고 있음을 알게 되었고, 펀드레이저들 가운데 이 분야에 대해서 자유로운 사람들이 없다는 점을 발견하였다. 그래서 이 분야에 전도사가 되기로 결심하게 되었다.

물론 경청을 방해하는 요소에는 여러 가지가 있지만, 사람마다 가장 참기 힘든 경우가 조금씩 다르다. 필자의 경우는 가장 힘들고 참기 어려운 부분이 다음의 세 가지 정도인 것 같다.

첫째: 아는 것 모르는 척하기

모르는 척하기는 아는 척하기보다 10배 더 힘들다. 대화 가운데 상대가 말하는 내용을 이미 알고 있다면 이야기를 끝까지 모르는 척하고 듣는 것이 쉽지 않다. 이미 아는 농담을 들어 주고 처음 들어 본 것처럼 하기는 쉽지 않다. 하지만 안다고 상대의 말을 끊거나 분위기를 망치는 것도 좋지 않다. 모르는 척하고 듣는 것이 하나의 예의인 줄 알면서도 특히 그럴 때가 있다.

우리는 잘 알지도 못하면서 아는 척하는 것에 익숙하다. 특히 한국 사회에서는 잘 모르면 소외당하거나 무식함이 탄로날까 봐 아는 척을 한다. 어느 누구의 말처럼 모르는 척하면 만사가 형통이란 말이 실감난다. 그러나 상대가 정확하지 않은 것을 말하더라도 그 말을 수정하려고 하는 습관은 매우 위험하다.

우리가 안다고 하는 것은 대부분 세 가지 중 하나인데, 첫째는 알 필요 없는 것이거나, 둘째는 유효 기간이 지난 것, 셋째는 잘못 알고 있는 것이 대부분이다. 그러므로 겸손한 태도로 경청해야 한다.

둘째: 나의 의견 얘기하기

필자의 나쁜 버릇 중 하나는 상대가 어떤 상황을 처리하는 데 있어서 묻지도 않았는데 나 같으면 이렇게, 혹은 저렇게 처리할 것이라는 의견이나 조언을 하는 버릇이다. 이것이 매우 나쁜 습관인 것을 알면서도 마음대로 되지 않아 후회하곤 한다. 어떤 때는 상대가 나에게 의견을 물어볼지도 모른다는 착각에 빠지기도 하고, 그는 나의 도움이 필요할 것이라는 만용이 들기도 하기 때문이다. 같은 조건에서 나라면 어떻게 해결할 것이라는 정보가 상대에게 무조건적으로 필요하지는 않다. 물어 오기 전까지는 나의 입장을 이야기할 필요가 없다. 사실 교육할 때는 그렇게 하라고 가르치지만, 지금도 필자의 그 문제는 해결되지 않고 있다.

셋째: 나의 변명을 하기

물론 이론상으로 남의 말을 끝까지 들어야 하는 것이 옳지만 그건 다른 사람의 이야기일 경우이고, 만약 나와 관계되어 있다면 문제가 달라진다. 더욱이 나에 대한 불만이나 불평, 특히 억울하다고 생각될 때는 상대가 이야기를 끝내기 전 중간에 말을 끊고 변명을 하곤 한다. 사실 전략적으로는 상대의 말을 끝까지 듣고, 3초의 심호흡을 하는 중간에 그의 숨어 있는 의도를 파악한 후 전후 상황을 판단해서, 방어할 수 있으면 방어하고 사과를 해야 한다면 사과하면 되지만 그게 이론처럼 쉽지는 않다.

7. 남녀에 따른 듣기의 차이

현실에서 동성끼리만 대화를 한다면 상관없지만 남녀가 서로 대화하는 경우도 많다. 듣기 훈련을 받은 사람도 남녀의 듣기의 차이를 이해하지 못하면 낭패를 보는 경우가 많다. 남녀의 듣는 방식의 차이를 이해 못해서 남녀 관계가 소원해지는 경우가 대부분이다. 남녀의 대화 방식의 구조적인 차이를 이해한다면 남녀의 의사소통 관계는 좀 더 원활하게 될 것이다.

사실 남자와 여자는 듣는 습관과 듣는 구조적인 형태가 생태적으로 다르게 디자인되어 있다. 인디애나 대학 의학 팀의 연구 자료에 의하면, 들을 때 자기공명영상MRI 촬영을 해 보니 남자는 한쪽 뇌만 활발히 움직이고 여자는 양쪽 뇌가 같이 활발히 움직이는 것을 발견했다. 이런 차이의 원인이 아직 확실히 밝혀지지는 않았지만, 이는 남녀의 듣기 방법이 확실히 다르다는 증거 중에 하나일 것이다. 물론 모든 남녀가 다 그런 패턴이라는 뜻은 아니다. 예외인 사람들도 많이 있을 것이다. 한 가지의 기준만으로 남녀를 구분하여 다르게 취급하는 것은 그다지 바람직한 방법은 아니다. 하지만 이러한 의학적 근거는 펀드레이저 교육 시 사용하는 교육 자료 가운데 서로의 다름을 이해시키는 데 매우 중요한 가치가 있으며, 일반인들도 참고하면 도움이 될 것이다.

남성들은 공통적인 관심을 갖는 사람을 친구로 삼고, 서로 마주

앉아 이야기하기보다 어깨를 나란히 하고 이야기할 때 편안해하고 서로 눈을 마주치면 어색해하는 경향이 있다. 반면에 여성들은 상호 동조 관계에 있는 사람을 친구로 삼고, 서로 얼굴을 마주보고 눈을 마주치며 대화하기를 원한다. 남자들이 서로 소통하는 이유와 목적은 사회적 형태의 목적, 과제 달성을 주로 하는 데 비해 여성은 일상적인 관계를 연결하고 증진시키기 위해 소통한다. 또한 남자는 공통된 과제와 목표를 같이 이루기 위해 말하고 듣는데, 여성은 주로 그 사람과 가까워지기 위해 말하고 듣는다.

그래서 여성은 자신의 말을 잘 들어 주는 사람과 가까워진다. 보통 대화할 때 남자가 상대의 말을 듣고 "음~ 음~ 그래그래" 하는 것은 그 말에 동의하거나 동의하지 않고 있다는 뜻을 은밀하게 보이는 것으로, 상대에게 은근하게 사용되며 상대가 오해할까 봐 의식적으로 자주 쓰려고는 하지 않는다. 반면에 여성의 그러한 맞장구는 "나는 비록 동의하지는 않지만 당신의 말에 관심이 있다"는 표현일 뿐이지, 그 이상도 이하도 아니다. 별 의미를 부여하지 않기에 일상적으로 남성보다 자주 쓰는 경향이 있다.

남녀의 커뮤니케이션에서 제일 큰 문제는, 남자는 서로 관계가 좋으면 더는 잘 들을 필요가 없다고 생각하고 그렇게 행동하는 반면, 여자는 관계가 좋으면 좋을수록 그 관계를 유지하기 위해 대화해야 한다고 믿고 또 그렇게 행동하는 것이다. 예를 들어, 결혼한 지 오래된 부부의 대화를 들어 보면 부인이 이야기할 때 남편은 신문을 보면서 대충 듣는다. 하지만 이런 남편의 태도는 부인의 말을 무시해서가 아니라 듣는 방법이 원래부터 다르기 때문이다. 객관적으로 보면 남자는 부인의 말을 귀찮아하고 부인은 남편이 경청을 하지 않아 섭섭할 수 있겠지만, 서로의 다름을 이해해야 한다. 상대의 듣기의 구조적 방식에 서로 눈높이를 맞추면 된다. 그러면 아마도 세상이 달라져 보이지 않을까?

업무 중에, 또는 친한 친구나 가족과 대화할 때 남녀가 말하고 들어야 할 확률은 50:50이다. 왜 경청이 힘든가? 왜 상대가 내 말을 듣지 않는가? 그 이유와 해결점을 찾기 전에 남녀의 차이가 분명히 있음을 인정하고 서로 상대를 배려하는 모습이 선행되어야 한다.

8. 경청과 말하기: 죄수의 딜레마 Prisoner's Dilemma

한 대화 내에서 말하기와 듣기를 동시에 잘한다는 것은 실제적으로는 거의 불가능하기에 둘 중 하나는 포기해야 한다. 쓰기와 읽기는 한편이고 말하기와 듣기는 한패라고 볼 수 있다. 쓰기를 잘하는 사람은 읽는 능력도 뛰어나고, 읽는 능력이 뛰어난 사람은 쓰기도 잘한다. 이같이 쓰기와 읽기는 서로 호환이 되면서 협조가 잘 된다. 하지만 말하기와 듣기는 서로 경쟁 관계에 있기에 항상 팽팽한 긴장 관계에 있다. 사람들은 '위대한 연설은 위대한 리더를 만든다'와 리더의 가장 큰 덕목은 경청이라는 서로 상반된 이론 중에서 연설하는 능력에 점수를 더 준다. 그리고 훌륭한 사람을 정의할 때 청중 앞에서 열정적인 연설을 하는 장면을 연상하기도 한다.

한국에서도 한때 어릴 적부터 말하기 교육이 중요하다는 생각에서 웅변학원이 성행했었다. 학교나 전국 단위의 웅변대회도 있어서 어디서라도 한 마디 할 수 있는 능력을 키우는 스피치 리더십이 1순위였던 시절이 있었다.

현대사회에서는 말을 못하면 무시당한다고 생각한다. 그리고 대부분의 만남이 한번 만나고 마는 인스턴트 식의 만남이기에 다음을 기약하고 기대하는 사람이 없다. 지금이 마지막 기회라는 듯이 자신에 대한 PR과 의견을 속사포처럼 말하는 버릇이 있다. 사람들은 말하는 것이 듣는 것보다 더 효율적이며 효과적이라고 생각한다. 그리고 상대가 듣든 말든 상대를 고려하지 않고 그냥 자기 할 말을 하면 속이 시원해지는 경우도 있다고 한다. 심지어는 말하기를 지적 배출구로 생각하기도 한다. 이같이 말하기와 듣기는 파트너적이면서도 서로 경쟁 관계에 있기에 마치 죄수의 딜레마 Prisoner's Dilemma*를 연상케 한다. 즉, 소통을 할 것인가 서로 경쟁을 할 것

---

* 죄수의 딜레마 Prisoner's Dilemma
  두 공범자가 서로 협력해 범죄 사실을 숨기면 증거 불충분으로 형량이 낮아지는 최선의 결과를 얻을 수 있는 데도 불구하고 상대방의 범죄 사실을 밝혀 주면 형량을 감해 준다는 수사관의 유혹에 넘어가 서로 상대방의 죄를 고변함으로써 무거운 형량을 선고받게 되는 현상을 말한다. 이종수, 『행정학 사전』, 대영문화사, 2009. 네이버 지식사전에서 재인용.

인가의 갈림길에서 항상 결론은 이기심으로 인해 상대를 배신하고 결국은 서로를 배신하는 방향으로 나가게 되는 것이다. 듣기와 말하기를 잘 조절해서 협력이 되면 서로가 이익을 보지만, 인간의 내면은 듣기와 말하기가 서로 충돌하기에 서로 어떤 행동을 보이는가를 모르고 먼저 나서기로 결정을 하는 것이다. 죄수의 딜레마를 극복하는 것이 인간의 심리 법칙상 힘들기 때문에 사람은 경청이 힘들다고 말을 한다.

9. 메모 기술의 약점

'적자생존' 이라 하면 보통은 환경에 잘 적응하는 생물이나 집단이 살아남는다는 뜻으로 알고 있다. 그런데 얼마 전 적자생존을 다르게 해석하는 재미있는 이야기를 들었다. '적자생존' 이란 '적는 자만이 살아남는다' 는 뜻이라는 것이다. 이것은 메모가 얼마나 중요한지를 알려 주는 말이다. 빠르게 돌아가는 현대사회에서는 꼼꼼히 메모하고 정리하는 것이 살아남는 방법 중의 하나가 된 것이다. 메모는 뇌를 춤추게 하고, 메모의 기술을 통해서 창의력도 발전될 수 있다. 하지만 경청을 하는 데 메모는 오히려 방해가 된다. 메모에 열중하다 보면 상대의 신체언어를 읽지 못한다.

듣기 훈련을 위한 연습 문제

연습 문제의 주 목적은 각 Chapter에서 얻은 내용을 통해 자신을 객관적으로 돌아보는 기회를 갖고 본문을 복습하는 데 있다. 문제의 답을 다른 사람과 나눌 수도 있고, 자신의 듣기 능력을 향상시킬 수 있는 파트너나 코치를 정해 아래 내용을 주제로 이야기해 보는 것도 좋다.

1. 나의 보통 말하기 속도를 아는가?

   아주 느리다(70~80단어) ____   느린 편이다(90~100단어) ____
   보통이다(120~130단어) ____   빠른 편이다(150~160단어) ____
   아주 빠르다(170~200단어) ____

2. 나의 보통 듣기의 속도를 아는가? 한번 말하기 속도와 비교해 보자.

3. 왜 나는 잘 듣기가 힘이 든가? 그 이유는?

4. 나의 듣기의 나쁜 습관은 무엇이라 생각하는가?

5. 나는 남이 어떻게 이야기할 때 듣기가 힘들고 거북하고 딴생각을 하게 되나?

6. 남이 보는 나의 듣기 습관과 내가 생각하는 것이 일치하는가?

Chapter 6
경청의 방법과 훈련

당신은 청중이 듣는 것을 끝내기 전에 말을 끝내야 하는 것을 잊지 말라.
Make sure you have finished speaking before your audience has finished listening. –Dorothy Sarnoff

1. 훌륭한 경청자는 태어나는 것이 아니라 만들어진다

필자는 평소에 잘 듣는 사람은 타고나야 한다고 믿었던 사람 중 한 사람이었다. 그러나 그 생각을 바꾸게 해 준 사람이 현재 AFP국제모금가협회의 회장으로 있는 앤드류 와트Andrew Watt였다. 그는 필자와 함께 일했던 평범한 펀드레이저였는데 많은 사람들이 그를 좋아했다. 그는 호주 출신으로 약간 내성적인 성격에 친절한 영국 신사 같은 사람이다.

보통 펀드레이저들은 기부자를 만나면 단체의 미션이나 필요를 설명하려고 열심이다. 기부자가 "글쎄 다른 것은 좋은데, 우리 어머니가 나 어렸을 때 이런 말씀하신 것이 기억나는데……." 하고 말하면 보통의 펀드레이저는 기부자의 이야기를 경청하기보다 다음 설득할 거리를 찾느라 분주하다. 하지만 앤드류는 "댁의 어머니가 했던 얘기를 좀 더 말해 주실 수 있는지……." 하고 그의 어머니에게 관심을 보인다. 그래서 사람들은 그의 별명을 '더 얘기해 주세요Tell me more'라고 부른다. 그는 상대의 관심을 찾아 더 말하게 하는 재주가 있다. 필자와 이야기할 때도 한국에 대해 더 알고 싶어 하며 많은 질문을 했다. 그래서 2008년도에 한국의 모금 리더들을 AFP 샌디에이고 컨퍼런스에 초대해 교제를 나누게 되었다.

어느 날 그에게 훌륭한 경청자에 대해 묻자 그는 "훌륭한 경청자는 태어나는 것이 아니라 만들어지는 것이라고 생각한다."고 말했다. 그도 펀드레이저를 하기 전에는 안 그랬는데 직업적으로 하다 보니 상대가 관심 있는 것을 찾아내는 것이 우선 순위가 되더라는 것이다. 세상 사람들은 자신에게 관심이 없는 사람에 대해선 자신도 그의 말에 관심이 없는 것이라는 것이 간단한 원리이다. 곧 훌륭한 경청자가 또 다른 훌륭한 경청자를 만들어 낸다는 것이다.

듣기 교육의 교과과정 디자인

경청의 중요성은 누구나 공감하지만 실제로 어떻게 실천해야 할지에 대한 교육은 거의 없는 실정이다. 잘못된 강사들은 경청을 배우려는 사람에게 자신의 가치관만을 강요할 뿐이지 각자가 경청의 개념을 스스로 정립하도록 도와주지는 못한다. 듣기 능력은 향상시켜 주지만, 왜 들어야 하는지는 알지 못해 남의 흉내만 내는 것이다. 그 흉내는 수천 년간 내려온 동양적 미덕으로서의 경청을 이해하거나 서양 문화를 기초로 하는 듣기 기술만을 익히는 것이다. 하지만 이러한 교육 방법은 경청의 근본적인 철학은 다루지 못한다. 그래서 듣기 교육이 모든 배움의 기초임에도 불구하고 자신과의 관련성을 희미하게 두게 되는 것이다.

어떤 면에서 듣기 교육은 과학적이어야 하지만, 과학적으로 모순이 없어야 한다는 뜻은 아니다. 인과 관계와 체계성을 이야기하는 것이다. 그런 취지 하에서 듣기 교육 교과과정이 디자인되어야 한다.

미국의 심리학자이자 철학자인 윌리엄 제임스William James, 1885는 지식에는 세 가지 수준이 있다고 했다. 첫째 수준은 knowledge of, 즉 복잡한 해석이 요구되지 않으며 단지 기억하는 정도의 수준이다. 둘째 수준은 knowledge about으로서, 지식을 이해하고 비교 분석하며 유추하고 관계를 설명하며 전달 대상에게 이해시킬 수 있는 수준이다. 마지막 수준인 knowledge how는, 지식을 자신의 상황에 맞게 활용할 수 있는 정도의 단계이다. 지식을 이 세 단계로 발전시키는 가장 중요한 디딤돌이 듣기Listening이다.

듣기 교육은 듣는 이의 지식 수준이 위와 같은 단계로 발전하도록 디자인되어야 한다. 우선 용어를 통일하여 의사소통 과정에서 오해를 없애야 하고 기본 개념을 이해시켜야 한다. 이것을 바탕으로 듣기의 원리를 스스로 깨닫고 개인의 듣기 능력을 발전시키는 교육 프로그램이 되어야 한다.

필자는 2007년에 처음으로 한국에서 인문학적 모금철학과 시스템적 모금의 기초를 소개했다. 그 당시만 해도 한국 모금가들의 일반적인 생각은 모금의 Know-how보다 Know-who에 관심이 있었다. 그래서 혹시나 하는 특별한 비법을 기대하고 강의를 들으려는 사람들이 대부분이었다. Know-how를 기대한 사람은 모금의 초보자로서 아마도 기대 반 호기심 반으로 참석한 듯했고, 가장 적은 노력으로 많은 결과를 얻으려는 사람들이 많았다. Know-who를 기대한 사람들은 그나마 경험자로서 모금이란 결국은 누구를 아는가가 중요하기에 새로운 사람을 소개받는 심정으로 강의를 들었던 것으로 기억된다. 하지만 필자는 두 부류 모두에게 실망을 가져다주었다. 모금 교육은 윤리를 말하는 것이고 바로 '하는 것 should'을 배우는 것이다. 모금 교육을 위해서는 먼저 듣기 훈련이 되어야 한다는 사실을 아는 사람은 많지 않다. 만약 모금 기술을 익히고 싶다면 다음과 같은 순서로 들을 줄 알아야 한다. 우선 사실fact을 알고, 개념concept을 안 뒤에, 원리principle를 이해하고, 바른 태도attitudes로, 기술skill을 익히는 순서가 배움의 단계인 것이다.

- 사실Fact
- 개념Concept
- 원리Principle
- 태도Attitudes
- 기술Skill

그림 7. 듣기 능력을 위한 훈련의 단계

만약 모금 기술에만 관심이 있고 듣기 능력이 뒷받침되어 주지 않으면 전체 모금산업은 사상누각이 되어 모금가는 단순 기능인 취급만 받을 것이다. 또한 그 기능을 제대로 활용할 수도 없고 그저 흉내만 내다가 흐지부지될 것이다. 마찬가지로 듣기를 위한 교육 프로그램을 디자인하는 데도 같은 원리를 적용해야 한다. 듣기의 기본 철학이 바탕이 되어야 한다.

하지만 대부분의 교육생들은 이미 오랫동안 자신만의 듣기 습관에 젖어 있기 때문에 그 사람을 변화시키는 것은 불가능에 가깝다고 할 수 있다. 그리고 교육생의 수준도 제각각이어서 재능 있는 교육생에게는 그에 맞는 교육이 필요하다. 특별히 2002년 교육학자인 탐린슨Tomlinson이 윌리엄 제임스William James의 철학을 기반으로 발표한 PCMParallel Curriculum Model을 바탕으로 한 새로운 듣기 교육 프로그램이 도입되어야 한다. 이 새로운 패러다임은 핵심 가치 이해core, 연결connection, 훈련practice, 정체성 확립identity의 4단계 과정으로 교육하는 것을 말한다. 이 모델의 골자는 핵심 가치 이해core를 통해 기본 사실fact을 모든 사람에게 이야기하고, 그 사실을 바탕으로 이해한 개념을 연결하여 원리를 깨닫게 하고, 각기 다른 훈련 방법으로 각자의 특성을 살리는 것이다. 마찬가지로 듣기도 듣기의 일반적인 사실을 이야기하고, 듣기 개념과 원리를 깨닫게 도와준 다음, 각자의 특성에 맞는 듣기 방식을 훈련시켜 자신만의 특성을 살리게 하는 것이 듣기 교육의 목적이다.

필자가 그동안 모금 교육에 관심을 가진 전문인들을 대상으로 강의를 하며 느낀 것은 각자 자기만의 듣기 패턴을 가지고 있다는 것이었다. 그러므로 교육의 효과와 효율을 위해서 그들의 듣기 패턴을 일률적으로 바꾸는 대신 그들의 듣기 패턴에 교육 내용을 맞추어야 할 것이다.

듣기 교육은 어릴 때부터 필요

다음의 그림은 현재 미국 유치원에서 듣기 교육을 할 때 쓰는 것이다. 눈은 선생님의 눈과 마주치고 귀를 기울이고 입을 닫고 손을 움직이지 않고 발도 가만히 있도록 하는 그림이다.

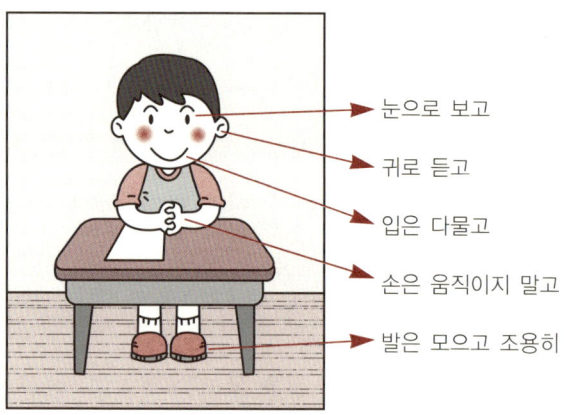

그림 8. 좋은 듣기의 기본 자세

가정에서도 경청 차트를 사용해서 아이가 듣기를 잘했을 때 귀에 색깔을 하나씩 칠하도록 하여 25개를 채우면 부모는 아이에게 상을 준다.

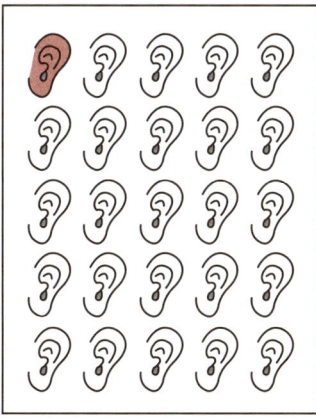

그림 9. 경청 차트

2. 자신의 학습 스타일 바로 알기

사람들은 배우기 위해서 듣는다. 하지만 배우는 스타일은 태생적으로 다르다. 허니와 멈포드Honey & Mumford, 1992는 개인이 선호하는 학습 유형 방법을 다음 네 가지로 설명하고 있다. 듣기에 합당한 스타일이 되어야 효과적이다. 잘 듣기는 학습 스타일을 바꾸기 전에는 힘들므로 자신의 학습 스타일을 아는 것이 매우 중요하다. 네 가지 학습 스타일은 다음과 같다.

- 활동가activists
- 이론가theorists
- 반영가reflectors
- 실무 적용자pragmatists

활동가activists

활동가들은 새로운 경험에 관심이 있으며, 참여하려고 한다. 그들은 마음으로 열정을 갖지만 적용하는 데 금방 싫증을 낸다. 그들은 일을 즐기려고 하고 나중에 어떤 영향이 올지는 신중하게 고려하지 않는다. 활동가들은 다른 사람들과 일하는 것과 주목받는 것을 좋아하고, 가끔 독단적인 행동을 하기도 한다.

활동가들의 최적의 배움	활동가들의 비효율적 배움
• 기회와 문제의 참여 • 역할극Role-play, 일하는 다른 사람과 게임, 팀 작업 • 어려운 프로젝트 막바지에 함께 진행 • 캠페인, 팀원 회의 및 토론 선도 역할	• 듣기, 긴 강의 • 읽기, 쓰기 또는 자기 자신의 생각 정리하기 • 데이터를 접수하고 이해 • 가이드라인 지시에 따라 정확하게 행동

반영가reflectors

반영가는 한 발자국 물러나 다른 시각으로 문제를 본다. 그들은 정보를 수집하고자 하고 그것에 대해 깊게 생각하고 결론을 내기까지 신중하다. 반영가는 자신의 의견을 표현하기 전에 다른 사람의 의견과 행동을 관찰하며 즐긴다.

반영가의 최적의 배움	반영가의 비효율적 배움
• 개인 또는 뭔가를 하고 있는 그룹을 관찰 • 그들이 배운 것으로 검토할 기회를 가지고, 있었던 일을 그의 입으로 듣기 • 분석 의뢰 및 업무 보고를 마감일 없이 하게 함	• 리더로서 다른 사람 앞에 역할 Role-play을 맡기는 것 • 시간을 주지 않고 임무를 주기 • 결론이 없는 주제에 포함시키기

이론가 theorists

이론가는 관찰을 통해서 복잡한 주제를 논리적이고 명확한 이론으로 통합하고 활용한다. 그들은 문제를 단계별로 생각하고, 모든 사물을 합리적인 방식으로 완벽하게 맞추려는 경향이 있다. 이론가는 수집된 정보에 대해서 자신의 감정이나 주관보다는 분석과 데이터에 매우 의존하기도 한다.

이론가의 최적의 배움	이론가의 비효율적 배움
• 지식 및 기술을 사용하여 복잡한 상황을 해결할 때 열정을 갖는다. • 목적이 명확할 때 열심히 듣는다. • 직접 관련성이 없다 하더라도 아이디어를 내놓기 좋아한다. • 여러 가지 아이디어 뒤에 탐사하기 위해 질문할 기회를 갖는다.	• 감정과 감정을 강조하는 상황에 참여 • 조직화나 시스템화되지 않은 제안 • 관련된 개념이나 원리를 알지 못하고 일을 해야 할 경우 • 스타일이 다른 학습 참가자와 함께 할 때

실무 적용자 pragmatists

실무 적용자는 일을 시도하기를 주저하지 않으나, 자신이 원하는 직업에 적용할 수 있는 개념의 일을 찾는다. 그들은 긴 토론을 인내할 수 있지만, 구체적이고 실용적이지 않은 토론은 싫어한다.

실무 적용자의 최적의 배움	실무 적용자의 비효율적 배움
• 그들의 직업과 훈련 주제 사이의 연결고리를 원한다. • 피드백과 테크닉을 함께 사용해 역할Role-play을 하기 원한다. • 돈 또는 시간을 절약하는 등 장점이 명확한 기술을 겸하길 원한다. • 신뢰할 수 있는 전문가나 롤 모델을 따른다.	• 즉각적인 보상이나 알아주지 않는 환경 • 어떻게 하는지에 대한 가이드라인과 연습이 없는 경우 • 돈이나 시간을 절약할 수 없는 환경 • 이벤트 또는 학습이 단순히 '모든 이론'인 환경

실제로 대부분의 사람들은 하나 이상의 학습 스타일을 가지고 있다. 우선 자신의 장점과 약점을 알고 최적의 조건에서 배우는 데 도움이 되는 스타일을 만들어 내는 것이 매우 중요하다. 교육을 할 때 혹은 교육을 받을 때 그의 학습 스타일을 먼저 안다면 교육에 필요한 환경을 준비할 수 있을 것이다.

3. 듣기에 도움되는 성향 분석

펀드레이저 교육 과정 가운데 상대와 대화하기 전에 성향 파악을 하는 과정은 모금전문가로서의 듣기에 큰 도움이 된다. 다음 세 가지 패턴으로 사람들의 성향을 파악할 수 있다.

같은 것만 찾는 사람matcher과 다른 것만 찾는 사람mismatcher

사람들은 크게 같은 것만 찾는 사람matcher과 다른 것만 찾는 사람mismatcher으로 나뉜다. 같은 것만 찾는 사람들은 모든 사물과 현상이 같은 공통점이 있어야 설득이 되는 경향이 있다. 한편 다른 것만 찾는 사람들은 모든 것에서 차이점과 다른 점을 발견해야 만족한다. 이것을 필자가 수많은 세미나와 워크숍에서 사람들에게 테스트한 결과, 여러 가지 놀라운 사실들을 발견하게 되었다.

● 이 세 그림의 관계에 대해 설명해 보시오.

1) _____
2) _____
3) _____
4) _____
5) _____

위 질문에 대한 첫 번째 답변에 주목할 필요가 있다. 대부분의 사람들의 의견이 반으로 나뉜다. 한 부류는 천 원, 오천 원, 만 원으로 금액의 차이를 지적하는 사람들이고, 또 다른 한 부류는 모두가 돈이라는 공통점을 지적하는 사람들이다. 그래서 현장 모금가나 세일즈맨들은 공통점을 찾는 사람에게는 우리 제품이 당신이 제일 좋아하는 제품과 동일함을 설명하면 되고, 차이점을 찾는 사람들에게는 다른 점을 설명하면 효과적이다. 이처럼 대화를 통해 그 사람의 성향을 안다면 그를 이해하거나 설득하는 데 도움이 될 것이다.

최소 조건에도 만족하는 사람Satisficer과 최적을 추구하는 사람Maximizer

세상에는 또 두 가지 부류가 있다. 모든 조건이 맞아야 결정을 하는 최적추구자Maximizer가 있고, 몇 가지의 기본 조건만 맞으면 결정을 하는 최소만족자Satisficer가 있다. 이 두 부류는 서로의 성향에 대해 이해하지 못하면 사이가 안 좋게 된다. 펀드레이저 교육 시 본인과 기부자의 성향 분석에 쓰는 방법으로서, 펀드레이저 자신의 성향과 기부자의 성향을 잘 파악하는 것이 듣기에 도움이 된다. 이왕이면 같은 '코드'의 사람이 팀을 이루는 것이 유리하다. 이 두 성향의 사람들이 대화할 때 잘 들어보면 기본 생각의 콘셉트가 달라 그것이 방해 요인인 여과 장치 역할을 한다. 같은 핏줄인 형제라 하더라도 성향이 전혀 다른 경우가 있다. 동생은 매장에서 물건을 고를 때 몇 시간 동안 쩔쩔매지만 형의 경우는 불과 몇 분이면 쇼핑이 끝난다. 듣기에서 상대의 다름을 알고 인정하면 그의 말이 잘 들리고 그의 결정에 다른 소리가 없어진다.

만약 최적추구자Maxmizer인 리더 입장에서는 최소만족자Satisficer 인 부하직원은 충분한 조사를 통한 결정을 하지 못하고 얼렁뚱땅 넘어가거나 경솔하고 부지런하지 못하여 늘 남에게 부정적인 인상을 심어 주는 사람으로 보인다. 반면에 부하직원 입장에서는 리더가 너무 완벽주의적이고 까다로운 사람으로 보일 수 있어 서로 소통이 힘든 경우가 많다.

하지만 이러한 리더도 배리 슈워츠Barry Schwartz의 『선택의 심리학 The Paradox of Choice』에 나오는 "오히려 많은 선택은 인간을 불행하게 할 수 있다."는 내용을 참고하면 도움이 될 것이다. 또한 볼테르Voltaire는 "Don't let the perfect be the enemy of the good"이라고 말했다. 즉, 모든 일을 조건이나 환경이 완벽할 때 결정하려고 하면 가능한 일이 없으므로 비록 완벽하지 않더라도 처리하는 것이 좋다는 뜻이다. 부하직원은 일의 완성도를 높이기 위해 반드시 필요한 사항일 수 있음을 알아야 한다. 많은 일들이 그만한 가치가 있는 일인 것이다. 이같이 사람은 태어났을 때부터 지녀 온 성향이 있다. 그 성향을 서로 존중하고 이해하며 상대의 입장에 서면 그의 말의 모든 것이 새롭게 이해되기 시작한다.

자기주시 경향이 높은 사람 High self monitors**과 자기주시 경향이 낮은 사람**Low self monitors

자기주시 경향이 높은 사람High self monitors: HM은 한마디로 남의 눈치를 잘 살피는 유형이다. 상대방이 나의 행동을 어떻게 생각하든지, 심지어는 나의 말, 옷 입은 것에 어떻게 신경을 쓰고 있는지까지도 생각하게 된다. 그래서 상대방이 어떤 사람인가에 따라 자신의 경청 스타일을 그 사람에게 맞추기도 한다. 반면에 자기주시 경향이 낮은 사람Low self monitors: LM들은 남이 어떻게 생각하든지 상관없이 자신의 느낌과 가치 기준대로 늘 같은 반응으로 대한다. 이런 유형은 경청의 스타일도 상대방에 따라 변하지 않고 비슷한 경향을 보이는 경우가 많다.

1) 자신과 기부자와의 듣기 성향listening style 파악하기

진실된 경청자가 되려면 자신이 다른 사람의 이야기를 어떻게 듣는지 알아야 한다. 모금을 주도하는 단체에서는 잠정기부자들과 대화를 하기 전에 서로 어떤 유형인지 살펴보는 데 시간을 보내야 한다. 기부자에게 수십 년간 몸에 밴 습관을 바꾸라고 할 수 없겠지만, 모금 단체는 펀드레이저가 조율을 하든지 교육을 통해 효과적인 적임자를 배정할 수 있다는 것이다. 필자는 베이커Baker, 1971가 만들었고 왓슨Watson, 1995에 의해 발전된 4가지 듣기 유형 분류 방법을 펀드레이저 교육에 사용하고 있다.

만약 펀드레이저나 요청자가 잠정기부자와 만나 대화를 나누기 전이라면 자신이 어떤 유형인지 파악하는 것이 선행되어야 한다. 상대에 대해서도 첫 대면 이후나 또는 상대를 잘 아는 다른 사람으로부터 소개 받을 때에 그의 듣는 유형을 파악하는 것이 모금 성공에 결정적 도움이 될 수 있다. 4가지 듣기 유형은 다음과 같다.

사람people 중심형

이런 유형은 다른 사람의 느낌 등 그들로부터 대화의 에너지를 받아 '당신', '그들' 보다 '우리'를 더 많이 이야기하면서 인간관계에 많은 신경을 쓰는 유형이다. 모든 관계를 다른 사람의 삶의 이야기를 듣는 것을 통해 찾는다. 때로 관계를 떠나서 이야기하는 것에 거부반응을 나타내기도 한다.

내용content 중심형

이런 유형은 그들이 무엇을 느끼는가, 누가 이야기하는가보다도 무엇을 말하는가에 더 신경을 쓰는 유형이다. 이런 사람은 대화의 상대가 내용 면에서 얼마나 진정성 혹은 전문성이 있는지에 관심을 둔다. 사실과 증거에 집중하고 사건의 인과 관계를 따지며, 어느 만큼 진실에 접근하는지 세밀하게 살피고 따져 본다. 불충분한 근거를 가지고 이야기하는 것을 매우 불쾌하게 생각하며, 그런 사람들과의 대화에서 늘 갈등을 느끼곤 한다.

행동action 중심형

이런 유형의 사람은 우선적인 해결 과제가 무엇이며 누가 언제 어떻게 그 일을 할 것인지에 초점을 맞춘다. 그들은 늘 "그래서? 그 다음은 뭐?"라고 끊임없이 질문하며 자신이 수행할 행동계획을 찾는다. 그들은 조직을 좋아하며 중요 요점과 숫자로 포장된 계획을 좋아한다. 그들은 말하는 사람이 서둘러 결론을 내도록 재촉하며, 큰 의미를 가지고 추상적으로 이야기하는 사람을 이해하지 못한다. 가끔 다른 사람의 안위에는 아랑곳없이 다른 사람들을 지나치게 통제하려는 습관을 가지고 있다.

시간time 중심형

이런 유형의 사람은 항상 대화 중 시간에 초점을 맞춘다. 듣는 시간을 미리 정해 놓고 시간을 넘기는 사람을 이해하지 못한다. 정해진 시간 내에 요점을 강요하고, 본인 스스로는 간단한 대답과 질문을 좋아한다. 시간 관념 없이 장황하게 이야기하는 사람들과의 대화를 꺼려하기도 한다.

이제는 이런 유형을 통해 자신을 이해하고, 대화할 대상과 자신과의 갈등을 최소화하도록 미리 노력해야 한다. 부록에 수록된 자신의 듣기 스타일을 점검해 보는 방법을 참조하기 바란다.

4. LQ의 탄생

Listen과 silent는 아나그램에 의해 같은 철자를 갖고 있다. 공교롭게도 그 둘은 항상 같이 붙어 다녀야 진가를 발휘한다. 산 위로 정신없이 올라갈 때는 들리지 않았던 소리가 내려올 때는 들리기 시작한다. 마치 고은 시인의 〈그 꽃〉 중 "내려갈 때 보았네/올라갈 때 못 본/그 꽃"과 같다. 전에는 들리지 않던 소리를 원한다면 가만히 눈을 감고 자연이 들려주는 소리를 듣고 그 의미를 생각해 보라. 그 전에 들리지 않았던 소리의 의미를 찾아낼 것이다. 일상적으로 듣던 아내의 말소리를 눈을 감고 아무 말 없이 silent 단어 하나하나에 귀 기울여 들어listen 보면 새로운 말 뜻이 들릴 것이다. 다음은 눈을 뜨고 아내의 말에 귀 기울이고 listen 아무 말 하지 않고 있으면 silent 아내의 눈과 얼굴이 말해 주는 사인이 읽힌다.

현대 사회에서 잘 듣는 사람이란 무조건 듣기만 하는 사람을 말하는 것은 아니다. 들어야 할 부분과 말해야 할 부분을 알고, 말할 때 말하고 들어야 할 때 집중해서 듣는 사람을 말한다. 문제는 그 장소와 시간이 언제 어디인가이다. 듣기 전에 너무 빠르게 말을 하는 것은 성경 잠언 18장 13절에서 "사연을 듣기 전에 대답하는 자는 미련하여 욕을 당하느니라."라고 한 것처럼 미련한 것이고, 너무 늦어 말해야 할 부분에서 하지 않으면 그것 또한 미련한 것이다. 다만 상대가 말하기를 원하면 비록 내가 하고 싶은 말이 있어도 다음으로 미루는 센스가 필요하다.

사람은 심리적으로 자신과 상대편이 서로 반반씩 시간을 나누어 이야기를 했다고 생각하면, 상대는 늘 당신이 더 말을 많이 했다고 생각하게 마련이다. 자신이 상대보다 적게 이야기했다고 느끼는 순간에야 상대는 공평하게 반반씩 했다고 느낀다. 하지만 나이가 먹을수록 뇌에 쓸데없는 잔상들과 정보가 많이 남아 기억력이 저하되고 혀를 조절하는 능력이 떨어져 '주책'을 부른다는 재미있는 연구 보고를 들었다. 그래서 노인이 젊은이의 말을 경청하는 것은 젊은이가 노인의 말을 경청하는 것보다 10배는 힘든 것이다.

또한 경청의 현대적 의미는 고전적 의미와는 다르다. 경청을 잘 한다는 것은 말하기 싫어하는 사람을 질문과 관심을 통해 말하게 하고, 말을 너무 많이 하는 사람에게는 요령 있게 질문과 전환을 통해 자신의 말을 들을 수 있도록 하는 것을 의미한다. 대화하면서 끝까지 듣고 끄덕이기만 하는 것이 경청을 잘 하는 것은 아니다. 사람들은 자신이 너무 많은 말을 한다는 사실을 대부분 인식하지 못한다. 듣는 사람이 자신의 말에 흥미가 있고 다들 자신의 이야기를 원한다고 착각하는 상대방으로 하여금 계속 말하게 하는 것은 무관심한 것이다.

보통 우리가 경청에 대해 잘못 이해하고 있는 부분은, 마치 성공의 경청을 원인으로 보는 것이다. 하지만 경청은 결과effect이지 원인cause이 아니다. 어느 과정의 한 중간 단계인 결과를 놓고 경청을 하라고 말하는 것은 미련하다. 근원을 모르고 하는 경청은 단지 보여주는 쇼이고 거품인 것이다. 진정한 의미의 경청을 원한다면 우선 원인을 찾아야 한다. 원인을 찾으려면 5 why 기법을 이용하면 도움이 된다. 예를 들어, 다음과 같이 질문해 보자. 왜 성공에 경청이 필요한가?why 1 경청함으로써 그를 배려하기 위하여. 왜 그를 배려하려는 것인가?why 2 그를 배려해야 그의 말뜻을 좀 더 이해할 수 있으므로. 왜 그의 말을 이해하려고 하는가?why 3 그에게 관심이 있기 때문에. 왜 그에게 관심이 있는가?why 4 그를 아끼기 때문에. 왜 그를 아끼는가?why 5 그를 사랑하기에. 그래서 결국은 사람을 사랑하지 않으면 경청은 처음부터 힘들다는 뜻이다. **사람을 사랑하는 마음이 없는 경청은 위선적인 한 대화 기교일 뿐이다.** 사람마다 원인은 다르지만 공통적인 것은 경청이 어느 한 원인의 결과물이라는 것이다. 그 원인을 찾아 선행하지 않으면 진정한 경청은 그야말로 전설에 나오는 이야기가 되고 만다.

한국에서 경청을 이야기할 때 자주 사용되는 "오바마처럼 연설하고 오프라 윈프리처럼 대화하라."는 말을 잘못 이해하면 인위적으로 가공된 경청법을 권장하는 것처럼 들린다. 그 유명인은 이미 보여주는 프로 경청인이다. 그들의 개인적인 것은 알지 못한다. 경청은 마치 성경에 오른뺨을 맞으면 왼뺨도 내주라는 현실적으로 매우 힘든 종교인의 이야기가 될 수 있다. 경청은 듣는 기술보다 그 뒤에 있는 바른 심성, 인내, 배려, 공감 등이 중요하지, 겉으로 보여주는 경청의 기술은 거품이고 위장된 것이기에 오래 가지 못한다. 바른 심성이나 인내, 배려, 공감 등이 마음만 먹는다고 하루아침에 이루어지는 것은 아니다. 오랜 습관과 타고난 성품이 뒷받침되어야 한다. 하지만 현실적으로 대부분의 사람들이 그런 성품으로 준비되어 있지 않기에, 어떻게 하면 효과적으로 들을 수 있는지에 대한 좀 더 실제적인 듣기 방법을 이야기해야 한다.

잘 듣기를 방해하는 가장 큰 적은 말하는 것이다. 쓰기, 읽기, 듣기, 말하기 중에 말하기가 뇌의 가장 큰 용량을 차지하므로 말을 할 때는 나머지 기능이 마비된다. 그래서 들을 때는 말을 하려고 준비하지도 말고 메모도 삼가는 것이 현명한 것이다.

듣기에 있어 상대를 배려하는 가장 큰 방법은 그 사람 자체에 관심을 가져 주는 것이다. 사람에 관심이 없으면 그가 말하는 정보에도 관심이 없고 신뢰가 가지 않으므로 듣는 둥 마는 둥 하게 된다. 아무리 책에서 경청을 강조해도 실생활에 적용하기 힘든 이유는 그 선행 작업을 하지 못하기 때문이다. 누구나 경청이 중요하다는 것은 알지만, 상대에 관심을 갖는 것은 또 다른 차원의 문제이고 좀 더 복잡한 요소가 가미되어 있다. 무조건 남을 배려하려고 하는 것은 그 사람의 심성이 뒷받침되어야 하므로, 그런 경청은 그저 한두 번 흉내 내다가 흐지부지되어 버리는 이상적 이론이나 추상적 관념으로만 머물고 말 것이다.

현대의 과학기술은 소통을 돕는 측면도 있지만 경청에는 큰 장애물이 되기도 한다. 대화 중 핸드폰 통화는 대화를 끊임없이 방해하고 진정으로 들을 기회를 주지 않는다. 더욱이 스마트폰이 생기고 나서는 보는 것에 정신을 빼앗겨 집중해서 듣는 사람이 드물다. 어쩌면 일이십 년 뒤에는 어떤 정신적·심리적 부작용이 생기게 될지도 모른다. 영향력 있는 유명인이나 연예인의 이야기가 아니면 거들떠보지도 않는 문화에 살고 있다. 늘 듣고 있지만 사람의 말에는 귀를 기울이지 않는다. 늘 들어 온 소리에서는 새로운 의미를 찾으려는 노력이 없어진 지 오래이고, 처음 들어 보는 자극적인 소리에만 정신이 팔린다. 학생들은 교사가 눈으로 보여 주는 자극적인 영상과 그림에 익숙해져서 귀로 들리는 정보는 자연히 퇴보되어 가므로 듣고 상상하고 정리하는 일을 귀찮아한다. 나중에 서류를 읽어서 정리하겠다며 듣기를 거부하거나 아니면 듣는 척하지만 딴생각을 한다. 이런 교육의 부작용은 다 듣기를 거부하는 문화 속에서 조직적으로 이루어지므로 언젠가는 큰 문제로 대두될 것이다.

물론 교육적인 면에서 보면 듣기는 말할 필요도 없이 중요한 것이지만, '듣기를 잘해서 뭔가 얻어야 한다'가 전제된다면 '듣기 교육'은 필연적으로 실패하기 쉽다. 그런 식으로는 듣기에 대해 절대 흥미를 붙일 수 없다. 필자는 잘 듣는 길은 여러 가지라고 강조한다. 다만 한 가지 원칙과 공통적인 필요사항이 있다면 그것은 말하는 내용에 대한 정의, 이해하고자 하는 인내, 수용하고 경청하려는 겸손함이다. 마치 사랑하는 사람의 이야기에 귀를 기울이듯,

나에게 말하려는 사람에게 자신을 활짝 열어 온전히 그의 것이 되어 준다는 것이다. 그래서 공부에 관한 유명한 격언 중 하나가 "말을 물가로 끌고 갈 수는 있어도 물을 마시게 할 수는 없다."이다. 듣기도 마찬가지이다. '소리의 맛'을 가르쳐 주는 게 먼저이다. 그 후에 맛을 알게 되면 스스로 원해서 듣게 된다. 나중에는 스토리텔링에서 똑같은 정도의 '듣는 맛'을 느끼게 될 것이다.

LQ의 필요성

필자가 아는 한 변호사는 상법 전문가로서 무척 말을 잘해서 TV 프로그램을 진행하기도 했다. 그런데 그와 만나면 그는 본인도 모르게 대화의 90%를 독점한다. 쉽지 않았지만 한 번은 그 문제를 지적했더니 "아니 변호사가 왜 듣기를 잘 못하는지 나도 모르겠다." 하며 너털웃음을 터뜨렸다. 유명한 변호사라고 해서 다 LQ가 높은 것은 아닐 것이다. 이후에 그도 잘 듣는 것이 얼마나 중요한지를 깨닫고 지금은 잘 듣기를 권하는 경청의 전도사가 되었.

눈을 감고 자신을 한번 돌아보자. 과연 나는 잘 듣기에 있어서 어떤 사람인가? 나의 부모는 잘 듣기에 관해서 어떤 분들이었나? 지금 나의 '먹고 사는' 것과 잘 듣기는 어떤 관계가 있나? 곰곰이 생각해 보면 대부분 자신의 잘 듣기 능력에 만족하지 못할 것이다. 인생의 후회되는 항목 중 하나가 '그때 지금처럼 잘 듣기에 적극적이었더라면' 하는 것이다. 잘 듣기는 숨을 쉬는 것과 마찬가지이다.

> **사례**
>
> 김병국 변호사는 비즈니스 협상 전문가로서, 미국에서 활동하다 십 년 전쯤 한국에 와서 여러 권의 책도 내고 수많은 협상 세미나를 이끈 소위 성공한 변호사이다. 그의 아버님은 한국에서 존경받는 목사님이셨다. 그는 아버님의 영향을 받아 노인 요양 사회사업에 모든 것을 바치기로 하고 모금을 하기로 했지만, 아직까지도 실현하지 못하고 있다고 했다. 그는 "협상 전문가인 내가 왜 모금 요청을 못하고 있는지 이해가 안 되네 그려." 하면서 너털웃음을 지으며 아쉬워하였다.
>
> 사실 협상 전문가나 코치도 이미 남이 만들어 놓은 협상 테이블에서는 여러 가지 스킬이 필요하며, 정작 그 자신의 문제의 요청을 위한 경청은 또 다른 문제이다.
>
> "우리 같은 컨설턴트도 자신의 머리는 잘 깎지 못하지요."
>
> 협상 전문가라고 해서 모두가 LQ 지수가 높은 사람은 아닐 것이다. 하지만 그도 협상에 경청이 얼마나 중요한지를 알기에 지금은 경청이 그의 협상, 설득 교육 프로그램에서 큰 부분을 차지하고 있다.

어떤 사람은 지병이 있어 숨쉬기가 불편하거나 잘못된 습관으로 힘들어한다. 한마디로 말하자면, 지금의 듣기 방법을 조금만 바꾸면 인생이 달라진다는 것이다.

잘 듣기의 현재 능력과 잠재력을 평가할 수 있는 경청지수가 바로 LQ_{Listening Quotient}이다. 이 지수는 노력과 훈련을 통해 향상 발전시킬 수 있는 것이다.

한국 모금기관의 가장 큰 문제는 LQ 지수가 높은 사람들이 많지 않다는 것이다. 한국의 기부 문화, 모금 문화도 듣기 문화와 상관관계가 있다. 유명하지 않아도, 재미없어도 남의 이야기를 들을 수 있는 문화의 깊이는 긴 세월과 전통이 필요하다. 모금 선진국은 LQ가 높은 영리단체의 리더들이 비영리단체로 유입되고, 비영리단체의 높은 LQ 보유자가 영리단체나 정치로 영입되어 순환이 원활하나 한국은 그러하지 못하다. 그것이 한국의 기부 문화 발전이 느린 까닭이다.

정치 리더 중에 LQ가 높은 사람들이 많이 있어야 나라가 제대로 운영된다. 나라의 재난 구조나 경제 발전, 해외 투자 유치 등 많은 나라의 장래가 리더의 잘 듣기 능력에 달려 있다. 대부분 그 단체의 잘 듣기 문화와 능력은 단체 리더의 개인적 잘 듣기 성향과 능력의 범주를 벗어나지 못한다.

미국에서 시행되고 있는 대학입학사정관제도는 한마디로 LQ 지수가 높은 학생이나 약간의 교육을 통해 지수를 높일 수 있는 잠재 능력이 있는 학생을 뽑는 것이다. 그것이 현대의 리더십이고, 그것이 결국은 학교를 빛내고 사회를 이끈다는 커다란 전략 아래 움직이고 있는 것이다.

사람은 사색가 Thinker와 실천가 Doer가 있다. 자기가 사색가라고 한다면 최소한 실천가 중에 LQ가 높은 친구를 옆에 두거나 팀원으로 두어야 그 프로젝트는 성공한다. 자신의 주위에 누가 LQ가 높은 사람인가를 아는 것이 우선이고, 그와 친구가 되는 것이 성공의 비결인 것이다.

　현대는 구리를 넣으면 황금이 만들어지는 기계 만드는 방법을 발견했다고 해서 떼돈을 버는 세상이 아니다. 하지만 이미 자신이 은을 넣으면 황금을 만드는 기계를 판매하고 있다면 그것은 성공 확률이 높다. 이미 잘 듣기의 능력과 경험, 판로의 시스템을 갖추고 있기에 새로운 기계를 쉽게 팔 수 있는 것이다. 새로운 기계를 팔 수 있는 방법은, '마케팅' 이나 '세일즈' 라는 높은 LQ 지수를 지닌 사람들과의 대화의 발굴conversation mining을 통해 도움을 받는 것이다. 지금은 소비자에게 필요한 것보다는 그들이 '원하는 것'이 무엇인지를 들을 수 있는 사람이 절실히 요구되는 시대이다. 하지만 좋은 아이디어 상품의 개발자들이라도 LQ가 낮아 소비자와 공급자 간의 원하는 것이 일치하지 않으므로 상품이 빛을 보지 못하는 경우를 우리는 종종 보게 된다.

　얼마 전 신문에 G20 지도부에서 한국 정부에 리더십을 가지라고 강력하게 권고한다는 기사가 실린 것을 보았다. 여기서 우리는 '리더십을 가져라' 라는 것이 과연 무슨 의미인가를 한번 생각해 볼 필요가 있다. 리더십에는 여러 가지가 있겠지만 가장 중요한 것 중 하나가 기금을 마련하는 데 있어 다른 멤버의 말을 잘 듣는 역할이다. 기금 마련을 위해 리더가 할 일은 자신이 먼저 희생하여 가장 큰 "Lead Gift"를 하고, 다른 멤버들의 이야기를 잘 듣고 요청하여 기금을 모으는 일이다. 대학이면 총장이 그 역할을 하고,

나라로 말하면 대통령이 할 일이다. G20이 요청하는 리더십이란 한마디로 한국에서 기금을 책임지고 대든가 다른 나라들을 독려해 기금을 모으라는 뜻인 것이다. 이젠 대학 총장도, 한 나라의 수장도 LQ가 높은 사람이 되어야 진정한 리더로 인정받는 시대가 온 것이다.

LQ에 대한 평가는 그의 MRI 사진이다

이러한 잘 듣는 사람이라는 평가 뒤에는 많은 숨은 뜻이 있다. 그의 과거의 흔적과 현재 상태, 그리고 미래를 어느 정도 엿볼 수 있다. 그래서 큰 훈련을 받지 않더라도 그의 듣기를 가만히 분석하면 그 사람이 누구인지 알 수 있다. 그의 품격을 알고 어떤 상황에 처해 있는지도 알 수 있다. 또한 무엇을 누구에게 어떻게 잘 듣게 하는지를 보면 그가 어떤 사람인지 알 수 있다. 마치 의사가 그의 MRI 차트를 보는 것과 같다. 흔히 그 사람을 알려면 골프를 같이 쳐 봐라, 같이 여행을 해라, 혹은 노름을 같이 해 보라는 말을 한다. 다 일리가 있는 말이지만, 필자는 잘 듣기처럼 그 사람의 속마음과 수준을 아주 세밀하게 알 수 있는 것이 없다고 본다.

그저 길거리에서 돈 천 원을 구걸하는 사람과 오랜만에 만난 친구에게 50만 원만 빌리고자 하는 사람, 일억 원을 투자해 사업을 해 보고자 친구가 제안하는 사업 계획을 듣는 사람의 경청의 태도는 다를 것이다. 무작위로 기관총을 쏘아대듯 아무나 걸리기를 바라는 마음으로 구걸하는 사람과, 표적을 정조준하여 저격하듯 분명한 목적을 가지고 친구의 사업 제안을 잘 경청하는 사람의 듣기 전략은 분명히 다를 것이기 때문이다.

정치적으로도 부녀회 회장에 출마하는 사람과 시의원에 출마하는 사람, 대선에 출마하는 사람은 모두 유권자의 한 표를 통해 선출되지만, 큰 뜻을 품은 사람일수록 유권자의 소리에 더 귀를 기울일 것이다. 왜냐하면 대통령직과 같이 큰 뜻을 품은 공직자의 자리는 요청을 받아 요청하는 자리로서 섬김의 리더십이 되어야 하기 때문에 더욱 경청하는 자세가 필요한 것이다.

한국의 TV드라마에서 사극을 보다보면 옛 선비들이 긴히 주고받을 중요한 말이 있으면 "잠시 안으로 들어가시지요." 하면서 집안의 내실로 안내하는 모습을 자주 보게 된다. 그들은 조용한 분위기에서 천천히 차를 마시며 서로의 얘기를 잘 경청하곤 한다. 하지만 지금의 사람들은 너무 쉽고 값싸게 듣는 듯하다. 아무리 편리한 세상이 되었고, 최첨단 IT기술이 발달하여 그것을 통해 듣는다는 핑계를 대더라도, 사람들의 기본 마음이란 변함이 없는 것이다. 사람들은 상대방이 나의 말을 어떻게 잘 듣는가를 보면서 그가 나를 어떻게 생각하고 있는지를 평가한다. 조금 어렵더라도 얼굴을 맞대고 앉아 들어야 할 상황을 피하고 대충 전화나 이메일로 해결하려 하거나, 심지어는 같은 내용에 이름만 바꾸어 단체메일이나 문자를 보내는 것은 상대방으로서는 자신을 무시하는 처사로 보여

기분이 언짢아질 것이다.

만약 대선 후보자가 유권자를 직접 만나 표심을 잘 읽고 경청해 주었다면, 그는 유권자의 한 표의 의미보다 더 많은 표의 영향력을 보며 잘 듣기를 한 것이다. 그만큼 그 유권자를 자신에게 있어 특별한 사람으로 대우해 주었다고 볼 수 있다.

대화의 상대자가 경청한 후 보이는 반응을 통해 그의 수준을 짐작할 수 있다. 그 사람과 노름을 해 보면 그 사람을 알 수 있다는 말은, 만약 돈을 잃게 될 경우 본능적으로 그 사람의 밑바닥 본심이 드러나므로 그때의 행동이 좋지 않을 경우 그와 동료가 되지 말라는 이야기이다. 마찬가지로 경청에서도 들은 내용들이 받아들여지지 않을 때, 즉 과격한 반응을 보이거나 관계에 부정적인 영향을 미친다면 일단 그의 수준을 알 수 있는 것이다. 그런가 하면 많은 내용을 잘 듣고 나서도 별 반응이 없는 사람들을 의외로 많이 발견하게 된다.

LQ 계산 방법

자신의 LQ 지수를 한번 테스트하고 싶은 사람들은 부록에 수록된 질문에 대답을 하고 각 항목별로 계산하여 합산하면 자신의 LQ 값을 알 수 있다. 하지만 질문에 진솔한 대답을 하지 않으면 지수는 허수가 될 수 있으므로 테스터나 대상자는 그 점을 주지해야 한다.

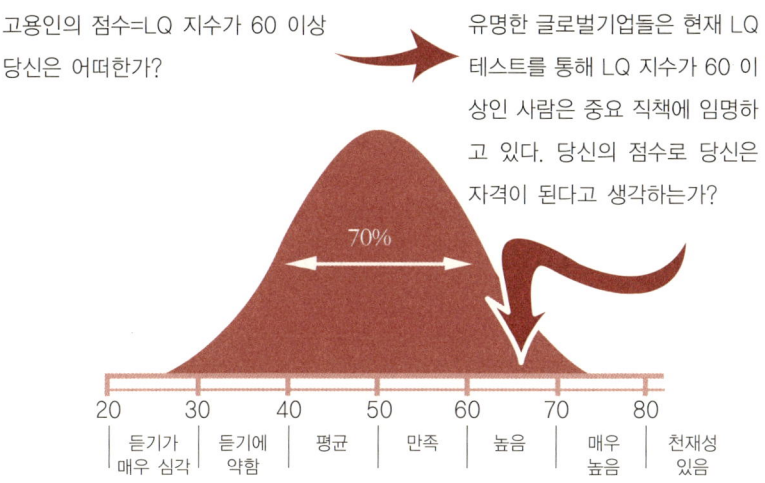

그림 10. 듣기 지수

　세계화와 다문화 환경 속에서 잘 듣기를 통해 앞서기 위해 서로 경주하고 있다. 이젠 개인을 넘어서 모임, 공동체, 지자체, 나라별로 누가 먼저 잘 듣기를 제대로 하는가 하는 경쟁 구도에 있다. 가상 회의와 전화 회의는 쉬지 않고 진행되고, 결국 잘 듣기가 국경을 넘어서까지 진행되고 있다.

　사람들은 오늘날의 글로벌 경제의 성공은 잘 듣기 인식과 다른 문화에 적응하는 잘 듣기 능력이 필요하다는 것에 동의한다. 이제 각종 연구를 통해 잘 듣기를 인식하고, 개인의 능력과 조직의 능력을 측정, 평가할 수 있어야 한다. 그것은 잘 듣기자의 잘 듣기 지수, 또는 LQListening quotient로 정량화할 수 있다.

모든 사람들은 자신만이 평가할 수 있는 LQ를 갖고 있다. LQ는 개인, 민족, 국가의 조직 설정의 다양한 기능을 효과적으로 만들어 주는 기능이다. LQ는 IQ나 EQ와 마찬가지로 모두 개인적 및 직업적 성공에도 중요하게 작용하는 요인으로 기능적 집합체이다. 그것은 생소한 상황에서도 성공을 이끌어내기 위해 필요한 기술이자 고유의 측정장치이며, 21세기 리더들에게 없어서는 안 될 기본적인 요소가 된다.

LQ의 기본 구성 요소는 크게 4가지로 나누는데, 첫째는 수용성 내에 3가지 보조적 요소로 동기Motivation, 열정commitment, 배려심 등이 있고, 둘째는 유효성 내에 감정 조절emotion control, 상황 파악situational assessment, 인내심endurance이 있으며, 셋째는 관리stewardship 안에 공감적empathy 소통, 성격character, 진정성이 있고, 넷째는 정보의 이해, 축적, 실제, 듣기가 있다.

한 사람의 LQ를 증진시키기 위해서는 먼저 뚜렷한 LQ 기능 측면에서 그 사람을 평가해야 한다. 다음의 네 가지 능력에 대한 정서적 및 사회적 지능 검사에 의해 측정하는 것으로 잘 듣기의 도전과 관련이 있다.

- LQ 드라이브(동기 부여): 조직에 있는 사람의 잘 듣기에 대한 관심과 다양한 환경에서의 효과적인 잘 듣기에 대한 평가이다. 연구에 의하면 잘 듣기에 대한 도전 정신이 없는 리더는 조직을 실패

로 몰고 간다고 한다.
- LQ 기술적 지식(인지): 잘 듣기 대상자가 다르고 방법이 달라야 한다는 인지능력과 상황인지능력을 파악해야 한다.
- LQ 전략적 사고(메타인지): 환경이 다름을 파악해서 효과적인 플랜을 만들어 내고 상대의 인식과 자신의 인식의 차이를 감지하고 전략적 판단을 내리는 능력을 말한다.
- LQ 액션(행동): 실제의 생각, 계획, 전략을 행동으로 옮기는 능력. 각기 다른 환경 속에 자신의 행동을 유연하게 적응하는 사람의 능력.

우리는 위와 같은 LQ 지수의 네 가지 능력을 단순히 관찰만 해도 대략 그 사람의 LQ를 파악할 수 있다. 그 사람과 대화해 보고 행동의 패턴을 보면서 장점과 약점을 파악할 수 있으며 다른 사람과 비교할 수도 있을 것이다. 많은 기업이나 개인이 이런 LQ 능력의 증진 훈련을 통해서 개인의 발전과 기업의 이익을 만들어 낼 수 있으며, 장래 배우자나 사업의 파트너를 결정할 때도 중요한 지표가 될 수 있다.

5. 경청 훈련의 대전제

마이어브릭스Myers-Briggs의 성격 유형과 듣기

- 내향적인 사람Introverts: 종합적으로 잘 듣는 사람
- 외향적인 사람Extroverts: 듣기보다 말하기를 좋아하는 사람
- 감각적인 사람Sensors: 사실과 모양만 듣는 사람
- 직관적인 사람Intuitives: 주요 아이어나 포인트만 듣는 사람
- 생각하는 사람Thinkers: 효과적으로 분석적 듣기를 하는 사람
- 감정적인 사람Feelers: 효과적·공감적으로 듣는 사람
- 판단자Judgers: 빨리 결론을 내는 사람
- 지각자Perceivers: 효과적으로 감사적 듣기를 하는 사람

진정한 경청은 단지 몇 가지 기법이나 기술을 습득한다고 가능한 것은 아니다. 경청의 중요성을 알고 자신의 소통 능력을 향상시키고 싶다면 다음 몇 가지 전제 사항을 인정하고 이해하고 충족해야 비로소 경청이 가능하다.

상대의 입에서 나오는 모든 소리는 다 의미가 있고 쓸모 있다.
들을 가치가 있는 말과 없는 말이 따로 있는 것이 아니다. 다 나름대로 의미가 있고 쓸모가 있는 말이다. 좋은 경청자는 마치 키를 이용해 쭉정이를 날리고 알곡을 골라내듯 의미 있는 말을 골라낼 줄 아는 사람이다. 대화 중에 무의미해 보이는 말을 차단하려 하지 말고 우선 담아 놓고 나중에 걸러내는 작업을 하면 된다.

그의 말을 들을 수 있는 기회는 지금 이 순간뿐이다.

만약 대화 시간이 1시간이라면 1초라도 그의 이야기를 귀담아들어야 한다. 다음 기회는 오지 않는다. 내가 이야기하면 할수록 기회는 없어지는 것이다. 내가 말할 기회는 얼마든지 만들 수 있고, 다른 방법으로 전달할 수도 있다.

만약 소통에 실패했다면 듣는 자의 책임이 좀 더 크다.

과거에 미국에서는 외국인이 말을 잘 못해서 알아듣지 못하면 말하는 사람의 잘못이라고 생각했으나, 지금은 어렸을 때부터 다른 언어 습관이나 억양이 달라도 알아들을 수 있는 훈련을 시키고 있다. 교육을 받은 사람들은 상대방의 말을 잘못 이해했다면 자신의 경청 능력이 부족해서 실패했다고 생각해야 한다. 만약 말을 전달하는 사람을 탓하면 경청을 해야 할 이유가 없다. 주어진 환경에서 주어진 재료로 잘 만들어 내는 것이 진정한 경청의 길이다. 이 세상에는 같은 말이라도 나보다 더 잘 들을 수 있는 사람이 얼마든지 많이 있다고 생각해야 한다.

듣기 레벨의 향상

우리는 온종일 말의 홍수 속에 살고 있고, 습관적으로 말을 듣는다. 하지만 듣기의 수준을 향상시키려면 몇 가지 노력이 필요하다. 듣기 능력 향상을 위한 가이드라인이 있는데, 다음의 세 가지 단계이다. 현장 경험상 단계를 뛰어넘기는 무척 힘들므로 단계별 향상을 위해 시간이 걸리더라도 인내와 의지를 갖고 한 단계 한 단계 밟아 나가야 한다.

1단계 자신의 듣기 레벨을 식별한다.

과연 나의 듣기 수준은 어느 정도인지 자가진단해야 한다. Chapter 1에서 이야기한 레벨의 신체적, 지적, 감성적, 영적 단계 중 어떤 수준으로 듣고 있는지 스스로에게 물어본다.

2단계 자신의 평소 듣기 습관을 점검해 본다.

일이 아닌 사적인 자리에서 나는 어떻게 듣고 있는지 다음과 같이 질문한다.

- 어떤 질문이나 답변을 하는가?
- 문제 혹은 기회를 찾는가?
- 감정, 단어, 제스처는 어떠한가?
- 이미 했던 말, 혹은 하지 않은 말에 관심이 있는가?
- 현재, 과거, 미래 중 어디에 초점을 맞추는가?
- 전혀 들어보지 못한 내용이나 창조적인 내용에 관심이 있는가?

자기가 좋아하고 흥미 있어 하는 주제가 무엇인지를 아는 것이 중요하다. 다음에 좋아하는 주파수 다이얼을 위 아래로 옮겨 보는 실험을 통해 새로운 채널을 맞추는 조율을 시도해 봄으로써 편안한 청취 레퍼토리를 확장해야 한다. 또한 모든 듣기에 방해되는 것을 기록해 두고 제거하도록 노력해야 한다.

3단계 새 듣기 능력을 연습

레벨 1internal에서 레벨 2focused의 듣기로의 변화를 위해 새로운 수준에서 새로운 기술과 실험을 통해 듣기 능력을 향상시킨다. 여기에 몇 가지 예가 있다.

- 관심을 갖고 주시함By standing

"난 그분에게 세 번씩이나 당신이 의견을 말한 걸 들었는데……."

- 재해석함Paraphrasing

"내가 듣기론 당신의 말씀은……."

- 명확히 함Clarifying

"난 아직 명확하게 이해가 가지 않아요. 그 문제에 대해 자세히 말해 줄 수 있을까요?"

이 단계에서 당신은 당신이 진심으로 그들의 말을 듣기 위해 노력하고 있음을 보여줄 수 있다.

레벨 3empathic의 듣기로 업그레이드 시키려면 자신의 언어, 신체, 정서적 인식의 촉각을 높인다(예: 나는 심각한 문제를 들을 때 입을 닫고 이를 꽉 물고 있는지). 또는 내가 직관에 어떤 식으로 의존하는지(우리가 원하는 정보가 없는 경우에도, 올바른 방향으로 가고 있다는 것을 내 직관이 말해 주고 있어) 대화 이후를 예측해 보는 것도 좋다. 듣는 중 가끔 자신의 반응을 확인시켜 주는 훈련이 필요하며, 그 피드백에 따라 말하는 사람의 행동에 어떤 변화가 있는지 관찰한다.

레벨 4generative의 듣기에 도전하려면 열린 마음으로 나머지 다루지 않았던 것을 연습하고, 특정 결과에도 참을성 있게 경청의 진행과정을 신뢰한다. 자신의 듣기가 새로운 질문과 창조적인 아이디어를 어떻게 통합하는지 주시하고, 새로운 결과물을 촉진한다는 생각으로 듣는다.

레벨 4의 듣기는 산파의 역할과 유사하다. 이러한 창조적이고 생산적인 듣기는 말 그대로 가장 중요한 결과를 기대하면서 듣는 것이다. 기대는 생각과 대화의 품격을 높일 것이다. 특히 단체의 현명한 리더나 조직의 상위 관리자, 창조적 생산자들은 사람과 조직의 혁신적인 아이디어를 생산해 내기 위해 레벨 4의 듣기에 의존한다. 그들은 또한 새로운 전망, 가치 시스템, 발명 및 솔루션, 생활 전반의 품질을 향상시키기 위해서 경청한다.

또 건강한 관계를 바탕으로 믿을 수 있는 작업을 수행하고 비즈니스를 수행하는 의미 있는 방법을 생산, 제작하는 비옥한 작업

환경을 만드는 4단계의 듣기의 기초를 만들 수 있어야 한다.

6. 배워야 할 프로 직장인의 경청법

전문 직장인은 직업에 따라 듣는 방법이 다르지만 경청에 관심이 있다는 공통점이 있다. 현대 사회의 직장인들은 잘 들어야만 한다. 우리는 전문 직장인들의 훈련법에서 배울 수 있는 점이 많다. 여기서는 MC의 듣기 방법과 콜롬보 탐정과 같은 듣기 방법, 그리고 전문적인 코치coach의 경청에 대한 방법을 간단히 소개한다.

MC의 듣기 방법

짤막한 질문을 하고 주로 듣는다. 상대가 마냥 말할 수 있도록 하는 것은 좋지만 시간을 너무 지나치게 사용하면 조절을 해야 한다는 강박감이 문제이기도 하다. 그런데 보다 더 큰 문제는 질문이 너무 의도적이고 다음 질문에 연결이 안 되며, 미리 그 다음 질문을 생각해야 하므로 사실 집중이 힘들다는 점이다. MC는 상대를 편안하게 해 주어 그가 할 말을 충분히 자연스럽게 하도록 하는 분위기를 만들어 주어야 한다.

콜롬보 탐정 듣기 방법

날카로운 질문을 통해 상대의 허점을 찾아내려고 한다. 그는 목적을 둔 듣기 purposeful listening의 달인이다. 일반인들은 그냥 흘려들을 이야기도 끈질기고 집중력 있게 듣는 훈련이 되어 있어 그 가운데 허점을 찾아낸다. 또한 질문을 통해 숨어 있는 더 큰 진실을 밝혀 내고 만다.

코치의 듣기와 대화법

코치들의 핵심 대화와 경청 방법은 생각하지 않고 예측하지 않으며 주도하지 않는 대화와 경청 방법이다. 그리고 대화하는 상대 스스로 답을 찾도록 도와준다는 것이다.

모금전문가의 듣기와 대화법

펀드레이저 교육 시 수강생들의 소통을 위해서 'door opener', 즉 끝이 열린 질문이나 요청을 통해 대화를 부드럽게 하는 기법을 가르친다. 예를 들어, "그래요, 좀 더 이야기해 주실래요?" 혹은 "당신 이야기가 매우 흥미롭군요." 등이다. 미국 펀드레이저들의 대화 내용을 잘 들어보면 door opener 스타일의 말이 자주 쓰이는 것을 발견한다. 그 반대말은 'door slammer'로서 문자 그대로 상대를 기분 나쁘게 하고 대화의 문을 닫는 형태이다. 따라서 전문가들은 "왜 그런 질문을 하시는 거죠?", "그건 잘못 이해하시기 때문이에요." 와 같은 말이나 'why' 라는 단어는 좀처럼 사용하지 않는다.

7. 내적 공간 Inner space 만들기

경청은 반드시 말하는 자와 듣는 자 사이에 오가는 커뮤니케이션이 있어야 한다. 경청은 대부분 쌍방 대화에서 더 진가를 발휘한다. 대화는 토의 discussion 와는 다르다. 그 대화의 비밀을 파헤쳐 볼 필요가 있는데, 만약 누군가가 좀 더 강한 의도를 가지고 만나는 쪽이 있다면 경청을 하기 어려워진다.

많은 사람들이 쉬지 않고 이야기를 하는 이유는 대화가 멈출 때 흐르는 정적을 두려워하기 때문이다. 사실 그 정적을 이겨내야 하고, 어쩌면 즐길 수 있어야 진정한 경청이 가능하다. 그래서 경청 훈련 중에 '3초간 참기' 라는 것이 있는데, 상대의 말이 끊기기 무섭게 받아치는 것이 아니라 3초간 기다리는 것이다. 훈련을 거치지 않으면 가장 고통스러운 3초가 되기도 한다. 현실적으로 누구에게든 3초는 어색함과 고통의 시간이므로, 그 3초를 기다리는 일은 훈련으로만 가능한 일일 것이다.

대화하기 전에 두 가지를 준비해야 한다. 하나는 마음을 비우는 일이다. 마음속에 이미 다른 것이 채워져 있으면 경청할 수가 없기 때문이다. 입 밖으로 내보내진 말은 마치 물과 같이 되어 연결된 호스를 통해 상대에게 흘러들어 간다. 만약 대화 전에 이미 그 통에 물이 많이 차 있으면 대화 중에 넘치게 overflow 되어 들을 수도 없고, 오히려 혼잣말을 하게 된다. 이러한 혼잣말 self talk 의 주제가 어떻게 되는가 알아보는 것이 매우 중요하다. 스스로 종이에 미리 써 보며 자신의 듣기의 통에 무엇이 있는지를 반드시 알아보아야 한다. 둘 중에 적게 채워진 사람이, 즉 공간이 많이 있는 사람이 경청을 할 확률이 높다.

> **사례**
>
> 유명한 비영리 단체에서 펀드레이저를 새로 고용했을 때 있었던 일이다.
>
> 단체를 어떻게 효과적으로 소개하고 당당히 기부 요청을 하는가에 대해 훈련 받은 그는 열정이 아주 충만한 상태였는데, 마침 70대로 보이는 할머니 한 분이 문을 열고 들어왔다. 그가 반가이 할머니를 맞으면서 "저쪽 조용한 방으로 가시지요." 라는 말로 안내하자 할머니는 머뭇거리면서 매우 당혹스러워하였다. 하지만 그는 금방 배운 대로 할머니에게 단체의 미션, 왜 기금이 필요한가, 기부 후에 어떤 대우가 있는가를 열심히 설명하였다. 그의 말을 다 듣고 난 할머니는 짜증스러운 얼굴로 "난 단지 화장실이 어디 있는가 물으러 들어온 것뿐이오, 내가 몹시 급해서 그러는데, 화장실이 어딘지 알려주지 않겠소, 젊은이?" 하는 것이 아닌가.
>
> 펀드레이저는 상대방의 말을 먼저 듣지 않았다는 자책감에 부끄러워 어쩔 줄 몰라 했다.

사람마다 그 내적 공간inner space의 용량capacity이 다르다. 그래서 진정한 듣기 교육은 대화 전에 통을 비우는 훈련과 용량을 크게 하는 작업이 필요하다. 남미의 어떤 사람들은 대화를 할 때 동시에 말을 한다. 상대의 말이 끝나기 전에 자신의 말을 한다. 그들은 그 통의 용량이 매우 작은 것이다. 또한 용량이 큰 사람이라 하더라도 비워지지 않으면 그만 그 용량을 넘게 마련이다. 경청을 해야 하는 사람이 용량이 작거나 비울 수 없다면 아무리 노력해도 경청할 수 없다.

8. 필터를 제거하기

말이 소리의 근원부터 시작하여 듣는 사람의 귀에 도달하는 과정까지 여러 장애물을 통과해 자신의 귀에 들어오면 여러 가지 필터로 여과되는 과정을 거치게 된다. 물론 물리적인 것도 있고, 심리적인 것도 있다. 예를 들어, 첫인상, 선입관, 관념, 가치, 말하는 사람의 인종, 일반화된 신체언어 해석 등 많은 필터를 통과하여 우리 뇌에 입력이 된다. 말하는 사람 입장에서 듣는 사람의 입장을 이해한다면 자신의 말이 어떤 효과와 효율성을 갖는지 미리 짐작할 수 있다.

오래전 필자의 멘토가 알고 있는 유명 회사의 CEO인 잠정기부자의 사무실을 함께 방문할 기회가 있었다. 필자로서는 나의 멘토가 모금전문가로서 어떻게 대화를 해 나가는가를 배울 수 있는 매우 흥미로운 기회였다. 물론 어렵게 만든 기회였고, 그의 비서를 통해 겨우 10분 정도 만날 수 있는 상황이었으며, 10분 단위로 다음 사람들이 대기하고 있는 상태였다. 기대를 하고 들어갔는데, 그 CEO는 전화를 받으면서 손짓으로 들어와서 앉으라고 하였다. 그 이후에도 전화 대화는 1분간 더 진행되었다. 그리고 전화통화가 끝나자마자 그는 실례한다고 말하면서 자신의 비서에게 업무 지시를 다시 내리는 것이었다. 그리고 다시 자리로 왔지만, 또 바쁜 일이 있는지 눈을 마주치지도 못하고 대화의 초점을 맞추지 못하는 모습이었다. 그 순간에 같이 같던 멘토가 그에게 이렇게 말했다.

"오늘 저희가 온 것은 매우 중요한 일 때문입니다. 회장님께서 100% 집중하실 수 없다면 서로 시간낭비이기에, 언제 저희에게 10분 정도만 방해받지 않고 경청하실 수 있는 다른 시간을 내주신다면 저희도 최선을 다해서 말씀드리겠습니다." 오히려 다음에 적당한 시간을 찾기를 부탁한 것이다. 그러자 그 CEO는 약간 당황하면서 "죄송합니다. 회사에 매우 중대한 문제가 생겨서…… 나중에 연락드리지요." 하고 다음으로 미팅을 미루게 되었다. 나오면서 필자는 멘토에게 왜 그런 말을 했는지 물었다. 그러자 그녀는 "그는 지금 전혀 들을 준비나 환경이 안 되어 있으니 지금보다 다음에 말하는 것이 낫기 때문이다."라고 대답하는 것이었다. 필자는 어렵게 잡은 약속이니 상황이 어떻건 말이나 해 보고 나오는 것이 낫지 않았을까 생각했다. 하지만 며칠 뒤에 그 CEO로부터 전화가 와서 "이젠 방해받지 않는 10분을 드리지요. 내일 오전 10시에 회사로 나오시겠습니까?"라고 말하였다. 두 번째 만남에서는 대화를 통해서 모금한 모금액 중에서 가장 큰 금액을 기부받는 결과를 얻을 수 있었다. 방해요소를 제거함으로 효율적 결과를 얻어낸 귀중한 경험이었다.

중대한 프레젠테이션이나 제안을 하는 자리에서 듣기에 방해되는 요소가 제거되지 않는다면 하지 않거나 다음으로 미루는 것이 좋다. 만약 그 자리에서 우리가 한 말을 CEO가 건성으로 들었다면 다시는 만날 수 있는 기회가 없었을지도 모른다는 생각이 들었다.

9. 약점 Soft spot 또는 역린 逆鱗

인간은 누구나 도저히 양보할 수 없는 자기 나름대로의 '소중한 그 무엇'이 있는데 그것은 목숨 걸고 지켜야 하는 값진 '가치'이다. 혹은 남에게 알리고 싶지 않은 비밀스러운 부분이나 귀중한 자존심을 건드리는 곳이 있는데, 영어로는 soft spot 혹은 hot botton이라고 한다. 그 부분은 다치면 자신의 존엄이나 정체성에 치명적일 수 있는 '아킬레스건'과 같은 곳이기 때문에 건드리면 보복하는 '역린逆鱗'이다.

역린逆鱗이란 '한비자'의 「세난」편에 나오는 말로, 용의 목구멍 아래에 한 자 길이의 비늘이 거꾸로 나 있는데, 사람이 만약 이 비늘을 건드리면 용이 그 사람을 반드시 죽여 버린다는 것이다. 용이 비록 순한 짐승이어서 잘 길들이면 사람이 올라탈 수도 있으나, 역린을 건드리면 건드린 사람을 죽여 버리는 것이다. 한비자는 "임금도 역시 역린이 있어서, 임금에게 유세遊說하는 자는 이 역린을 건드려서는 안 된다. 건드리지 않으면 거의 화가 없다."고 하였다.

누구나에게 역린은 있다. 그것이 자존심일 수도 있고, 돈이나 권력, 사랑, 명예, 가족, 학력일 수도 있다. 이 역린은 사람이 추구하는 가치관이나 세계관에 따라 다르다. 그러므로 상대방의 역린이 무엇인지를 파악하고 그것을 절대로 건드려서는 안 된다. 조심하지 않으면 무심코 던진 말로도 역린을 건드릴 수 있다. 그러나 대화에 있어서 상대방의 말에 귀를 기울이지 않으면 그것을 발견하기 힘들다.

대화하는 가운데 부주의함으로 기부자의 역린을 건드린다면, 모금에 실패함은 물론 그와의 관계가 하루아침에 그대로 무너지고 말 것이다.

하지만 요즘에 와서 그 역린에 대한 패러다임이 변화하고 있다. 전에는 말을 하지 않고 숨기려고만 했지만 요즘은 오히려 그것을 적극적으로 극복하는 과정이 사람들의 마음을 움직이고 있다. 미국의 오바마 대통령의 경우도 자신의 출생이 늘 역린이었으나 그의 정치 참모의 말을 듣고 숨기고 싶던 역린을 떨쳐 버리고 그것을 오히려 장점으로 만들었다. 자신의 리더십을 꿈꾼다면 우선 자신의 역린을 파악하고, 혹 주위에서 그것을 건드린다 해도 감정적으로 반응하지 않고 오히려 공개하는 용기가 있다면 그가 진정한 현대의 리더가 될 것이다.

10. 수도승, 설계사 그리고 외교관처럼 듣기

전 하버드대 비즈니스 전공 교수가 2010년 가을 *Stanford Social Innovation Review* 지에 기고한 기사가 눈길을 끌었다. 기사의 내용은 사회적 기업에 성공한 CEO들을 인터뷰한 내용이었다.

그는 "리더십은 단체의 문화를 만들어 내는 매우 중요한 위치이며, 그들의 존재 목적은 단체의 미션과 가치를 행동으로 옮겨 실행하는 것이다. 결론적으로 진정한 리더는 아버지father라기보다 수도승monk 같은 태도를 가져야 하며, 선장captain이라기보다 설계사architect처럼 생각하고, 독재자dictator이기보다 외교관diploma처럼 행동한다."고 말했다. 그러면 우리는 이 세 가지 타입의 사람들이 어떻게 대화하고 듣는 습관이 있는가 쉽게 상상해 볼 수 있다.

그러고 보니 필자가 한 단체를 컨설팅할 때 있었던 에피소드가 생각난다. 그 단체의 CEO와 이야기하던 도중에 "그 주제는 단체의 담당자와 이야기합시다." 하기에 같이 동행해서 담당자 자리로 갔더니 그는 이미 다른 팀장과 이야기를 나누고 있었다. 그 장면을 보고 CEO는 "아무래도 지금은 저들이 중요한 대화를 나누는 것 같으니 방해하거나 중단시키지 말고 끝난 다음에 이야기합시다."라고 정중하게 필자에게 말하는 것이었다. 그 담당자를 포함한 이들과의 대화는 30분 정도 뒤에 이루어졌다. 그러면서 CEO가 밝힌 사실은, 자신이 단체의 직원이었을 때 'VIP'들이 와서 자신이 무슨 일을 하고 있든 개의치 않고 일을 중단시키고 부르는 '무례한' 모습을 보고 이에 대해 고쳐야겠다는 생각이 들었다고 한다.

필자의 동양적인 사고방식으로는 좀 의아했지만 왜 그 단체가 그렇게 성공하게 되었는지 알 수 있었다. 리더의 인격이 단체의 문화에 영향을 미친 것이다. 단체장의 듣기 태도와 방식은 단체 내부의 듣기 문화에 직접적으로 영향을 미친다. 어떤 전문가는 "단체장의 경청 수준이 단체 전체의 경청 수준이다."라고 아예 단정 짓기도 한다.

단체장이 직원의 말을 수도승같이 상대의 마음을 이해하려는 태도로, 설계사처럼 전체적인 절차를 이해하며, 외교관처럼 남을 배려해서 협력을 얻어내는 것처럼 듣는다면 좋을 것이라는 생각을 하게 된다.

11. 자기소개

자기소개는 그의 마음을 들여다보는 창이다. 자신을 소개하는 내용을 찬찬히 들어보면 그의 마음이 어디에 있는지, 어디가 아픈지 알 수 있다. 그를 아는 데 큰 도움이 된다. 우선 이 부분은 전문 컨설턴트들이 쓰는 '필살기' 임을 고백한다. 언젠가 어떤 모임에서 필자 자신을 소개하는 장면이 비디오에 찍힌 것을 보게 되었다. 표정과 말하는 소리를 들으며 내가 무엇을 내세우고 싶고 무엇을 숨기고 싶은지를 느낄 수 있었다. 나의 열등감이 어디에 있고, 그것을 무엇으로 보충하려는지를 무의식중에 표현하는 것을 보고 놀라움을 금치 못했다.

자신을 잘 파악하면 남을 배려하는 데 도움이 되는 것은 자명한 일이다. 자기소개에는 자신이 마음에 무엇을 제일 우선으로 두는지 알 수 있고, 무엇을 이야기하고 싶지 않은지가 자연스레 드러난다. 예를 들어, 경청이 펀드레이저에게 얼마나 중요하고 그 원리는 어떻게 적용하는지 그들의 경청 방법을 소개하려고 한다. 스스로 하는 소개는 잠정기부자의 마음 깊은 곳을 살짝 보여주는 아주 흥미로운 순간이다. 그 순간을 놓치면 안 된다. 건성으로 듣는 것은 펀드레이저에게 금물이다.

보통 스스로 하는 소개는 짧게는 몇 마디로 끝나기도 하고, 몇 분에 걸쳐서 하기도 하며, 혹은 첫 대면에서 하는 대화가 자신을 소개하고 알리는 시간이기도 하다. 어떤 사람은 처음에 자신을 소개할 때 어느 대학 출신 몇 학번임을 먼저 이야기하는 사람이 있고, 직장을 이야기하는 사람도 있다. 어느 빌딩의 주인이라고 소개하는 사람도 있고, 자신의 재정 상황을 소개하는 사람도 있다. 또는 자신이 가장 자랑스럽게 생각하는 업적을 이야기하는 사람도 있다. 가만히 귀 기울여서 들어보면 그들의 마음이 어디에 가치를 두고 있는지, 그 가운데 숨기고 싶은 것이 무엇인지 알 수 있다.

예를 들어, 출신 학교를 먼저 밝히는 사람은 어릴 적부터 좋은 집안에 좋은 초·중·고를 나와 명문대학을 나온 사람보다는 힘들게 노력해서 명문대학을 나온 사람인 경우가 많다. 빌딩 주인이 무의식중에 자신의 부를 자랑할 경우에는 돈에 대한 그의 가치관을 엿볼 수 있다. 필자에게 알게 된 지 20년 된 대학교수 친구가 있다. 그가 다른 사람에게 자신을 소개하는 것을 들어보면 같은 경우도 있고 다른 경우도 있다. 같은 경우로는 어느 대학 교수로 재직하고 있는지를 밝히는 경우이다. 다른 경우는 자신의 아들에 대해 자랑할 것이 없을 때는 아들 이야기를 하지 않다가, 어느 순간부터 아들이 어느 고등학교를 나왔고 유명 대학에 다니고 있음을 자랑하는 경우이다.

상대가 자기를 소개하며 말한 것이 상대의 관심사이므로 그것이 서로간의 대화의 출발점이 되면 무난할 것이다. 이렇듯 자기소개는 비록 짧지만 말을 하는 자신의 속마음을 내보이는 순간이기도 하다. 그래서 경청을 잘하는 사람은 이런 세세한 상대의 느낌까지 알아채고 혹시 그가 밝히고 싶지 않은 부분이 있다면 피해갈 수 있는 감각도 있어야 한다.

만약 상대가 평범한 직장인이라면 구태여 어느 회사에서 근무하는지 묻지 않는 것이 좋다. 너무 궁금한 나머지 "혹시 어느 회사에 다니세요?"라고 묻기보다는, 그가 직장을 밝히고 싶지 않을지도 모른다는 생각으로 대화를 시작해야 한다. 필자가 한국에서 무척 당황한 것 중에 하나가 많은 사람들이 첫 만남에서 그런 질문을 한다는 점이다. 나중에 서로를 알게 되고 스스로 말하게 되면 알게 될 것이므로 서두르지 말고 배려의 마음을 가지고 상대를 대해야 한다. 그렇지 않으면 상대가 마음의 문을 닫을 수도 있다.

12. 로젠버그 박사의 경청 3요소

오래전 미국의 유명한 심리학자인 로젠버그 박사Dr. Marshall Rosenberg의 강의를 들은 적이 있다. 그는 강의에서 사람들의 관계가 이어지지 않는 첫째 이유를 '듣는 자가 잘못 들을 때'라고 말했다. 특히 세 가지 문제점을 지적했는데 그것은 듣기에 대한 중요한 가르침을 준다.

첫째, 상대의 입장에서 들어야 한다.

우리는 곤경에 처한 사람과 대화하면서도 내 입장에서 말하곤 한다. "당신의 말을 들으니 내 마음이 매우 슬프다."처럼 관찰자의 입장에서 말하는 것과, 상대의 입장에서 그의 고통과 슬픔을 함께 느끼며 이해하는 것은 하늘과 땅 차이다. "나도 얼마 전에 그런 일을 겪었습니다. 당신이 어떤 기분인지 알 것 같습니다."처럼 말이다. 다시 말해 자신의 느낌 위주가 아니고 상대의 마음속에 들어가 '내가 그 사람이라면 어떤 기분일까?' 하는 마음으로 들어야 한다.

둘째, 절대로 조언하지 않는다.

사람은 충고를 듣기 위해 자신의 문제를 말하는 것이 아니다. 필자는 직업상 늘 남에게 조언하는 것이 몸에 배어 있다. 한번은 40년 만에 만난 친구로부터 "여전하구만, 넌 어려서부터 늘 말투가 조언조였지."라는 낯뜨거운 말을 들은 적이 있다. 왜 아들들이 아버지와 대화하기를 꺼리는지 이해가 된다. 누가 "어제 자동차 사고를 당했어."라고 말하면 우리는 보통 "보험에 대해 잘 아는 사람알고 있어?" 등 사고 처리하는 방법에 대해 조언조로 말하지만, 이것은 좋은 듣기 방법이 아니다.

셋째, 듣기만 하라.

사람들은 상대의 이야기를 듣고 비슷한 주제의 경험담을 말하고 싶어한다. "그 사고는 아무것도 아니야. 내 이야기 좀 들어 봐. 나도 몇 달 전에……." 하며 열심히 자기 이야기를 하곤 한다. 그러나 상대방은 다른 사람의 경험담을 듣고 싶은 것이 아니라 자신의 말을 상대가 듣고 공감해 주기를 원한다. 맞장구를 열심히 쳐 주었다고 생각하지만 오히려 역효과만 날 뿐이다. 그저 "아! 그렇군요!" 하며 듣기만 하라.

로젠버그 박사가 지적한 세 가지는 필자의 문제점을 발견하는 중요한 계기가 되었다.

13. 진정한 경청은 기억해야 하는 것까지 포함한다

필자는 직업상 무의식중에도 경청하는 척한다. 하지만 중간에 상대가 지금까지 말한 것을 되돌아보며 나에게 질문을 했을 때 기억을 못해 당황한 적이 여러 번 있다. 상대가 내 말에 경청을 하는지 아닌지를 아는 방법은 여러 가지가 있다. 하지만 요즘은 경청의 중요성과 기술이 일반인에게까지 통용되어 마음먹고 경청하는 척하면 알아채기 힘들다. 듣는 것도 중요하지만 들은 내용도 기억해야 자신이 잘 듣고 있다는 것을 증명할 수 있다. 그러나 타인의 경청 여부를 기억으로만 판단해서는 안 된다. 사람마다 기억력이 다

사례

내 아내에게 BMW를 판 사람은 댈러스 딜러 중에 Kelly Hutto라는 베스트 세일즈맨이다. 그는 말을 잘하거나 설득력이 뛰어난 사람도 아니다. 적어도 $50,000~6,0000의 차를 팔려면 일반 푼돈의 물건을 파는 방법과 다를 것이다. 이에 대해 그는 그저 들어준 것뿐이라고 겸손하게 말한다. 한번은 아내랑 같이 가서 그의 대화법을 가만히 지켜봤는데, 다른 세일즈맨과는 차원이 달랐다. 차가 어떻고 저떻고 차에 대한 홍보를 하기보다 상대의 관심에 질문을 하면서 상대의 말에 귀를 기울였고, 그것을 재방문 때도 기억했다는 점이다. 차 홍보를 자제하는 모습은 참 인상적이었다. 예를 들면 이런 식이다. 내가 "BMW는 고장나면 수리비가 비싸다고 하는데 어떤가?"라고 물었더니 이렇게 답했다. "저 같은 사람은 능력이 안되어 이런 비싼 차는 못 사지요, 하지만 저의 고객은 돈보다 더 큰 것을 보는 안목을 가지신 분들이 대부분이어서 이 차를 선택하기에 단점이 장점이 되는 겁니다. 선생님 같은 수준의 분들은 일반인들과 생각이 다르지요. 저도 능력이 되면 이 차를 모는 것이 꿈입니다. 참, 선생님께서 이런 차를 사게 된 성공담을 듣고 싶습니다." 물론 필자는 그의 말이 립서비스라는 것을 알았지만, 최소한 아내는 그에게 넘어가서 계약서에 사인하고 말았다. '안목', '수준', '성공'이라는 말로써 마케팅을 하는 것도 중요하지만, 차 판매와 관계 없어 보이는 질문을 하면서 상대가 자신의 이야기를 더 하게끔 하고 경청하는 전략은 매우 놀라웠다.

사람들은 자신을 판매의 대상으로 보기보다는 자신의 이야기에 관심 있고 기억해 주는 사람에게 큰 가격의 물건을 구매하는 경향이 있다. 그래서 고가품의 세일즈맨은 말 잘하는 사람보다 잘 듣는 사람이 더 세일즈를 잘하는 것이다.

르고 필자처럼 아무리 잘 들어도 2~3일 지나면 잘 생각이 나지 않는 사람도 있다는 것을 기억하여야 한다.

이왕 경청을 하려면 그에게 보여주기 위해서가 아니라 내용을 기억해서 다음 대화에 인용해야 한다. 필자가 아는 미국의 어느 정치자금 모금가는 사람을 만날 때면 그 자리에서는 경청을 하고 나오면서 늘 수첩에 무엇인가 메모를 한다. 그에게 무엇을 적는가 물어보니 한번 보고 다시 만날 확률이 거의 없는 사람과의 대화는 기록해 둘 필요가 없지만, 다시 볼 수 있는 사람과의 대화는 자신의 기억에만 의존할 수 없어 대화 내용을 요약해서 적는다고 하였다. 그것을 일명 정치인 듣기politician listening라고 한다. 정치인은 수많은 사람과 손을 잡고 대화를 하는데, 모든 것을 다 기억할 수도 없고 그 자리에서 기록할 수도 없기에 자신이 다시 만나야 할 사람과 했던 말을 기억하기 위해 따로 메모를 하는 것이다. 그 방법이 확실히 상대에게 좋은 인상을 줄 것이기에, 기억을 증거로 보여주어야 한다는 이야기가 생각난다.

중요한 것은 아무리 메모를 하더라도 그것을 분류하여 보관하고 다음 만남에서 대화하기 전에 꺼내어 보고 대화에 활용하는 정성이 없이는 이런 방법도 소용이 없다는 것이다. 그 자리에서는 잘 듣고 상대의 기분을 좋게 했지만 그의 말을 기억하지 못한다면 상대방은 내가 듣는 척만 한 것으로 오해할 것이다. 이것은 심각한 결레이며 억울한 일이다. 그래서 경청 뒤에 그의 말을 기억하는 것은 필수이자 의무인 것이다.

듣기 훈련을 위한 연습 문제

연습 문제의 주 목적은 각 Chapter에서 얻은 내용을 통해 자신을 객관적으로 돌아보는 기회를 갖고 본문을 복습하는 데 있다. 문제의 답을 다른 사람과 나눌 수도 있고, 자신의 듣기 능력을 향상시킬 수 있는 파트너나 코치를 정해 아래 내용을 주제로 이야기해 보는 것도 좋다.

1. 자신의 학습 스타일이 무엇인지 생각해 보았는가?

2. 나는 같은 것만 찾는 사람Matcher인가 다른 것만 찾는 사람Mismatcher인가 테스트해 보라.

3. 나는 최소만족자Satisficer와 최적추구자Maximizer 중 어디에 속하는가?

4. 나는 자기주시 경향이 높은 사람High self Monitors과 자기주시 경향이 낮은 사람Low self Monitors 중 어디에 속하는가?

5. 나의 듣기 성향을 파악해 보자.

6. 나의 내적 공간, 필터, 역린이 무엇인가 생각해 보자.

7. 나 자신을 스스로 어떻게 소개하는지 한번 들어 보자. 그 안의 내 마음을 들여다볼 수 있다. 상대가 자신을 어떻게 소개하는지 경청하면서 내면 세계를 들여다볼 수 있다.

8. 경청 후 나의 기억력을 테스트해 보자. 스토리, 이름, 지명, 숫자 등 어떤 것을 기억하고 있는가를 보고 메모하는 습관을 훈련하자.

9. 만약 내가 아버지와 어머니로서 자식에게 경청에 대해 훈련시키고 싶다면 어떤 방법을 쓸 것이며 그 효과에 대해 생각해 보자.

Chapter 7

대화의 해부학

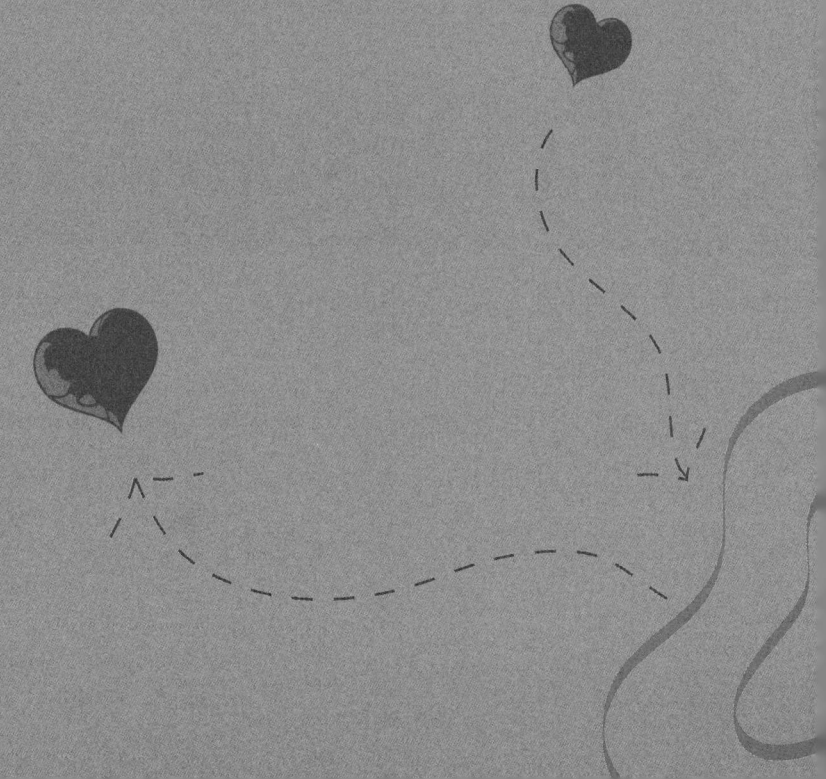

침 묵이 어떨 때에는 가장 좋은 대답이 되기도 한다. *Remember that silence is sometimes the best answer.* –Dalai Lama, 2001

1. 듣기의 해부학

단체 내 그룹의 사람들이 서로 대화를 할 때 총 연결 수number of links는 다음과 같은 수학적인 공식으로 표시할 수 있다.

$$\text{총 연결 수} = \frac{n(n-1)}{2} \qquad n = \text{총 사람의 수}$$

만약 두 사람이면 2(2−1)/2 = 1, 즉 두 사람의 커뮤니케이션 링크 숫자는 1이고, 만약 10명이면 10(10−1)/2 = 45링크가 된다. 즉, 10명이 45개의 각기 다른 회선으로 소통할 수 있는 것이다. 그만큼 복잡할 수 있으므로 가이드라인이 필요하다.

우선 개인적인 소통 방법은 직접 만나 눈을 마주치고 대화를 하든 전화로 하든 발신자Sender는 메시지를 보내는 사람이고, 수신자Receiver는 메시지를 받는 사람이며, 부호화/암호화Encode는 메시지를 생각의 프로세스로 전환하는 작업이다. 결국 메시지는 부호화Encoding 프로세스의 결과이다. 해석/해독Decoding은 받은 메시지를 생각으로 풀어내는 작업이다. 매체Medium는 메시지를 전달하는 매개체를 말하고 피드백 메시지Feedback message는 받는 사람에 의해 보내는 부호화Encoding한 프로세스의 결과인 것이다. 다음과 같이 그림으로 표시할 수 있다.

그림 11. 의사소통 사이클

어느 진화론자의 말 중에 지금까지 지구상에는 3가지의 기적이 일어났는데, 첫째는 아무것도 없었던 지구에 생명체가 생겨났다는 것이고, 둘째는 생명체가 진화하여 인간이 된 것이며, 셋째는 인간은 다른 동물과 달리 환경의 방해와 유혹을 이기면서 상대가 보낸 메시지의 복합적인 의미를 분석한다는 것이다. 비록 잘못 이해되기도 하지만, 듣고 이해하고 행동으로 옮기는 과정이 반복되어 일어난다. 이것이 기적이라고 말하고 있다.

대화에는 4D가 있다

대화의 종류에는 4가지가 있는데, 각기 듣는 방법과 전략이 다르다. 듣는 사람은 그 대화를 하기 전에 대화의 종류를 파악하고 그것에 합당한 듣기를 미리 준비하는 것이 매우 중요하다. 또한 대화 중에도 스스로 모니터링하거나 제3자가 도와주는 것도 도움이 된다.

첫째, 논쟁dispute이다. 논쟁은 가끔 승리자와 패배자를 만드는 게임으로서 논리와 수사학에 의존하기도 하지만 힘의 논리와 역학에 따라 따라 승자가 정해지기도 한다. 가만히 논쟁을 들여다보면 듣기의 첫 단계인 자기중심적이다. 상대의 말은 들리지 않고 들으려고도 하지 않는다. 자신의 관념이나 가치만 일방적으로 전할 뿐이다. 싸움에 지치거나 도전을 하지 못하고 포기하는 사람이 지는 것이다. 가끔 게임에서 감정이 지나쳐 논쟁의 주제를 벗어나 인신공격까지 감행하므로 부정적인 결과를 가져와 갈등을 낳고 관계의 종말을 맺기도 한다. 그래서 전문 중간조정자mediator가 나서서 화해를 시도한다.

둘째, 토론debate이다. 논리와 수사학에 능해야 하고, 가끔 심판관이나 청취자가 있어 승리자를 결정하기도 한다. 상대의 말을 비평적인Analytic 시각으로 듣고 방어할 준비와 상대의 약점을 공격하기 위해 메모도 철저히 한다. 리더십을 키우는 훈련 툴로서 쓰이기도 하고, 리더가 어떤 결정을 하기 전에 서로 다른 의견을 토론함으로 결정에 참조하기도 한다. 중간조정자Moderator가 반드시 필요하며, 격식과 룰을 조율한다. 인신공격은 절대 금기로 되어 있다.

셋째, 논의discuss이다. 자신의 주장도 이야기하고 상대의 이야기도 들어야 한다. 어떤 의견을 종합하거나 문제 해결을 위해 상대의 말을 경청함이 필요하다. 'discuss'의 어원을 살펴보면 dis(apart, 조각조각)+cuss(to strike, 치다), 즉 '조각내서 던진다'라는 의미가 있다. 이처럼 조각을 내었다면 퍼즐을 맞추듯 의견을 종합하는 후속조치가 필요한데, 이를 위해서는 상대의 생각을 존중할 줄 알아야 하고 어떤 공통 분모를 찾는 능력이 요구된다. 만약 나중에 행동이 요구된다면 관계자가 처음 단계부터 참여한 것이 아니라면 사실 합의를 얻어 내기가 어렵다. 가끔 전문 조종자facilitator가 중간 역할을 한다.

넷째, 대화Dialogue이다. 게임도 아니고 어떤 목적도 없다. 중간에 아무도 필요치 않다. 공감적empathic 경청이 절실히 필요하며, 모금 전문가에게 가장 필요한 능력이다. 한국인에게 가장 도전적인 소통의 방법이기도 하다. 청소년기부터 습관이 되지 않으면 논의discuss로 혼동하게 되고, 잘못되면 논쟁dispute으로 번질 여지가 많다.

2. 대화의 해부학

경청을 이해하기 위해서는 '대화란 무엇인가? 그리고 어떻게 구성되어 있나?' 등의 원론적인 부분을 먼저 이해하면 도움이 된다.

대화dialogue와 토의discussion는 영어에서도 근본 의미부터 다르다. dialogue의 어원은 그리스어로 'dia', 즉 '통로로 지나간다'는 말과 'logos', '의미' 혹은 '뜻'이라는 말이 결합된 것이다. 즉, 추상적인 개념을 사람들 사이의 의사소통을 통해서 물이 흘러가듯 이 전달한다는 뜻이다. discussion 역시 어원이 그리스어 'discus', 즉 '쪼개진 조각을 던진다'는 뜻으로, 의견을 주고 받으며 상대가 옳은가 내가 옳은가를 설득하는 과정을 말한다. 대화가 단지 배우기 위해 상대와 공통된 의미를 풀어헤침으로 주제의 과정을 조사하고 새로이 발견해 가는 과정인 반면에, 토의는 서로를 설득하거나 한 주제에 대해 동의를 구하는 과정이기에 갈등이 생길 수 있다. 우리가 말하는 경청은 대화의 일부로 이해해야 한다. 한국인은 대화를 잘하는 법을 배운 적이 많지 않은데, 대화를 해야 할 장소에서 토의를 하거나 상대의 말을 듣지 않고 자신의 주장만 하는 것은 이 때문이다.

진정한 대화에서 경청은 다음 4가지를 먼저 생각해 보아야 한다.

판단과 판결을 나중으로 미룬다.
나중으로 미룰 때에 진정으로 나의 문을 열게 되고, 서로 다름을 인정하게 된다. 그럼으로써 다른 사람을 이해하기가 좀 더 쉬워진다.

서로 다름을 인정하고 존중한다.
만약 서로 다름을 인정할 수 없다면 남의 말이 들릴 리 없다. 그들도 나름대로 그렇게 믿는 이유가 있고, 그 다름 속에서 나의 진정한 의미를 되살릴 수 있다는 태도로 임해야 한다. 그래서 경청의 교육은 서로 다름을 인정하고 존중하는 훈련이다.

대화에서 역할과 위치를 정해야 한다.

대화에서는 서로의 역할에 관계없이 동등한 입장이고, 더 중요하거나 덜 중요한 입장으로 나뉘는 것이 아니기에 지위 고하를 막론하고 서로 공평한 상태로 진행해야 한다.

질문과 공개적인 지지의 균형을 맞추어야 한다.

상대를 이해하기 위해 적절한 질문을 해야 하며, 동시에 자신의 생각에 대한 지지를 구해야 한다. 이러한 태도가 관계를 좀 더 가까워지게 하며, 불투명했던 오해에서 해방시키고 대화를 통해 새로운 통찰력을 갖도록 한다.

3. 대화의 5가지 단계

상대방과 좀 더 많은 대화를 나누려면 상대방의 이야기를 이끌어 내려는 노력과 훈련이 필요하다. 대화를 할 때 자신의 상황이나 직업, 고민 등 사적인 이야기를 하는 것이 서로 간의 벽을 허무는

데 도움이 된다. 그러나 그 벽을 허물지 못하면 뉴스나 드라마 이야기 등 겉도는 수준의 대화를 넘어서지 못할 것이다. 먼저 마음 열기를 주저한다면 대화의 장벽을 넘기 힘들다.

사람이 만남을 갖는 목적은 무엇일까? "별 생각 없이 그냥 만난다."고 말하는 사람도 있겠지만, 대부분의 사람들은 마음의 위로를 얻고 싶어서, 수다로 스트레스를 풀기 위해 등 많은 만남의 목적을 가지고 있을 것이다. 사람은 누구나 필요에 의해서 사람을 만나게 된다.

필자를 훈련시켰던 멘토가 "대화의 5단계를 마스터하는 사람은 멋진 펀드레이저가 될 수 있다."고 말했던 것이 생각난다. 펀드레이저가 커뮤니케이션에 능하다는 것은 대화를 잘 이끌어 나간다는 의미로 해석되곤 한다. 모든 대화의 궁극적인 목표는 친밀감을 느끼고 좋은 관계로 이어지는 것이다. 하지만 대화하는 시간이 길다고 해서 대화의 목적에 도달하는 것은 아니다. 노력이 절실히 필요하다. 사람을 만났을 때 어떤 이야기부터 시작할까? 초면에 어떤 말을 하는 것이 좋은가? 특히 한국 사람들은 초면에 먼저 말을 걸지 않는데, 누가 소개를 해 주거나 성격이 외향적이지 않으면 먼저 말을 걸지 않는다. 하지만 모든 만남이 소개에만 의존할 수는 없다. 그래서 비영리단체의 모금전문가는 그야말로 '넉살'이 좋아야 된다는 것에 대부분 동의한다. 특히 기부를 요청하는 사람은 5가지 단계에 따라 대화할 때 좋은 결과를 가져올 수 있다.

마음 열기 ice break 단계

한국인에게 가장 힘든 단계이다. 그러나 한번 이 과정을 겪고 나면 대화가 한결 쉬워진다. 이 과정이 어려운 이유는, 먼저 말을 꺼냈다가 혹시 대화가 매끄럽지 못하면 결례가 되거나 자신의 뜻이 잘 전달되지 않아 오해를 살 수도 있고 그런 과정에서 자존심이 상할 수도 있기 때문이다. 초면에 인사를 나눌 때 누구나 "안녕하세요?", "반갑습니다."라고 먼저 인사하면 간단하다. 아니면 "오늘 날씨가 좋네요.", "요즘 경제가 많이 어렵다고 하는데 빨리 나아졌으면 좋겠네요." 같이 자연스럽게 첫마디를 건넬 수 있어야 한다. 미국에서는 사립학교 출신 아이들이 공립학교 출신 아이들보다 좀 더 스스럼없이 가벼운 대화를 할 수 있고 서먹서먹한 관계를 풀 수 있는 능력이 뛰어나다고 보는 의견이 지배적이다.

얼마 전 친구와 아침운동을 함께 했다. 그 친구는 10여 년 동안 조깅을 하며 거의 매일 만났지만 한 번도 대화를 나눈 적이 없는 사람이었다. 필자가 그에게 처음으로 건넨 말은 "이 기구는 어떻게 사용하는 것인가요?"라는 질문이었다. 결국 그의 말문이 열렸고, 서로 대화 상대가 되었다. 잡담 small talk 은 그야말로 아무런 의미 없이 던지는 말이다. "혹시 질문해도 좋습니까?", "저, 말씀 좀 묻겠는데요……" 하는 것은 오히려 대화를 어색하게 할 수도 있고 대화의 균형을 깨는 데 별 도움이 되지 않는다.

사실만을 이야기하는 단계

날씨 정보, 일반 통계 수치, 방금 들은 뉴스, 자신의 정보 중에 오늘 해야 할 일 등의 사실적인 이야기를 하는 단계이다.

의견을 이야기하는 단계

자신의 생각을 이야기하고 자신의 목표, 꿈, 기대치를 이야기한다. 보통 이때에 서로 사물을 보는 견해가 다르기 때문에 '갈등의 벽'이 생길 수도 있다.

안정감을 느끼는 단계

이 단계는 깊은 대화를 통해 그 '갈등의 벽'을 넘어서서 서로가 깊이 내재하고 있는 느낌을 공유하는 단계이다.

자신의 필요를 나누는 단계

이 단계는 대화의 가장 깊은 단계로서, 서로 이런 단계를 가지지 못하면 대화는 계속 겉돌고, 볼 때마다 초면의 대화 단계에 머물고 만다.

그러나 모든 대화가 이런 단계를 밟는 것은 아니다. 어떤 때에는 하루 몇 시간의 대화가 5단계를 다 지나는 경우도 있고, 몇 년에 걸쳐 대화하지만 초기 단계에 머무는 경우도 있다. 무엇이 정상이고 무엇이 비정상이라고 할 수는 없지만, 순서를 무시하고 너무 빨리 진행하면 나중에 문제가 생기기도 한다.

펀드레이저는 상대방과의 만남이 무척 중요하다. 왜냐하면 상대방에게 요청asking을 해야 하는 입장이기 때문이다. 요청을 할 때 상대방의 기분, 상황, 지금 무슨 생각을 하는지 등을 잘 알아야 한다. 상대방의 마음을 잘 모르고 있다면 그 대화는 서로의 마음의 장벽 앞에서 다시금 새롭게 시작해야 한다.

마음을 열고 대화를 시작하고, 나의 마음속에 있는 이야기들을 꺼내기 시작하여 서로의 공감대가 형성된다면 상대방도 마음을 열고 대화에 참여할 것이다. 이때 비로소 요청할 수 있는 준비가 된다.

4. 새로운 스토리가 필요하다

보통 사람들은 대화를 할 때 이미 자신이 할 말의 시나리오를 정하고 상대가 말을 하는 중간중간에 자신의 이야기를 끼워 넣는 형태로 이야기한다. 본질적으로 대화는 나의 시나리오와 상대의 시나리오가 서로 융합하여 새로운 시나리오가 탄생해야 한다. 하지만 서로 상대의 주제에는 관심이 없고 자기 말만 하다가 마치 미리 정리된 듯한 의도와 감정을 내놓는, 끝내는 허무함만 남는 대화를 누구든지 경험을 했을 것이다. 유치원에 다니는 아이들의 대화를 가만히 엿들어 보자.

아이1 : 나 엄마랑 어제 영화 구경 갔다. 근데 무지 재미있더라.
아이2 : 난 어제 아빠가 게임기 사다 주셨는데 굉장히 재미있더라.
아이1 : 영화 보고 나서 맛있는 거 사먹었다.
아이2 : 근데 그 게임기 무지 비싼 건데 어렵게 구한 거래.
아이1 : 그리고 집에 늦게 돌아오자마자 잤어.
아이2 : 그 게임기를 갖고 놀다가 나도 잤어.

그리고 20대 청춘 남녀의 얘기도 살짝 엿들어 보자.

여자 : 어머, 눈이 오네. 난 첫눈이 좋더라.
남자 : 난 눈만 보면 지겨워. 군대에서 눈만 치우다가 왔어.
여자 : 첫눈이 오면 어렸을 때 생각이 나. 눈 위를 걸을 때 나는 소리가 좋거든.
남자 : 그때 같이 눈 치우던 김병장 요즘 뭐하고 사나?
여자 : 눈은 역시 좋아하는 사람이랑 걸을 때 좋겠지?
남자 : 그 김병장 나중에 알고 보니까 내 초등학교 동창이었더라고…….

다음은 노인정의 두 할머니가 대화하는 것인데 엿들어 보면 앞의 두 경우와 별 차이가 없어 보인다.

할머니1 : 어제 외손자가 와서 10만 원 주고 갔어.

할머니2 : 요즘 물가가 너무 올라서 10만 원으로 살 수 있는 게 없어.

할머니1 : 근데 그 외손자가 이번에 회사에서 승진을 했대.

할머니2 : 일찍 승진하면 명퇴(명예퇴직)가 빨라져. 벌어 놓은 게 없으면 문제야.

할머니1 : 그리고 그 애는 다음 추석 때도 온다고 약속했어. 애가 참 자상해.

할머니2 : 이번 추석에는 재래시장도 경기가 안 좋아 손님이 뜸하던데…….

우린 결국 자신의 세계에 갇혀 다른 사람과 대화하면서도 새로운 스토리를 만들어 내지 못하고 만다. 우리는 만나서 대화의 목적인 정보information를 얻는다기보다 단순히 자신의 이야기를 발표하는 수준에서 끝나게 된다.

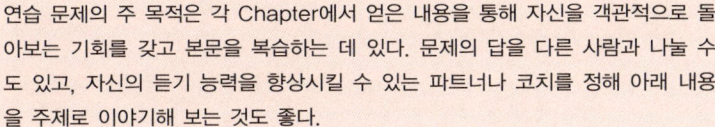
듣기 훈련을 위한 연습 문제

연습 문제의 주 목적은 각 Chapter에서 얻은 내용을 통해 자신을 객관적으로 돌아보는 기회를 갖고 본문을 복습하는 데 있다. 문제의 답을 다른 사람과 나눌 수도 있고, 자신의 듣기 능력을 향상시킬 수 있는 파트너나 코치를 정해 아래 내용을 주제로 이야기해 보는 것도 좋다.

1. 나와 가족 간의 대화를 녹취해서 글로 다시 쓴 후 서로 역할을 바꾸어 대화해 보자.

2. 자신이 어떤 사람들의 갈등의 중간조정자 역할을 해야 한다면, 그들의 대화를 녹음해서 서로 역할을 바꾸어 보면 상대를 이해하는 데 도움이 된다.

3. 나는 대화의 5단계 중에 어느 단계가 가장 힘들고 훈련이 필요한가?

4. 둘이서 대화를 할 때 평균적으로 어떤 비율로 하는지 자신을 모니터링해 보자.

Chapter 8

경청의 새로운 패러다임

친구로서 서로 눈을 보지 않으면 서로를 들을 수 없다. *As friends, we don't see eye to eye, but then we don't hear ear to ear either.* –Buster Keaton

1. 경청의 새로운 패러다임: 주연과 조연

"그 사람 참 말 잘한다."와 "그 사람 언어소통 능력이 뛰어나다."는 말은 의미하는 바가 매우 다르다. 이를테면 잘 짜여진 영화가 무엇이냐고 묻는다면, 먼저 대본_{스크립트}에 나오는 주연과 조연이 대사를 통해 각자의 역할을 제대로 해서 탄탄한 스토리를 생산해 낼 때라고 말할 수 있겠다. 경청이 하는 역할은 무조건 잘 듣는 것이 아니다. 말해야 할 때 말하고 들어야 할 때는 듣는 것이다. 그것을 잘하는 사람을 우리는 언어소통 능력이 뛰어난 사람이라고 한다.

모금 업무와 관련해서 필자의 멘토는 주위에서 의사소통 기량이 매우 우수한 사람으로 평이 나 있었다. 사실이 어떻기에 그런 소문이 났나 궁금해서 후에 필자가 그분에 대해 관심 있게 관찰해 본 적이 있는데, 대체로 어떤 장소에 가서는 주로 듣고, 어떤 장소에 가서는 주로 말을 하는 것이었다. 상황에 따라 말하기와 듣기의 비중을 달리 했다. 무조건 잘 듣기만 하는 것이 아니었다. 그래서 하루는 그분에게 커뮤니케이션의 비율, 그것을 정하는 기준이 있는가 물어보았다. 그녀가 들려 주는 바로는 주연과 조연의 관계와 비슷하다고 했다. 기본적으로는 대화의 절반을 말하기에 사용하지만, 상대가 듣기를 원하는 자리에서는 자신이 60~75%까지 말하고, 상대가 말을 하고 싶어 하거나 말이 많은 사람에게는 25~40% 정도만 말하는 것이 적당하다고 한다. 하지만 놀라운 것은 무조건 상대가

80~90% 정도 말하도록 놓아 두지는 않는다는 것이다. 적당한 질문을 하기도 하고 상대가 눈치 못 채게 주제를 바꾸기도 하고 가끔 대화의 흐름을 끊는 것도 자연스럽게 한다는 것이다. 또 재미있는 것은 대화 중에는 메모하지 않고 반드시 나와서 메모를 한다는 것인데, 그 이유는 메모에 너무 집중하게 되면 상대의 신체언어를 제대로 읽지 못하기 때문에 되도록 하지 않는다고 말해 주었다.

미국의 어느 유명한 토크쇼 사회자는 "토크를 잘한다는 것은 그냥 객관적으로 볼 때 경청만 잘하면 된다고 알고 있지만, 사실은 자신의 역할에 충실히 했기 때문이다."라고 말했다. 자신의 역할이 주연인지 조연인지도 모르고 듣고 말하게 되면, 누군가는 기분이 상하고 그 대화는 엉뚱한 방향으로 가게 된다. 중요한 것은 어떤 세트에서 어떤 플롯plot, 줄거리을 갖고 자신이 어떤 캐릭터인가를 정확히 알고 대화하는 것이다. 이것이 경청이다.

하지만 문제는 나의 역할이 확실치 않거나 그 역할이 수시로 바뀐다는 것이다. 자신의 역할이 이야기를 해야 하는 자리인데 경청을 하겠다고 한다면, 그것은 경청을 잘못 이해하는 것이다. 마치 어린아이가 어머니를 대할 때 컨설턴트나 코치처럼 행동하는 것과 같다. 하지만 현장은 아이와 어머니의 역할처럼 그리 확실하지 않은 것이 문제이다. 경청 훈련을 하기 전에 선행되어야 할 키 포인트는 자신의 역할을 정확히 파악하는 것이다. 파악이 된 후에 역할 분담을 통해 자신에게 맡겨진 부분을 제대로 실행할 수 있는지, 전체적

플롯미션과 가치과 어떤 차이가 있는지 자신의 차이 분석gap analysis을 통해 자세히 연구하고 적용할 필요가 있다.

특히 여러 사람이 대화할 때는 주연과 조연의 구분이 정확히 되어야 한다. 만약 자기 자신이 조연이라고 생각되면 다른 사람들이 이야기할 때 잘 경청해야 하며, 짧은 추임새, 반응 등을 넣어 주면 된다. 특히 자기 쪽 주연의 말에 긍정적 반응을 보여야 한다. 그리고 하고 싶은 말이 있다 하더라도 자제하고 가능하면 짧은 말을 해야 한다. 장황한 설명이나 자신의 경험담처럼 긴 말을 하게 된다면 같이 온 자기 쪽의 주연이 분명히 부담을 가질 것이며 싫어하게 될 것이다.

아메리칸 인디언의 전설 – 스토리텔러Story teller와 토킹 스틱talking stick

요즘 한국에서는 다양한 분야에 스토리텔링을 접목하려는 시도가 활발하다. 그래서 스토리텔링 그 자체가 이벤트의 새로운 장르로 대두되기도 한다. 이미 미국과 유럽에서는 스토리텔링이 콘서트 형식으로 자리 잡아 'story telling concert' 혹은 'festival'이 지역별로 정기적으로 열리기도 하고 협회도 생겨 활발하게 활동하고 있다. 스토리텔링의 세계에는 말하는 사람, 듣는 사람, 그리고 나머지 세상 사람이 있다. 스토리텔링 콘서트를 준비할 때, 말할 사람을 훈련하고 개발하는 것도 중요하지만 더 중요한 것은 듣는 사람을 만드는 것이다. 특히 자신과 직접적인 관련이 없는 이야기를 더구나 유명인이 아닌 평범한 사람이 하는 것을 장시간 듣는 것은 쉬운 일이 아니다. 인내를 갖고 들을 수 있는 습관이 되어 있지 않은 사람은 힘들다.

'토킹스틱' 과 '응답 깃털' 은 인디언 부족이 회의를 할 때 쓰는 도구이다. 남부의 인디언 부족은 주로 깃털을 사용하는데, 어떤 부족은 막대기와 깃털을 같이 사용한다. 회의에 참석한 회원들은 토킹스틱(얘기하는 막대기)을 들고 있는 동안 이야기를 할 수 있고, 이야기가 끝나면 토킹스틱은 다음 사람에게 전달된다. 말하는 사람은 다른 회원에게 질문을 하지 않는 한 응답 깃털을 갖고 대답을 할 수 있다. 또한 문제에 대한 답변을 요청했을 때 응답 깃털이 말하려는 사람에게 전달된다. 모든 회원은 자신의 차례를 기다려야 하며, 그들은 불필요한 정보를 반복하거나 관련 없는 질문을 해서는 안 되고 그가 하는 이야기를 귀담아 들어야 한다. 인디언은 자녀가 3세가 되면 이런 듣기를 가르친다. 그들은 다른 사람의 의견을 존중하는 법을 이런 도구의 의미와 전통을 이용해 가르친다. 이것은 다른 사람의 말에 무조건 동의하라는 말이 아니라 자신의 의견과 다를 지라도 상대의 의견은 늘 존중되어야 한다는 의미이다.

예를 들어, 부족 회의를 준비하는 사람은 반드시 토킹스틱을 준비해야 하는 의무가 있다. 토킹스틱은 아이들의 듣기교육에 쓰이기도 하고 부족 회의 때나 어떤 분쟁을 해결할 때, 인디언 가족 축제Pow-wow, 스토리텔링 모임, 혹은 한 사람 이상 이야기하는 기념 의식에 사용되기도 한다.

토킹스틱에 사용되는 여러 가지 재료마다 서로 다른 신성한 의미가 있다. 그래서 막대기 소유자의 개인적인 필요나 목적을 위해 각각의 토킹스틱이 다를 수 있다.

현대의 토킹스틱은 간단한 나무 막대기나 다른 모양으로 변형되어 사용되고 있다. 하지만 그 정신은 그대로 남아 스토리텔링에 사용되고 있는 것이다. 예를 들어, 스티븐 코비도 강연 때 가끔 토킹스틱을 들고 나와 자녀들의 경청 교육 때 쓰면 좋다고 조언하기도 한다. 아이들을 위한 경청 훈련 때 쓰이기도 하며, 외국인 영어 교육 때 ESL 강사들이 사용하기도 한다. 한국에는 아직 이런 전통이 없지만 경청을 위한 상징적인 도구가 필요하다.

스토리텔링과 경청의 필요성

스토리텔링 콘서트STC를 준비하는 데는 말을 잘하는 사람만 필요한 것이 아니라 잘 듣는 사람도 필요하다. 좀 더 정확히 표현하자면 열정을 갖고 듣길 원하는 두터운 층을 만드는 것이 더 중요하다. 진정한 의미의 스토리텔링 콘서트는 듣는 이가 즐겁게 들어야 한다. 소비자 입장에서는 아무리 공익의 목적이 있다 하더라고 물건의 질이 떨어지면 한 번은 사지만 다음에는 등을 돌린다. 그래서 단골손님이 안 되면 그 물건은 사장되고 만다. 그러므로 장기적인 전략이 없으면 성공을 기대하기 힘들다.

지금까지 한국의 정서에서 남의 이야기를 듣는다는 것은 학교에서 학생들을 모아놓고 반 강제로 이야기를 듣게 하거나, 회사에서 직원 교육을 할 때 등 선택의 여지가 없는 사람에게 강요하는 형태의 듣기가 많았다. 그래서 돈을 내고 남의 이야기를 듣는 것은 어색한 일이다. 또한 우리는 TV에서 가공되고 편집된 이야기에 중독되어 살아왔기에 웬만한 이야기에는 금방 싫증을 느낀다. 듣기 싫으면 자신의 의지대로 채널을 돌리는 것이 몸에 배어 그러지 못하는 환경에서는 무척 고역스러워 할 것이다.

그러므로 경청이 가능한 청중을 확보하고 얼리 어댑터early adapter, 조기사용자들이 관심을 갖게 하며, 꾸준한 홍보를 통해 성공 케이스를 만든다면 대다수 수용자early majority + late majority에 도달하게 될 것이다. 동시에 서서히 경청의 중요성을 훈련하고 국민운동으로 이어진다면 자연히 스토리텔링 콘서트는 경청 테스트의 장이 되고 훈련장이 될 것이다. 결국은 스토리텔링 콘서트가 경청을 돕는 부가가치를 창조하게 될 것이다.

수다쟁이가 스토리텔러로

하버드 법대 여성 종신교수인 석지영 교수는 인터뷰에서 자신의 어린 시절을 회상하면서 자신을 "전설의 수다쟁이"라고 밝혔는데, 옛날 이야기나 어제 이야기를 쉬지 않고 이야기했다고 했다. 사실 역사상 위인 중에 수다쟁이가 많고, 성공한 CEO 중에도 수다쟁이들이 많다. 한국의 어느 유명 여배우는 말하기를 너무 좋아해서 말을 들어주는 매니저를 고용했다는 말도 들었다. 미국에서는 수다쟁이talkative에 대해 관대하고, 오히려 수다를 개발시키기도 한다. 하지만 한국에서는 말없이 진중하고 남의 말을 주로 듣는 사람을 우대하므로 수다쟁이를 좋아하지 않는 편이다. 왜냐하면 경청과 수다쟁이를 상극으로 보는 오해가 지배적이기 때문이다. 하지만 이 세상에 남의 말을 듣기만 하는 사람만 있다면 무척 재미없을 것이다. 그래서 수다쟁이는 스토리텔링 콘서트에서 건전한 공연자로 변신할 수 있다.

　수다쟁이는 타고난 성격이기 때문에 그에게 침묵하도록 하는 것은 오히려 고문이고 속병을 키우는 격이 된다. 수다스러운 성격을 고치기보다는 오히려 건설적인 장을 만들어 주는 것이 좋다. 모금가들 중에도 수다쟁이들이 많다. 필자도 남에게 뒤지지 않는 수다쟁이이다. 고쳐 보려고 해 보지만 쉽지 않다. 수다쟁이라고 아무 데서나 말을 하는 것은 아니다. 상대를 보고 분위기를 봐서 들어 줄 것 같은 사람을 만나면 물 만난 고기가 되는 것이다. 잠정기부자가 수다쟁이인 경우는 끝까지 들어 주라고 가르치고 있다. 수다쟁이는 자신보다 더 고수인 사람에게는 조용히 듣는 편이다.

스토리텔링 콘서트와 모금

현재 미국에서는 모금을 위한 스토리텔링 콘서트가 많이 보급되고 있다. 전에는 스토리텔링이 기부자나 수혜자의 감동적인 이야기를 기금 요청 제안서나 소식지, 단체 홍보물에 실을 때 활용되었다. 또한 가끔 이벤트에 모금의 수혜자나 기부자가 나와 교훈을 주는 이야기를 함으로써 기부를 촉진시키는 역할을 했다. 지금은 기부와 관계 없는 다양한 주제의 이야기로 기부자들의 고마움에 보답하기도 하고, 더 나아가 창조적이고 예술적인 스토리텔링 콘서트 형식의 모금 이벤트로 발전해 가고 있다.

필자도 여러 번 관람료_{평균 20~30불}를 내야 하는 스토리텔링 콘서트에 참여해 보았는데 다른 이벤트와 달리 무척 재미있고 반응도 좋았다. 전혀 예상할 수 없는 한 사람의 이야기를 5~10분 정도 듣게 되면 이야기 속에 점점 빨려 들어가고, 나도 모르게 스토리텔러와 한 몸이 된다. 스토리텔러가 경험했던 이야기나 어머니에게 들은 이야기, 전설, 책에서 감명 깊게 읽은 이야기 등 자신이 재해석한 이야기가 새롭게 각색되어 그의 음성으로 다시 태어난다. 청중은 교훈적이거나 심리 상담적인 치료효과를 넘어 마치 한 편의 영화를 보는 것 이상의 재미를 느낀다. 보통 5명 정도가 순서에 따라 이야기하지만, 한두 명이 진행하는 경우도 있다. 반드시 전문 스토리텔러일 필요는 없고, 오히려 진솔하고 꾸밈이 없는 아마추어의 이야기에 사람들은 더 흠뻑 젖기도 한다. 중간 중간에 음향 효과를 사용하거나 무대에 사진이나 소품prop을 쓰면 흥미를 더해 주기도 한다.

한국의 비영리 단체들도 화려한 쇼나 디너파티 대신 감동적이고 재미있는 이야기를 원하는 이들을 초청하여 잔잔한 감동과 재미를 더해 주는 스토리텔링 콘서트를 연다면 우리 문화 코드나 국민 정서에 잘 접목될 것이다. 한국인은 이미 오래전부터 전통문화라는 그릇에 구전동화라는 차를 마시면서 자라왔다. 하지만 요즘 와서 비디오나 과도한 소셜미디어의 사용으로 듣고 상상하고 창작하는 기회나 능력이 퇴보하고 있는 실정이다. 재미있는 현상은 한국 사회에 스토리의 영향력이 모금 분야뿐만 아니라 TV 프로그램에도 미치고 있다는 것이다. 연예인들의 소소한 이야기가 높은 시청률을 올리고 시청자들의 마음을 빼앗고 있다. 우리 주위에는 재능 있는 이야기꾼들이 많다. 그들도 일종의 예능인이지만 그들의 재능을 발전시킬 무대와 기회가 없었을 뿐이다. 지금까지는 음악이나 댄스, 연극, 문학, 영화 등 여러 예술 분야에서 수년간 훈련을 받은 예능인들에게 기회가 주어졌지만, 지금은 남다른 사연을 갖고 있는 평범한 사람도 자신만의 이야기를 가지고 무대에 서서 이야기할 기회가 주어진다.

미국은 이미 스토리텔링 연구소, 학회, 대학 학과도 생겨 여러 분야에서 영향을 미치고 있다. 곧 한국에서도 유명 연예인의 가십거리가 아닌 평범한 사람의 이야기를 들어 주고 박수 치며 즐길 수 있는 문화가 생겨날 것이다. 스토리텔링 콘서트가 여러 분야로 발전되어 하나의 공연 장르 산업으로 자리 잡게 될 날이 머지않다.

2. 좋은 듣기를 위한 행동의 변화

자신의 듣기 패턴을 이해했다 하더라도 행동의 변화는 또 다른 차원의 이야기이다. 행동의 변화는 그 필요성을 느끼고 변화하기로 결심했다고 다 끝나는 것이 아니다. 사실 한 단체의 듣기 성향은 그 단체 CEO의 듣기 성향을 닮게 마련이다. 개인의 성향에는 한계가 있으므로 긍정적인 부분과 부정적인 부분이 공존한다. 예를 들어, 한 단체의 CEO가 자기 말만 하고 상대의 말을 경청하지 못하면 단체 구성원도 전반적으로 일방적인 소통 습관을 가질 확률이 높다. 단체 구성원들의 의견을 들을 수 있는 대화 창구를 먼저 만들어 놓고 경청 문화를 독려한다면 단체 내, 외적으로 관계 개선에 도움이 될 것이다.

단체의 변화 공식은 다음과 같이 표시할 수 있다

$$변화_{change} = 동기_{motivation} \times 비전_{vision} \times 과정_{process}$$

동기 motivation

단체든 개인이든 변화의 필요를 느끼는가? 긴박성이 있는가? 위로부터 전적으로 지원을 받는가?

비전 vision

변화를 위한 비전이 구체적인가? 단체가 나아갈 비전에 대해서 자주 여러 통로로 소통을 해 왔는가? 비전을 이루기 위해 어떤 전략을 갖고 있는가?

과정 process

원하는 변화를 위하여 프로세스 책임자 stakeholder가 포함된 과정이 있는가? 리더들이 지원하는가? 있어야 할 필수 인원이 팀 안에 있는가? 변화에 방해가 되는 구조적인 장애물을 제거했는가?

이와 같은 동기, 비전, 과정이 있는데, 여기서 동기 motivation가 0이면 변화가 일어나지 않고 비전이 0이거나 프로세스가 0이어도 변화가 일어나지 않는다.

위의 변화의 공식을 이용해 단체 내부의 듣기 경청의 요소를 평가해 보자. 듣기가 단체의 행동 변화에 중대한 요소라고 생각하는가 아닌가가 본질적인 문제로 인식될 것이다. 현재 미국에서는 개인 듣기listening 코치뿐 아니라 단체 교육 프로그램에도 반드시 듣기 훈련과 코칭이 포함되어 있다.

3. 서로 다른 문화cross culture에서의 경청

1) 맥락적인 듣기Contextual listening의 문제

처음에 미국에 간 사람들은 느낄 것이다. 영어가 모국어가 아닌 사람들은 미국인들과의 대화 자체가 고역이기에 자연히 그들의 입에서 나오는 모든 말에 귀를 기울이려고 노력한다. 경청을 하지만 그 경우는 상황이 조금 다르다고 볼 수 있다. 처음에는 그 뜻만 아는 것으로 만족하다가 서서히 이해를 넘어선 느낌과 태도까지 알게 되고 말의 문자적인 이해를 넘어서 자연스런 대화를 하게 된다.

물론 그 때문에 부작용도 생긴다. 처음에는 친하다고 생각했던 사람들이었지만, 대화에서 그들의 세세한 감정까지 느끼게 되면서 오히려 멀어지거나 문화 차이에서 오는 우울증에 빠지기도 한다. 필자가 아는 한 부부는 남편이 미국인이고 아내가 한국인인데, 결혼한 지 25년이 되었지만 미국 토박이들만 나눌 수 있는 얘기를 서로 이해하지 못해 결국 이혼하는 사례가 되었다. 이처럼 외국인과 대화할 때, 교제를 하거나 비즈니스 거래에서 언어와 문화적 장벽으로 인해 겉도는 얘기밖에 할 수 없어서 생기는 문제도 많다.

2) 대화의 방식 style

　서양 사람들은 보통 대화를 할 때 말이 끊어진 침묵의 시간을 참지 못한다. 대화 중간중간에 말이 자연스럽게 이어지지 못하고 잠시라도 공백이 있으면 대개는 안절부절 못한다. 그래서 상대가 말이 끝나는 동시에 자신이 이어 가야 한다는 강박감에 가끔은 끝에 한 마디씩 충돌을 하기도 한다. 그런가 하면 상대의 말을 중간에 끊는 것은 엄청난 실례라 생각하고 그런 사람은 예의가 없다고 생각한다. 그래서 서양 사람들은 대화 중 침묵이 자주 일어나는 동양적 대화에 처음에는 무척 당황해한다. 그러므로 동서양인이 대화를 하고 듣기를 할 때는 서로에 대한 이해가 더욱 필요하다.

　외국에 나가 그들이 대화하는 패턴을 보면 한국인과 매우 다른 점을 발견할 수 있다. [그림 12]를 보면 이해하기 쉽다. 서유럽인이나 미국인의 대화 패턴을 보면 상대가 말을 끝내자마자 거의 동시에 다음 사람이 이어 나간다. 그러나 중간에 남의 말을 중단시키는 일은 예의에 어긋난 것으로 본다. 반면에 라틴 아메리카인의 경우에는, 그들이 거의 동시에 말하는 모습을 볼 수 있다. 외부인이 보면 서로 경청하기 어려운 언어 습관을 가졌다고 판단하지만, 그것은 오해다. 남의 말에 관심을 표하며 서로 동시에 말하는 것이 그들의 언어 문화라고 한다. 한편 한국에서는 상대의 말이 끝나고 0.5초~1초 뒤에 말하는 것이 습관화되어 있다. 남의 말을 끊거나 바로 대답하면 경박한 사람으로 취급받기 쉽다.

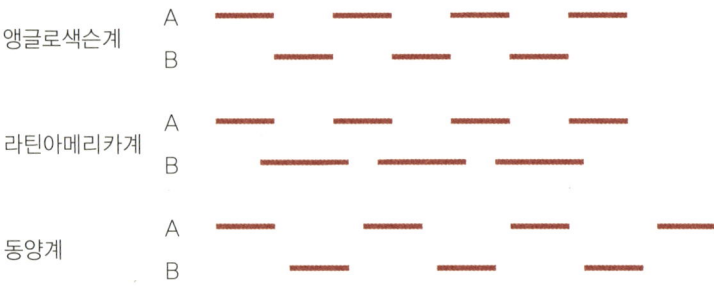

그림 12. 언어적 의사소통의 유형

3) 목소리의 톤 tone of voice

한국인은 목소리 톤의 높낮이가 그리 심하게 차이 나지 않는다. 하지만 라틴 아메리카에서는 과장된 몸짓과 톤의 차이가 말하는 사람의 열정과 대화의 관심도를 나타내기에, 동양인과 대화를 하다 보면 서로 오해를 하기도 한다. 동양에서는 지위가 높은 사람은 특히 낮은 사람과 이야기할 때 톤을 높게 유지하는 것을 리더십의 덕목으로 삼고, 지위가 낮은 사람은 톤을 낮추는 것을 예의로 삼는다. 그래서 톤 자체만 듣고 판단하기에는 문화적 차이가 있음을 이해해야 한다.

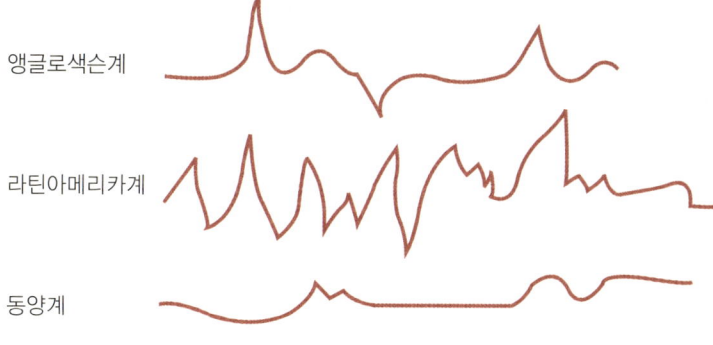

그림 13. 문화에 따른 목소리의 톤

4) 시선 맞추기 Eye contact

비언어적 표현non-verbal 중 서로 눈을 맞추는 데도 문화마다 차이가 있다. 서양에서는 경청을 하려면 상대의 눈을 빤히 쳐다보라고 가르치고 있다. 하지만 동양권에서 상대와 눈을 마주치는 것을 실례로 보는 경우가 많다. 필자도 한국에서 강의를 하다 보면 어떤 수강생들은 강사와 눈 마주치는 것을 매우 거북해하면서 나누어 준 책자에 시선을 집중하는 모습을 볼 수 있는데, 이는 미국과는 매우 다른 현상이다. 한번은 이탈리아에서 온 외국인 교수가 미국 대학을 방문해서 캠퍼스를 걸어가는데, 지나가던 많은 학생들이 그를 보며 인사를 하였다. 왜 그런가 알아보니 그 외국인 교수가 학생이 지나갈 때마다 눈을 마주쳤다는 것이다. 미국의 교양적인 사고방식으로는 눈이 마주치면 서로 알고 있다는 것이므로 학생들은 그에게 인사를 한 것이다. 아마도 학생들은 '저 교수가 나를 어떻게 알지? 라고 의아해하면서 인사했을 것이다. 미국에서는 만약 서로 모르는 사람과 눈이 마주칠 경우, 0.1초의 마주침으로 끝나면 상관없지만 그보다 길 경우에는 '나는 너를 안다'는 뜻이 된다. 이같이 문화권에 따라 신체언어body language가 주는 의미와 해석이 다를 수 있다.

　서로 문화가 다른 사람들이 모이게 된다면, 대화를 하기 전에 먼저 그들의 경청 방법을 이해하는 것이 좋다. 한국에서는 상대가 나와 눈을 마주치지 않더라도 경청을 하지 않는 것은 아니다. 하지만 눈이 마주치는 것은 다른 과학적인 의미가 있다. 보지 않고는 상대의 신체언어를 읽을 방법이 없다. 70%의 의미는 말보다 신체언어에 의해 나올 수 있기에 반드시 필요한 것이다.

4. 시간의 개념에 따른 듣기의 차이

　타문화 간의 의사소통은 나라별 문화의 차이 혹은 세대별·성별의 차이에 따라 소통 방법이 다를 수 있다. 듣기에 관련해서 문화적 차이가 가장 큰 부분은 시간 개념이다. 과거, 현재, 미래를 볼 때, 자신의 가치를 어디에 두고 서로 관계를 만들어 나가는가에 차이가 있는 것이다. 젊은이들과 대화하다 보면 주로 미래의 꿈과 계획에 대한 이야기가 많고 노인들은 주로 과거에 대한 회상이 많다. 남자는 과거와 현재·미래를 겹치지 않고 이야기하는 데 반해 여자의 이야기 속에서는 과거·현재·미래가 모두 등장한다. 그래서 여자는 현재를 이야기하면서 과거에 있었던 좋은 추억, 미래에 일어날 핑크빛 얘기도 동시에 하는 모습을 볼 수 있다. 대화의 주제에서 문화에 따라 과거와 현재 그리고 미래가 교차하는가를 도표로 나타낸 재미있는 연구가 Tom Cottle's circle test라는 주제로 발표되었다. 도표를 보면 원circle의 크기는 중요도를 말하고, 겹치는 정도는 대화에서 고려되는 시간대이다. 많이 겹치는 그림은 대화 시에 과거, 현재, 미래를 동시에 고려하며 대화하는 것이고, 겹치지 않는 것은 대화 시 주제에 따라 특정 시간대만 별개로 고려하는 경향을 보여준다. 상대가 어떤 시간 개념을 갖고 있는지를 안다면 상대의 말을 듣고 이해하는 데 도움이 된다.

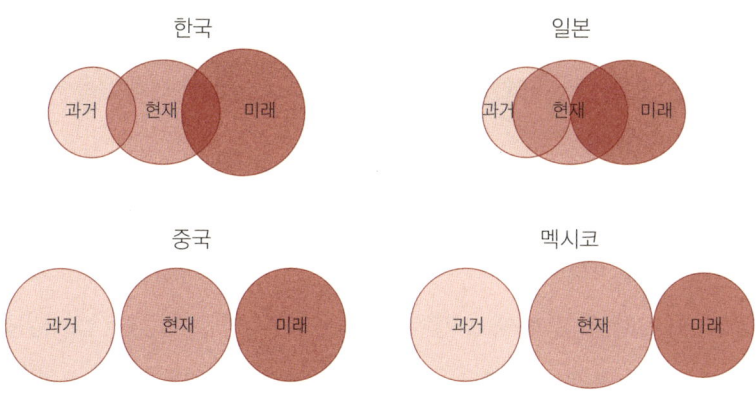

그림 14. 나라별 문화 차이로 인한 대화 시 과거·현재·미래

한국인은 이야기할 때에 숨어 있는 시간에 대한 가치 기준을, 과거를 현재보다 약간 작게 미래를 현재보다 크게 생각한다. 그리고 현재를 두고 이야기할 때 과거와 미래의 가치가 약간씩 중복이 된다. 그래서 한국인을 설득하거나 이야기를 들을 때 과거와 미래를 적당히 혼합하면 효과적이고, 반면에 중국인은 과거나 현재나 미래를 똑같은 가치로 보고 서로 관련지어 생각하고 싶어 하지 않는다. 과거는 과거이고 현재는 현재인 것이지 구태여 관련지으려 하지 않는다. 그래서 모금전문가는 중국인에게 기부금을 요청할 때에, 미국인을 상대할 때와는 달리 과거나 미래의 이야기를 꺼내지 않는 것이 현명하다고 가르치고 있다. 중국인에게는 현재 그에게 어떤 도움이 되는가를 설명하고, 미국인에게는 기부가 미래에의 투자라고 설득하면 효과적이다.

5. 타고난 경청자

동서고금을 막론하고 성인들이 중요하게 이야기하고, 현대 경영학이나 자기개발서에서도 강조되는 경청의 중요성은 누구나 알고 있다. 하지만 왜 실행에 옮기지 못하는가가 문제이다. 인간의 본능은 말하기를 좋아하지, 듣는 것을 좋아하는 것 같지는 않다. 이런 경향은 듣는 것이 약자나 낮은 자의 소임이라 여기는 문화에서도 나온다. 경청은 인간 본성을 거스르는 행동이기에 쉽지 않은 것이다.

경청은 자기개발을 위해서만이 아니라 인간 존재의 동기인 이기적인 면에서 보아도 자신에게 도움이 된다. 아랍 속담에 "듣고 있으면 이득을 얻지만, 말을 하면 남이 이득을 얻는다."라는 말도 있다. 이같은 이득이 있음에도 불구하고 왜 계속 경청하기 힘든가? 모금교육 때 '자크워드'라는 사람의 말을 자주 인용한다. "어떤 칭찬에도 동요하지 않던 사람도 자신의 말에 마음을 빼앗기는 상대에게 마음이 흔들린다." 그저 듣기만 잘해도 반은 성공이라는 것을 알면서도 실전에서는 뜻대로 되지 않는다. 그래서 경청은 단순히 교육만으로 되는 것은 아니다. 타고나야 하는 부분이 있다.

지금 모금계에서는 훈련을 통해 경청을 잘 할 수 있는 사람을 원하는 것이 아니다. 즉, 경청이 습관화되어 있는 사람을 원한다. 앞으로의 발전 가능성을 염두에 두고 투자하려 하지 않는다.

커뮤니케이션 능력 중에 쓰기처럼 아무리 노력하고 훈련해도 잘 쓰기는 어려운 사람이 있듯이, 듣기 역시 잘 듣는 사람, 잘 못 듣는 사람이 있다. 성격 탓도 있고, 남의 말을 듣기 좋아하는 사람과 듣는 것을 싫어하는 사람이 따로 있다는 것이다. 사람이 성장하는 가운데 이루어지는 후천적인 영향도 있지만, 듣기 능력은 쓰기처럼 선천적인 재능이 중요하다.

내가 "하늘이 오늘은 파란색이다"라고 말했다 치자. 그 말에 대해 사람은 5가지 종류로 받아들일 수 있다.

첫째, '전혀 파란색이 아니고 붉은 색이다.' 라고 생각하는 사람이 있다.

둘째, '파란색은 파란색인데 당신이 말하는 그런 같은 색은 아니다.' 라고 생각하는 사람이 있다.

셋째, '지금 하늘에는 파란색만 있는 것이 아니고 다른 색도 있다. 구름같이 하얀색도 있다.' 라고 생각하는 사람이 있다.

넷째, '하늘은 언제나 파란 것이 아니다. 내일은 바뀔 수 있다.' 라고 생각하는 사람이 있다.

다섯째, '아! 당신 말처럼 파랗구나!' 라고 생각하는 사람이 있다.

이같이 서로 다른 의견을 가지고 말을 다르게 듣는 것이다. 이런 것은 단지 훈련만으로 되는 것이 아니다. 심성 자체가 상대의 말에 공감을 잘하는 사람들이 있다.

훈련은 자신이 들은 바를 바로 표현하느냐 아니냐 정도의 차이를 만들 뿐이다. 간단히 정의하자면, 위에서 예로 든 상황에서 진정으로 하늘이 파랗다고 느껴 줄 수 있는 사람을 현대사회는 요구한다는 것이다.

한국 목회자들의 특이한 조직문화에는 미국과 다른 점이 있다. 미국은 지위상 목회자의 상하 구분이 명확하지 않지만, 한국은 확실히 구분된다. 한번은 미국 교회 목사님 세 분과 한국 교회의 목사님 두 분(한 분은 부목사님)이 한자리에 모여서 자유롭게 대화를 나누는데, 대화 중간에 한국 부목사가 미국 담임 목사에게 말을 건네려 하자 한국의 담임 목사가 표정이 바뀌면서 말을 막았다.

본래 그 담임 목사는 경청을 잘하는 사람으로 소문이 났지만, 자신의 일행 중에 자기보다 더 나서느라 조연으로서의 역할에 충실하지 못한 사람을 가만히 볼 수 없었던 것이다. 물론 조연이 이야기할 때도 차분히 들을 수 있는 너그러운 덕목이 필요하지만, 현실적으로 주연을 탓하기 전에 조연인 부목사가 좀 더 자신의 역할에 충실했어야 한다. 문제는 자유롭게 이야기한다 하더라도 한국적 정서상 조연이 나서면 안 된다는 인식이 있다. 사실 외국인과 대화를 할 때도 두 명 이상의 한국인이 영어로 외국인과 대화할 때면 한국인끼리 과민반응을 보이기도 한다. 혼자 이야기할 때는 곧잘 자연스럽게 하는데, 같이 하면 거북스럽기도 하고 다른 한국인에게 자신의 영어 실력을 보이고 싶지 않아서이기도 하다. 조연이 영어를 너무 잘해서 주연보다 더 돋보이는 것도 한국 정서상 실례이며, 자신의 역할에 맞게 이야기해야 하는 것이다.

한국에서 경청의 중요성을 알고는 있지만 현장에서 효과적으로 적용하지 못하는 이유는 상황 파악과 역할 조절에 실패했기 때문이다. 즉, 상황 분석 situation analysis 능력이 부족한 것이다. 말해야 할 때 듣고, 들어야 할 때 말하는 것이 문제이다. 아무리 경청하는 능력이 있다 하더라도 사용 시기와 역할을 모르면 소용이 없다.

갭 분석gap analysis : **수직적인 분석의 성격**

갭gap 분석은 비즈니스, 프로세스, 리엔지니어링 등 사회과학 분야에서 자주 활용되는 분석 방법으로서, 벤치마킹을 통해서 현재 진행되는 모델과의 차이점과 이상형들을 비교 분석하여, 보다 나은 비즈니스와 사회과학의 미래 모델을 제시하는 연구 방법이다. 분석 대상의 조직 또는 산업의 현황과 미래에 도달하려고 하는 이상적 모습 사이의 차이를 구체적으로 분석하는 것으로, 각종 비즈니스와 사회과학 분야에서 중요한 역할을 담당한다.

상황 분석situational analysis : **수평적인 분석의 성격**

상황situation 분석이란 위기 분석이나 마케팅시장, 전략 분석 등 같은 시장, 같은 경쟁구도, 같은 환경 내의 다양한 현재의 상황들을 분석해 가면서 미래의 발전 방향들을 조사하고 기획하는 연구 방법이다. 분석 대상과 같은 위치에 있는 다양한 시장, 경쟁 구도, 환경을 분석함으로써 현실에서 조화롭고도 실행 가능성이 높도록 하는 데 그 의의가 있다.

6. 동서양의 경청의 차이

서양의 경청 방법을 동양에서 적용하고 싶다면 몇 가지를 조심해야 한다. 동양은 아직까지 조직이나 관계가 수직적이고 가족 중심적이기에 아래에 있는 사람이 위에 있는 사람의 말을 경청하는 문화가 형성되어 있다. 그래서 서양적 경청 방법은 자칫 잘못하면 오해를 사거나 건방지게 보일 수 있다. 그러므로 현실과 사회 정서에 맞는 social norm 경청 방법이 적당할 것이다. 사회적 위치에서 벗어나거나 너무 과장되어 상대가 부담감을 느낄 정도의 경청 방법이라면 오히려 역효과가 난다. 너무 자주 추임새를 넣는다든가, 질문이 과도하거나, 어머니가 아이의 심정을 이해하듯이 하는 공감적 경청 Empathic listening이나, 코치들이나 상담원의 듣기 방법은 조직의 윗사람에게 할 수 있는 것이 아니다.

　서양은 자신이 경청할 수 없는 상황에 있으면 "지금은 아닌 것 같다 Not right now."라고 과감히 이야기하는 편이다. 좋은 쪽으로 생각하면, 오히려 상황이 안 좋은데 듣는 척하거나 불성실하게 듣는 것보다는 상대에게 불쾌감을 주는 것을 감수해서라도 다음으로 미루는 것이 낫다는 판단이기도 하다. 하지만 동양에서는 비록 들을 수 없는 상황일지라도 다음으로 미루는 일은 극히 드물다. 싫어도 들어야 하고, 그러니 경청의 질이 떨어지는 것은 당연한 일이다.

　서양적 경청 방법이 늘 여과 없이 그대로 동양에서 통용될 수 있는 것은 분명 아니다. 하지만 진심으로 상대를 공경하면서 말에 귀를 기울인다는 점에서는 동서양의 차이가 없을 것이다.

한국적 경청의 의미

서양과 동양의 커뮤니케이션이 다르고 경청의 방법도 정서에 따라 달라야 한다. 서양의 경청에 대한 베스트셀러가 번역되어 한국 독자들에게 공감을 얻더라도 실천에 옮기기에는 사회적·문화적인 큰 차이가 있다. 물론 남을 배려해야 한다는 기본 개념에는 공감하지만, 수천 년간 내려온 문화를 당장 무시하고 다른 문화를 수용하기에는 무리가 있을 수 있다. 그 예로 대화의 개인적 공간이 있다. 서양은 서로 대화 시 30cm 정도 떨어져서 상대의 개인적 공간을 유지하지만, 동양에서는 거리의 감각이 다르다. 또 서양에서는 대화할 때 눈을 맞추고 적극적으로 피드백을 주라고 가르치지만, 동양에서는 눈을 맞추지 않는 것이 오히려 예의이고 수동적으로 신체언어를 숨기는 것이 오히려 덕목이 되는 사회임을 알아야 한다. 서양에서는 대화 시 중단시키지 않거나 말하는 순번을 바꾸는 turn-taking 행동이 일률적이다. 하지만 동양에서는 동시에 말하기도 한다. 그런 면에서 보면 드라마에 나오는 어전 회의나 국회에서 벌어지는 난상 토론은 자연스런 모습이다. 서양은 대화 중 침묵을 매우 두려워하지만 동양은 침묵을 자연스럽게 생각한다. 그러나 이것은 개인 차이가 있으므로 일률적으로 적용하기는 어렵다.

진정한 경청은 상대의 가치와 정서를 알고 이해하며, 자신과 경청하는 방법이 다르다고 함부로 판단하는 것이 아니라 대화 시에 끝까지 그의 말을 들어 주고 적절한 방법으로 자신의 순서를 찾아

전체 흐름에 맞게 말을 하는 것이다.

7. 대화dialog와 토의debat 그리고 듣기

　대화를 많이 경험한 사람들은 경청을 어떻게 해야 하는지 안다. 대화는 누가 옳고 그름을 판단하는 자리도 아니고 합의점을 찾아야 하는 압력도 없다. 그저 서로의 의견과 생각을 교환할 뿐이다. 비평적 듣기가 필요 없고, 단지 공정하게 말하고 싶은 사람이 좀 더 말하면 되고 상대는 듣기만 하면 된다. 한편 토론은 우리에게 생소한 영역이다. '침묵은 금' 또는 '어른 앞에서는 말을 삼가라' 혹은 '과묵한 사람이 좋다' 는 풍조가 있는 한국 사회에서는 좀 생소하다. 그래서인지 미국의 대학가에서도 '한국 학생들은 조용한 것이 특징' 이란 말까지 있을 정도이다. 하지만 글로벌 사회에서는 좀 더 적극적이고 논리적으로 말하는 사람과 잘 듣는 사람이 유리하다. 글로벌 인재를 지향하는 학생에게 비평적 듣기가 필요한 토론은 필수 교육 활동이다. 격식을 갖춘 토론debate을 하면 듣기listening 실력도 늘게 된다. 이른바 비판적 듣기critical listening의 역량이 향상된다.
　어떤 사람은 어디서나 자기 혼자서 말하려고 한다. 남이 말할 여지를 주지 않는다. 어떤 사람은 남이 말하고 있을 때 경청하지 않고 자기 생각만 한다. 그리고는 그 사람 말이 끝나면 엉뚱한 소리를 한다. 어떤 사람은 남의 말을 다 듣지도 않고 중간에 자르고 들어온다. 모두들 듣는 훈련이 안 된 결과이다. 우리 주변에서 보면 이런 사람들이 부지기수인데, 이런 사람들끼리 모여 회의를 하면 5분도 안 되어 고성이 난무하고 결과물은 없다.

토론을 하면 듣는 훈련이 자연스럽게 된다. 토론을 할 때는 들어야 하는 시간이 있으며, 남이 말할 때 끼어들면 토론 규칙을 어기는 것이다. 또한 경청하면서 메모를 해야 한다. 말하는 사람의 핵심을 적으려 애써야 한다. 그래야 발언권이 주어질 때 상대방 논리의 허점을 지적하면서 자기 논리를 펼 수 있기 때문이다. 그 과정에서 메모하는 기술도 자연스레 향상된다. 실제 토론 대회 현장에 나가 보면 참가 학생들이 하나라도 빠뜨릴세라 열심히 듣고 적는 모습을 쉽게 볼 수 있다. 정치적 후보자들끼리의 토론은 정치 생명에서 가장 중요한 순간 중 하나이며, 경청의 능력을 온 국민에게 보여주는 순간이기도 하다. 오바마 대통령도 항상 토론이 가장 긴장되는 순간이라고 고백한 적이 있다. 미국에서 어렸을 때부터 토론을 하나의 교육으로 삼는 이유는 바로 듣기 능력을 키우기 위한 것이다.

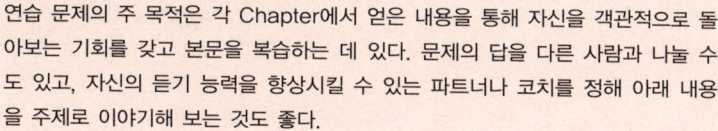
듣기 훈련을 위한 연습 문제

연습 문제의 주 목적은 각 Chapter에서 얻은 내용을 통해 자신을 객관적으로 돌아보는 기회를 갖고 본문을 복습하는 데 있다. 문제의 답을 다른 사람과 나눌 수도 있고, 자신의 듣기 능력을 향상시킬 수 있는 파트너나 코치를 정해 아래 내용을 주제로 이야기해 보는 것도 좋다.

1. 나의 시간을 보는 관점을 원으로 나타내 보고 나와 파트너를 비교해 보자.

2. 나의 4D 듣기 방법의 패턴을 생각해 보자. 어떻게 스스로 반응하는가 되돌아본다.

3. 부록을 보며 나의 듣기 스타일은 어떤 스타일인지 분석해 본다.

4. 내가 생각하는 나와 남이 생각하는 나의 차이가 무엇인가?

5. 한국의 경청 스타일과 다른 문화권의 경청 스타일에 차이를 느낀다면 한 번 서술해 보라.

Chapter 9

모금과 경청하기

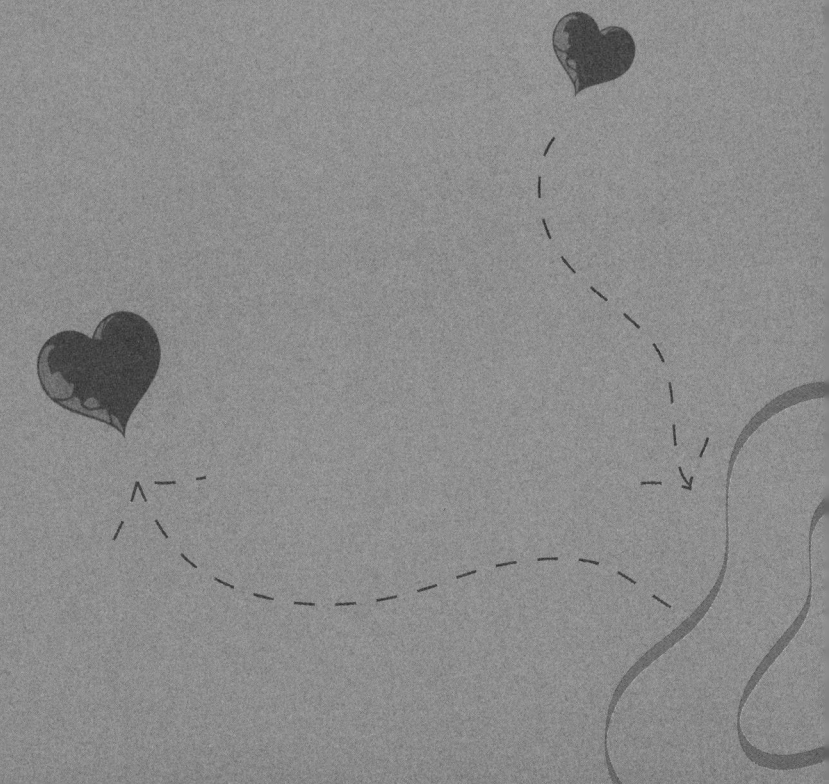

당신은 진정으로 듣기와 다른 일을 병행할 수 없다. *You cannot truly listen to anyone and do anything else at the same time.* –M. Scott Peck

1. 요청의 꽃, 경청

경청은 잠정기부자의 관심 분야와 필요를 잘 파악하게 함으로써 서로가 추구하는 미션의 가장 적합한 부분을 찾아내고 서로가 win-win 할 수 있도록 도와주는 매우 중요한 수단이다.

펀드레이저가 상대에게 자원봉사나 기부금이나 프로젝트 참가를 요청할 때 제일 첫 번째 해야 할 일은 잘 듣는 것이다. 요청에 응한 자에게 어떤 이익이 있는지를 알리지 못하거나, 제시한 요청에 설명이 빠져 있다면 그 요청이 성공하기는 힘들다. 숨어 있는 필요 need, 더 나아가서는 원하는 바 wants를 알아내는 방법은 잘 듣는 방법 외에는 없다.

모금에 있어서 요청은 다음과 같은 역할을 주로 수행한다.

1. 잠정기부자의 정보 습득
2. 잠정기부자에 대한 이해
3. 경청과 커뮤니케이션을 통한 즐거움 제공
4. 배움과 교훈

즉, 경청은 정보 제공을 뛰어넘어 요청의 시간을 좀 더 편하고 의미 있게 만들 수 있는 역할을 제공한다는 것이다. 이러한 경청의 역할을 잘 이해함으로써 올바르게 수행하도록 하자.

다음에 제시된 경청의 비결을 통해 경청의 중요성과 방법을 제시하도록 하겠다.

- 당신은 기부를 이끌어 내는 펀드레이저이지 구걸자가 아니다. 당신과 당신의 자원봉사자들은 타당한 동기와 이유가 있어 모금에 참여한 것임을 잊지 말고 이러한 입장에서 상대방의 의견을 경청하도록 한다.
- 경청을 통해 잠정기부자를 후원자로 이끄는 가장 적합하고 우선적인 가능성을 파악하라.
- 잠정기부자들의 말을 경청하고 필요에 대한 답을 제공할 때 최고의 모금을 제공할 것이라는 믿음을 항상 심어 주도록 하라.
- 중간마다 당신이 그들에 대해 알고 있다는 것을 일깨워 친근감을 주도록 하라.
- 항상 친절해야 하며 스스로를 절제하라. 하지만 당신의 열정을 보여주는 것에 대해 두려워할 필요는 없다. 그들은 당신이 그곳에 있는 이유를 알며, 단체의 신뢰에 대한 공유 없이는 모든 것이 무의미하다는 것도 알고 있다.
- 단순한 경청이 아닌 서로의 열정과 감정적인 부분도 공유할 수 있는 커뮤니케이션을 이끌어 내도록 하라. 또한 당신이 그

들의 열정을 위해 제공할 수 있는 모든 공헌들을 명료하게 제시하며 약속하라.
- 열린 결말을 통해 그들의 질문을 장려하도록 하라. 당신은 잠정기부자들의 질문을 통해 그들의 흥미와 관심 분야를 더욱 더 구체적으로 알 수 있을 것이다.
- 구체적인 규모의 모금 금액 혹은 모금 금액의 단계에 대해 요구하라. 잠정기부자들은 스스로 본인들의 의무를 만들며 나서지는 않는다.
- 목표를 높게 하라. 당신의 잠정기부자는 모금액을 낮추어 나가길 원할 수 있지만, 대부분의 잠정기부자들은 당신의 기대에 따를 것이다. 결과에 개의치 말고 잠정기부자들이 단체에 중요한 열매를 맺도록 씨앗을 끊임없이 뿌려라.
- 들어라. 그리고 요청하라. 의사소통 시, 잠정기부자의 대화를 주의 깊게 경청하라(그렇다고 잠정기부자의 생각대로 막연하게 끌려간다는 의미는 아니다).

모금가에게 배우는 듣기 전략

모금가는 말할 때와 침묵하고 들어야 할 때를 잘 알아야 한다. 모금하는 과정 중에는 반드시 세 번의 침묵이 필요하다. 첫 번째는 기부자와 관계 다지기cultivation를 할 때 입을 열지 않고 그의 필요를 주로 경청하는 것이다. 이것은 한국 모금가에게는 무척 낯설고 힘든 과정으로, 기부자를 만나면 단체가 훌륭한 일을 한다고 선전하기에 바쁜 나머지 기부자의 이야기에는 전혀 관심이 없다. 두 번째는 모금 캠페인 중의 침묵 단계 silent stage로 모금을 대중에게 알리기 전에 미리 이사회나 거액 기부자에게 큰 금액을 확보할 때 조용히 진행하는 것을 말한다. 하지만 이것을 지키는 단체는 거의 없다.

사례

수년 전 미국 댈러스에서 장학금 기금 마련 만찬과 모금 행사를 도와준 적이 있었다. 우선 열 명 정도의 지역 주 커뮤니티 리더들이 모여 요청에 대한 교육을 했다. 다들 그 전에 한 번도 남에게 요청을 한 적이 없었지만, 그래도 열정을 갖고 경청 훈련을 시작했다. 그중에 가장 기억에 남는 분이 필자의 주치의였고 중앙은행의 이사로 계시는 분이다. 그는 훈련을 마치고 은행에 기부 요청을 하였다. 다들 밖에서 결과를 기다리고 있었는데, 멀리서 수표를 들고 어린아이처럼 기뻐하며 뛰어온 그는 "나도 한 건 했어. 사실 이런 요청 방법은 처음이야. 근데 달라고 하지 않고 그저 들어주었을 뿐인데 주던데……."라고 말했다. 그의 흥분된 목소리와 표정이 아직도 생생히 기억된다.

그가 받았던 금액은 우리가 받은 금액 중에 가장 큰 금액이었던 것으로 기억된다. 물론 그 금액은 본인도 할 수 있는 능력이 있어 이미 기부했던 금액이었지만, 스스로 기부한 것과 남에게 요청한 것과는 성취감이 다른 것이다. 후에 많은 학생들이 장학금 혜택을 받았고, 그 뒤부터 그분은 커뮤니티의 다른 일에도 적극적으로 나서서 경청의 달인이 되었으며, 지금은 미국 내 한인 은행 중 가장 큰 은행의 이사장으로 추대되어 댈러스 한인 리더로 존경받고 있다.

대부분 급하게 모금을 대중에게 알리고 모금하려고 서둔다. 모금이 실패로 끝나는 가장 큰 이유 중에 하나가 바로 이 때문이다. 마지막 세 번째는 가장 중요한 침묵으로 기부 요청 후 바로 침묵해서 그의 말을 듣는 것이다. 먼저 말하는 사람이 지는 것이므로 가장 힘든 순간이기도 하고 긴 침묵도 견디어 내야 한다. 이 역시 한국 모금가에게는 고문과 같아서, 상대가 머뭇거리거나 잠시 생각하는 틈을 못 참아 먼저 말을 시작하곤 한다. 이 세 가지의 과정을 지키는 사람이 좋은 모금가가 되는 것이다.

2. 잠정기부자와의 관계는 배려에서 시작된다

모금에서 주로 자신을 알리는 데만 중점을 두는 사람이 종종 있다. 그러나 모금에서는 자신을 알리는 것보다 상대를 아는 것이 선행되어야 한다. 누구든지 자신이 남에게 의미 있는 사람이 되기를 바란다. 만약 한번 받았던 이메일을 또 받는다거나 자신의 이름의 철자가 틀린 편지를 받는다면, 자신이 의미 있는 사람이기보다 돈을 지급하는 현금지급기로 여겨지는 것 같아 기분이 무척 나쁠 것이다. 마찬가지로 상대방이 미혼이라면 배우자에 관해서 물어서는 안 되고, 자식이 없는 사람 앞에서 자신의 자식을 자랑해서는 안 된다.

따라서 이런 사소한 실수들에 주의하기 위해서는 미리 상대방에 대해 알고 있어야 한다. 세세한 정보를 미리 챙기는 것을 상대의 뒷조사라고 생각해서는 안 되며, 상대를 존중하고 배려하는 마음에서 기본적인 정보를 알아 놓는 것으로 여겨야 한다. 기부자 입장에서도 상대가 자신에 대해서 미리 조사할 정도로 관심을 보인다는 것은 그렇게 기분 나쁜 일은 아닐 것이다. 그러므로 처음 사람을 만나는 자리에서도 그냥 인사만 하는 것이 아니라 상대방을 알기 위해 필요한 질문들을 해야 하며, 정보를 얻었다면 기억해 두는 것이 좋다.

결국 모금의 성공 비결은 자신을 알리는 것이 아니라 상대를 아는 것이라고 할 수 있다. 그러기 위해서 펀드레이저가 갖추어야 할 가장 큰 덕목은 바로 남을 배려하는 것인데, 배려하는 자세가 몸에 배어 습관화되어 있는 것이 매우 중요하다. 모금 교육 중에도 남을, 특히 기부자를 배려하는 교육이 따로 있을 만큼 상대방을 배려하는 자세가 중요하다고 할 수 있다. 다시 말해, 상대의 눈을 통해 사물을 볼 수 있는 능력과 상황 파악 능력이 무엇보다 필요하다. 기부자들과 대화하는 기술, 식사 시 테이블 매너, 초대 전화나 초대 편지 작성 방법 등의 커뮤니케이션뿐만 아니라 모든 인간관계의 기본 원리가 남을 배려하는 것에 있다고 해도 과언이 아니다.

배려 문화가 잘 정착된 나라의 기부문화를 들여다보면 펀드레이저들은 기부자들뿐만 아니라 심지어 기부의 혜택을 받는 사람들까지도 배려하는 것을 볼 수 있다. 자칫 잘못하면 남의 도움을 받는 사람들을 무시하는 경우가 있을 수 있는데, 기부문화가 잘 이루어져 있는 나라에서는 이들까지도 배려하는 것이 몸에 배어 있는 것이다. 현재 미국 내 비영리단체에서 사용되는 관계행동규범에서도 이러한 배려 문화에 맞추어 그 기본적인 틀을 고민한 흔적을 볼 수 있으며, 모금의 원리를 기술한 거의 모든 책에서도 기본적으로 요구되는 철학이 바로 상대를 배려하라는 것이다.

평소 생활 패턴과 습관이 남을 배려하는 사람일수록 모금에 참여해도 거북하지 않고 모금의 결과도 좋다. 또한 펀드레이저 스스로도 남을 배려하는 데 스트레스를 받거나 에너지가 소진되거나 하지 않기 때문에 더욱 성공적이다. 배려는 훈련을 통해서 보충할 수도 있지만, 모금에 있어서 결과를 중요시하는 모금팀장을 임명한다면 선천적으로 배려가 몸에 밴 사람을 선호하게 마련이다.

모금을 하다 보면 모금 팀원 중에서 남에 대해서 전혀 배려하는 마음이 없고 타인을 전혀 이해하지 못하는 '장애'를 가진 사람을 종종 보게 된다. 이것은 그저 이기적인 것과는 다르다. 남의 입장을 알면서도 자신의 이익 때문에 타인을 이해하려 하지 않는 것을 이기적이라고 한다면, 천성적으로 혹은 정신적 장애로 타인을 생각하지 못하는 사람이 있다. 이 사람들은 스스로가 타인을 배려하지 못한다는 사실 자체도 전혀 의식하지 못한다. 모금 리더가 나서서 개인적으로 이런 사람들을 가르치고 또 이들 스스로 고치려고 노력해도 잘 되지 않는다. 단순한 교육을 통해서 얻은, 진정성이 결여된 일회성 이벤트적 배려, 혹은 얄팍하고 상징적인 배려는 기부자들 스스로도 금방 눈치를 채고 반감을 갖게 될 것이다.

비록 개인이 조금 부족하더라도 최소한 단체 전체에 남을 배려하는 문화가 배어 있다면 개선의 여지가 있다. 선천적으로 남을 배려하는 자세가 갖추어진 사람이 실수도 덜하고, 새로 교육할 필요가 없기 때문에 교육비도 절감된다. 또한 이런 사람이 모금을 하게 되면 단체의 이미지도 좋아지며 모금 자체의 생산성도 높아진다. 사실 배려는 선택이 아니라 공존의 절대법칙으로, 하고 싶으면 하고 하기 싫으면 하지 않는 것이 아니라, 서로 공존하기 위해서는 반드시 필요한 요소인 것이다.

현대 사회의 진정한 능력은 배려로 자신의 위치를 지키는 것이라고 할 수 있다. 우리는 그동안 사회가 경쟁체제라고 생각해 왔지만, 사실 사회는 경쟁체제가 아니라 배려를 통해 '유지' 되고 있다고 할 수 있다. 또한 개인적 차원으로 보았을 때도, 개인 삶의 원칙은 자신이 베푼 조그마한 배려들이 모여 자신을 서서히 완성해 나간다고 할 수 있다. 요즘 한국 사회에서 유행하는 세미나 책을 볼 때도 '3초 기다림의 미학' 등 기본 예의와 관련된 주제가 점차 많아지고 있다. 이러한 현상을 보아도 대부분의 사람들이 배려나 예의에 관한 교육이 중요하고 필요하다는 것을 어느 정도 느끼고 있음을 알 수 있다. 예절 교육이라고 하는 것도 결국은 남을 배려하는 방법을 배우는 것이다.

배려는 사회성의 은행과 같아서 필요할 때 다시 찾아 쓸 수 있다. 자신이 베푼 배려는 언젠가는 반드시 자신에게로 돌아오게 되어 있다. 다른 비영리단체와의 경쟁에만 매달리는 단체는 끝내 스스로 무너지고 말 것이다. 경쟁력을 갖추었다는 것은 남과의 경쟁에서 이기는 것만을 의미하는 것이 아니라, 상대방의 목소리에 귀 기울이며 부단히 자신들 스스로의 경쟁력을 높인다는 의미이다. 그 단체의 배려를 시작으로 기부자는 단체에 호감을 갖게 되고, 더 나아가 기대감을 갖게 될 것이다. 이러한 기대감을 바탕으로 펀드레이저가 말하는 것에 공감하게 되며 서서히 친밀해져 결국에는 신뢰감을 갖게 된다. 이렇게 단체 스스로 배려를 통해 그 단체만의 믿음을 구축해 나감으로써 다른 단체와의 경쟁에 매달리는 것보다 훨씬 값진 신뢰를 쌓고, 궁극적으로 경쟁에서 살아남게 될 것이다.

3. 만남의 목적 7가지

직접 만남을 통한 모금 요청은 성공할 확률이 높다. 처음부터 초면에 요청할 수는 없으나 우선 만나야 모든 것이 시작된다. 만남의 진정한 의미와 목적은 무엇인가? 보통 모금전문가는 첫 만남 시,

다음과 같은 체크리스트를 갖고 차근차근 상대의 말을 경청하고 알고 싶은 것을 질문한다. 만약 첫 만남으로 해결이 안 되는 부분이 있다면, 다음 기회를 만들어 알아내도록 노력한다고 한다. 그렇다면 구체적으로 어떤 체크리스트를 가지고 만날 것인가?

펀드레이저에게도 사람을 대면할 때 기본적으로 가져야 할 7가지 만남의 목적이 있다.

첫째, 우리 단체가 어떤 일을 하는가에 대해 자세히 설명한다.
즉, 자신이 무슨 일을 하는지 알리는 것이 목적이다. "거기 뭐 하는 곳인가요?", "무슨 사업을 하고 있나요?"라는 질문을 받았을 때 쉽게 대답하지 못하고 머뭇거린다면 상대방은 준비가 안 된 단체, 준비가 안 된 구성원으로 취급할 것이다.

둘째, 상대방이 무엇에 관심이 있는지를 알아야 한다.
상대방의 관심 분야에 대해서 이야기를 들어주고 호응해 준다는 것은 매우 중요한 일이다. 누군가와 대화할 때 상대가 관심 있게 이야기를 들어주고 호응해 주면, 나도 모르게 신이 나서 보다 많은 이야기를 할 때가 있을 것이다. 말하는 사람의 기분이 좋아져서 나의 일에 관심을 갖는 사람이 있다는 생각에서 자신감을 가진다면, 이 만남은 성공할 가능성이 높다.

셋째, 상대방의 관심도를 높이고 보강시켜야 한다.

본인이 기부에 대해 관심은 있으나 왜 필요한지 잘 모르는 경우도 많이 있다. 그 관심을 배가시키는 것이 프로 펀드레이저인 당신의 대화 속에 있다면 상대는 이미 당신에게 의미 있는 사람이 될 것이다. 상대방과 단체에 대한 관심 분야(단체 운영, 단체 재정의 현실, 단체의 비전, 목표 등)를 끌어내어서 함께 대화할 부분을 찾아내야 한다.

넷째, 상대방의 조언에 귀 기울여야 한다.

단체의 상황에 대해서 자세히 설명하고 "당신이 나라면 어떻게 하시겠어요?"라고 조언을 구한다면 상대방은 좀 더 적극적인 자세로 다가올 것이다.

다섯째, 서로 공유할 수 있는 공통점을 찾도록 서로 노력해야 한다.

상대방과 대화를 하다 보면 성격이 비슷하거나 관심 분야가 비슷한 경우가 있다. 서로 비슷한 공통점이 있다면 보다 많은 이야기를 나눌 수 있는 좋은 기회가 될 것이다.

여섯째, 요청을 통해 기부금을 찾는다.

우리의 목적 중에 하나가 상대방으로부터 기부를 받고자 함이다. 어떻게 하면 상대방으로부터 기부를 받을 수 있을까에 대해 생각해 보고, 상대방으로부터 어느 정도의 기부금을 받을 수 있을지, 어

사례

얼마 전 건국대 김춘호 대외부총장이 자신이 부총장직을 잘 수행하고 있는지를 모르겠다는 질문을 했다. 그분이 겸손해서 그렇게 물어봤을 수도 있지만 사실 늘 그런 비슷한 질문을 많이 받아 왔고, 필자 스스로도 모금을 하면서 자신에게 자주 하던 질문이다.

물론 총 모금 실적도 중요하지만, 이런 문제의 핵심은 접근하는 방법에 따라 다르다. 그래서 우선 그 부총장에게 어떻게 사람을 만나는가 물어보았다. 주로 자신의 사무실로 사람들을 불러 5분 단위로 면담을 해서 학교의 발전을 위해 할 수 있는 일이 무엇일까 알아보고 있으며, 그것도 매우 바쁜 일정으로 매우 많은 사람들을 만나고 있다고 했다. 나는 "기부자가 부총장실에 올 정도면 그가 요청하러 온 것이지 기부할 확률은 매우 낮습니다."라고 말해 주었다. 그리고 기부 대상 중에 불러서 경청할 사람과 찾아가 만나서 경청을 해야 할 사람이 있는데 부총장이 중점을 둘 사람들은 후자라고 조언했다. 누군가가 도움을 주려고 사무실에 스스로 찾아오는 경우는 거의 없다. 찾아오는 사람은 대부분 무언가 도움을 얻고자 찾아온다. 요청자가 적극적으로 들어줄 사람을 찾아 나서야 하고, 대상이 되는 이의 사무실로 가서 만나 경청을 해야 하는 것이 거액 기금 요청의 기본 개념이다.

요즘 미국의 소위 잘하는 부총장들은 모두 밖으로 나가서 만날 수 있는 사람을 만나지 자신의 사무실로 부르는 것은 자제한다고 강조를 했다. 그리고 그 부서에 근무하고 있는 다른 모금가들을 평가할 수 있는 방법(Metrics)을 빨리 찾아야 한다고 조언했다. 결과를 평가 혹은 측정할 수 없으면 관리는 불가능해진다. 총 모금액 이외에 그 부총장이 모금을 잘하는지 못하는지 평가하는 방법 중 하나는, 밖에서 만난 사람들에게 어떤 얘기를 듣고 몇 번 제안하고 그 제안 중에 몇 퍼센트가 실제 실행에 옮겨져 기부에 도달되었는가 하는 성공률을 평가 지표 중 하나로 삼는 것이다. 어쨌든 그는 그 뒤 외국 대학 분교의 총장이 되어, 오늘도 대학 발전을 위해 밖으로 열심히 다니면서 적극적으로 듣기를 자원하고 있다고 들었다.

떻게 받을 수 있을지 생각해 봐야 한다.

일곱째, 긍정적인 대답을 받았다면 확인 작업을 위해 만나야 한다.
상대방으로부터 기부를 하겠다는 잠정적인 대답을 받았다면 언제, 어떤 식으로 기부를 할지 확답을 받아야 한다. "지금은 돈이 없으니 나중에 낼게요." 이런 식의 대답만을 받는다면 언제 기부가 이루어져 그 돈을 받을지 아무도 알 수 없을 것이다. 기부를 받을 때는 언제, 어떻게 주겠다는 확답을 기부자에게서 듣기 위해 만나야 한다.

4. 왜 요청의 확인이 필요한가?

모금운동을 주관하다 보면 진행 중이거나 그 이후에 모금의 성공과 실패의 원인을 꼭 찾게 된다.

특히 모금의 실패 원인에 대해서는 더욱 연구하게 되고 그 이유를 찾게 되는데, 지금까지의 그 원인에 대해서는 대체적으로 다음과 같이 분류할 수 있었다.

모금의 실패 이유 중 단연 1위는 요청을 하지 않았기 때문이다. 다들 펀드레이저 교육 시에 요청을 하라고 철저히 교육을 받고,

이에 대한 열정을 가지고 나가서 요청을 했는데 실패했다고 한다. 하지만 필자의 경험으로는 요청을 하기로 한 후, 실제로 계획대로 요청을 다 하였을 때 모금에 실패한 기억은 없는 것 같다.

그렇다면 진짜 원인은 무엇일까? 실패했다면 다른 이유보다 요청에 실패한 것이다. 요청 뒤에 반드시 요청 보고서 contact report를 기입하기로 했지만 확인한 적이 없다면 별 소용이 없다. 한국에서 보고 문화가 아직 크게 생활화가 안 된 이유도 있고, 한다 해 놓고 흐지부지 끝나는 경우가 많아서 아무 소용이 없는 경우가 많다. 모금 분위기상 사람을 만나 요청을 했다고 남들에게 말은 하지만, 필자의 경험으로 보자면 진정한 요청에 이른 경우는 그보다 훨씬 적다는 사실이다. 그리고 자신이 열심히 하고 있다는 것에 대해 자존감의 위협 peer pressure을 느껴서인지 요청을 못하고도 했다고 하는 경우가 생각보다 많다. 특히 보상 commission이 달려 있는 모금은 그런 현상이 더욱 심하게 나타날 수 있다. 생계형 펀드레이저가 있다면 우선 요청을 한 뒤에 기본 보상을 받아야 하기에 더욱 이런 현상이 심하다. 충성도가 떨어지는 비영리단체의 요청은 모금 조직의 리더가 중간중간에 실제적으로 확인하는 작업이 필요하다. 이에 대한 원인을 모금운동이 마무리된 뒤에 따지게 되면 이미 늦기 때문이다.

요청에는 반드시 다음의 3가지가 들어 있어야 한다.

첫째는, 금액이 확실히 제시되어야 한다. 적당히 알아서, 혹은 금액의 범위를 애매모호하게 요청하면 안 된다.

둘째는, 지금 당장 기부금을 요청해야 한다. 만약 지금 준비가 안 되어 있으면 요청 자체를 나중으로 미루고 준비가 가능한 때를 기다려서 다시 기부를 요청해야 한다. "나중에 주시지요." 하는 것은 진정한 요청이 아니다.

마지막으로, 펀드레이저가 요청의 정확한 이유를 말해야 한다. 그저 단체를 돕기 위해서라든지 어려운 사람을 돕기 위해서라고 말하는 것보다 확실하고 구체적인 이유를 제시했을 때 진정한 요청이라고 할 수 있다.

5. 거액 모금의 비법

일반 모금과 다른 거액 모금을 위한 제1의 비법은, 잠정기부자 prospect를 만나 좋은 질문을 던지며 시간을 들여 그의 스토리에 귀를 기울이는 것이다. 한 마디로 그가 스스로 스토리텔링을 하게 하고 그 스토리의 물꼬를 트도록 하는 좋은 질문을 하는 것이다.

잠정기부자에게 질문을 한다는 것은, 성급히 기부금을 달라고 하기 전에 먼저 그 사람 자체에 관심을 보이는 것이고, 기부자를 단순히 현금자동지급기로 취급하지 않는다는 뜻이다. 그래서 좋은 거액 모금가란 알맞은 질문을 통해 상대가 이야기를 하게끔 만드는 성품과 재능을 가진 사람을 말한다. 스타 거액 프로 모금가의 공통적인 특징은 달변가라기보다 그 상대방에게 맞는 적절한 질문을 잘 하고 경청을 잘 하는 사람이다.

한국의 모금 리더들의 가장 큰 문제는 질문을 전혀 하지 않는다는 것이다. 그래서 많은 경우 상대와의 관계보다 지갑에만 관심이 있다는 오해를 받기도 한다.

하지만 질문을 하더라도 '호구조사' 형 질문은 삼가야 한다. 대신에 상대의 꿈을 이야기하게 하면 그와의 관계를 더 깊게 발전시킬 수 있다. 그러한 대화의 끝맛은 항상 달게 마련이다. 그 다음에 천천히 그의 스토리를 기반으로, 우리 단체가 그와 파트너십을 가지고 함께 공유하며 그의 비전을 이루도록 도와줄 수 있는 것이 무엇인가에 대해 서서히 탐험을 시작하는 것이다. 설득하고자 하는 의도로 당신이 단체의 필요에 대해 말을 해야 하는 의무감보다는, 그가 하는 답변을 기반으로 하여 대화의 방향을 결정할 수 있어야 한다.

문제는 어떤 질문이 좋은 질문인가인데 이는 사람마다, 상황마다 다를 수 있다는 것이다. 예를 들어 좋은 질문을 하자면, 단순히 그들이 왜 기부를 하게 되었는가에 대한 (비록 우리 단체가 아닌 다른 단체라도) 동기와 뿌리에 대해 물어본다. 그들이 주는 기부철학의 뿌리를 식별하여 다시 물을 수 있다. "부모님께서는 시민과 지역사회 생활에 어떤 역할을 하셨습니까?" "스스로가 부모와 다르다고 생각하는 점은 무엇입니까?" "자신의 인생에 있어 부모로부터 어떤 가치를 전해 받았다고 생각하십니까?" 또한 어린 시절의 돈에 대한 가치 추적이 가능하다면 그에게 좀 더 근접한 질문을 할 수도 있다. "당신은 당시 젊은이로서 돈에 대해 어떤 가치를 갖고 있었습니까?" 또 다른 좋은 질문은 "밤늦게까지 일하는 열정을 유지하게 해주는 힘은 무엇입니까?" 등이 될 수 있다. 또한 기부의 동기 중에 무엇이 우선순위인지? 그것이 환경이나 지역사회, 청소년 인가? 등등을 질문할 수 있다. 이러한 질문을 함에 있어 열쇠는 그들이 당신의 단체에 기부해야 하는 이유를 당신이 먼저 성급히 말하지 않는다는 점이다. 그리고 왜 어떤 문제가 그들의 마음에 우선순위로 자리 잡게 되었는지, 어떤 단체가 왜 그들에게 어떤 요구를 하고 있는지 등의 질문은 그를 곤란하게 하지 않는 세련된 질문이 될 수 있다.

거액 모금가와의 대화에서 경청의 역할은 3가지를 동시에 만족시켜야 한다. 첫째는, 위의 좋은 질문을 통해 상대가 스토리텔링을 하게 하고, 둘째는, 스토리텔링 중간에 단순히 듣는 것이 아니라 적극적 경청으로 참여하여 프레젠테이션이 아닌 대화Dialogue를 통해 스토리의 질을 높이고, 셋째는, 스토리를 경청한 후 그 스토리에 함축된 정보를 요청 보고서 Contact report에 남기거나 기억의 창고에 축적하였다가 다음 대화에 적극적으로 재활용하는 것까지 포함하는 것이다.

거액 모금은 3가지를 파는 것이다. 모금가의 이미지, 단체의 브랜드, 모금 상품. 이 가운데 하나라도 부족하다면 기부를 받기가 힘들어진다. 이것을 팔기 위해서 거액 모금 교육을 4가지로 나누어 교육한다. 기부자의 말의 기대와 가치를 듣는 방법, 필요보다 보상 Benefit을 강조하는 대화로서 프레젠테이션 하는 방법, 반대를 극복하는 방법, 마무리 Closing하는 방법을 미리 준비해야 한다.

우린 보통 이해하기 위해서 상대의 말을 듣는 것이 아니라 대답을 하기 위해 듣는다. 그래서 거액 모금가가 자신의 문제점을 빠르게 파악해서 진정으로 이해하기 위한 듣기의 훈련을 하지 못하면 경청은 사실 수박 겉핥기가 되어 오히려 상대를 불편하게 한다. 더 나아가서 스타 거액 프로 펀드레이저들은 말하지 않은 것까지도 들을 수 있는 정도의 듣기의 달인들이 많다. 우선 모금 상품을 팔려는 의도를 다 내려놓고, 기부자를 만나 그의 마음을 먼저 듣는다. 가치에 대해서는 단체가 먼저 이야기하는 것이 아니라 그가 먼저 그의 추구하는 가치를 이야기하도록 해야 한다. 그리고 가치 있는 대화를 그저 서로 교환하는 것이다. 그 후 자연스럽게 단체의 가치를 그가 갖고 있는 가치 위에 더한다. 처음부터 단체의 모금 상품을 팔려고 하지 말고, 우선 그의 가치와 필요를 먼저 듣고 그 가치에 단체의 가치를 더하는 방법으로 그의 관심을 얻는 것이다.

사례

2008년 오바마 선거 후원금이 대부분 인터넷 후원금으로 이루졌다고들 알고 웹 2.0의 정치 모금에 포커스가 맞춰 있었지만 사실 오프라인의 거액 모금도 큰 역할을 한 사실은 그리 주목을 받지 못했다. 작은 푼돈의 후원금은 입의 호소와 설득으로 할 수 있지만, 거액의 후원금은 후원자의 말을 귀로 직접 들음으로써 이루어진다. 오바마의 대선 후원금은 다시 거액 모금으로 결정난다라고 보고 있지만, 이번 재선에서는 민주당이 공화당에 밀리는 조짐이 보인다. 모금전문가들은 "지갑에서 통장으로 그리고 유증으로"라는 모토로 기부자와 평생 소통을 하고 있는데, 지갑을 여는 것은 입으로 하는 요청이나 인터넷으로 가능하지만 통장과 유증은 그들의 말을 들어줄 줄 알아야 가능하다. 그래서 거액 모금가나 유산 기부를 전문으로 하는 펀드레이저들은 경청의 달인들이 아니면 살아남을 수 없으므로 사람을 선정할 때는 잘 들을 수 있는 사람이 일순위인 것이다.

6. 경청의 필수 기술 the critical listening skill

요청은 단순한 이론적 지식과 기술로 좋은 결과를 기대하기에는 무리가 있다. 사람과의 커뮤니케이션과 신뢰가 절대적이기 때문에, 펀드레이저들은 좀 더 열린 마음과 진취적인 사고방식으로 잠정기부자에게 긍정적인 태도로 요청을 인식시키고 이끌어 나가는 태도가 필요하다. 물론 현실을 직시하는 것도 중요하지만, 상황적인 이유로 섣부르게 포기하기보다 긍정적인 태도와 행동으로 현재의 상황에 부딪쳐 보며 새로운 태도를 가져 보도록 하자.

다음은 새로운 시각으로 같은 상황을 바라볼 수 있는 마음가짐과 태도를 보여줄 것이다.

잠정기부자들은 후원하는 것을 원하지 않을 수도 있어.
➡ 이것은 하나의 기회이고, 잠정기부자들도 이런 기회에 참여할 수 있는 기회 요청을 즐거워할 거야.

그들은 얼마 전 후원을 했어. 그러니까 이렇게 금방 요청하는 건 옳지 않아.
➡ 요청을 제안하는 것은 잠정기부자에게 보람 있고 흥미 있는 기회를 제안하는 거야. 마지막 후원 이후 다소 섣부른 요청일지

몰라도, 그들에게 계속 새로운 기회를 제안해 보는 거야.

그들은 아직까지 요청받을 준비가 되어 있지 않아.
➔ 우리는 잠정기부자에 관한 철저한 사전 조사와 관계 다지기 cultivation를 구축하기 작업을 해 왔기에 나는 누구보다 그들에게 요청을 제안할 준비가 되어 있어. 미팅을 잡은 후 그들에게 요청을 제안하고 함께 대화함으로써 그들의 자세한 생각을 파악하도록 해 보자.

잠정기부자들은 미팅에 참여할 수 없을 거야. 그들은 너무 바빠.
➔ 그들은 좋은 친구들이야. 특별한 이벤트를 열어 여러 사람들을 초대해서 서로 관심 있는 다양한 사람들을 만날 수 있도록 해 보는 것은 어떨까? 즐거운 요청은 그들도 기뻐할 테니까.

잠정기부자가 약속을 위해 시간을 내줄지 모르겠는데, 편지로 대신 요청을 하도록 해야겠다.
➔ 직접 만나서 요청하는 것이 우리를 위해 가장 효율적이고 이득이 많이 되는 것이라고 설명하면, 잠정기부자도 그 의미와 중요성을 알게 될 거야. 무엇보다 우리는 그동안 좋은 친구가 되었으니까.

요청에서 아마 실수를 할지도 몰라 걱정이 된다.
→ 대화를 이끌어 가는 건 쉬운 일만은 아니지만, 실질적인 요청 상황에서는 분명 더 잘할 수 있어. 다른 사람들과 대화하며 연습하여 좀 더 익숙해지도록 하자.

요청할 금액은 도저히 불가능해 보이는 금액이야.
→ 나는 지금 요청할 금액이 반드시 필요하고 적합한 금액이라는 걸 알아. 요청에 앞서 타깃을 위한 적당하고 충분한 조사와 토양 작업을 했는지 검토해 보자. 만약에 그렇게 했다면 이제 물어볼 준비는 됐어. 내가 직접 후원한 금액은 비록 이것보다 적은 비용이었지만, 이를 통해 목표하는 프로젝트에 도움을 주고 있다는 걸 인식시켜 동기 부여를 제공해 보자.

나는 잠정기부자에게 요청하기 적합한 사람이 아닐지도 몰라.
→ 나는 내가 모금전문가로서 적합하다고 생각하며, 요청이 얼마나 중요한지에 대한 이해가 있다. 만약 잠정기부자가 나를 필요로 하고 나를 모금전문가라고 느낀다면, 난 그들을 위해 훌륭한 펀드레이저가 될 수 있다.

7. 경청의 고수 Good Listener를 알아보는 10가지 방법

모금가와 기부자 간의 관계에 가장 중요한 기초가 서로 잘 듣는 것이다. 특히 모금 리더가 모금가를 선정하고 고용할 때 경청의 고수 Good Listener를 뽑는 것이 단체의 모금 역량에 매우 중요한 요소이기에, 우선 어떤 사람이 잘 듣는 사람인지 아는 것이 중요하다. 잘 듣는 모금가는 좋은 인간관계에서 가장 중요한 토대 중 하나이기에, 모금가 교육 때 듣기를 다음과 같이 훈련하도록, 또 상대가 어떤 사람인지 아는 방법 10가지를 소개하려고 한다.

① 듣는 사람이 당신과 온전히 함께하고 있다는 느낌을 받는가?
설명하지 않아도 느낌만으로 상대가 당신의 말에 집중하고 있는지, 아니면 다른 곳에 집중하는지, 당신의 말이 끝나기 무섭게 바로 자신의 말을 하는지 알 수 있다. 나의 말에 집중해 주면 마치 그의 중심에 내가 있는 것같아 기분이 좋아진다. 대화 후 일단 뒤끝이 좋으면 그가 잘 듣는 사람이다.

② 듣는 사람이 당신과 눈을 마주친다.
어색함을 방지하기 위해 가끔 다른 곳에 시선을 주지만 당신과 함께 늘 지속적인 눈 접촉을 유지한다.

③ 듣는 사람이 고개를 끄덕이고 미소를 지으며 청각 피드백을 가끔 준다.

당신에게 "음, 음" 등 콧소리를 내며 "네"와 같은 청각 피드백을 제공하거나, 진지하게 혹은 대답을 통해 관심을 보이는 방법으로 듣는 사람이 당신의 말을 듣고 있음을 나타내기 위해 노력한다.

④ 듣는 사람이 당신이 계속 얘기하도록 권장하는 말을 한다.

그들은 "그거 진짜 흥미 있는데요." 이렇게 말하기도 하고, 또는 "계속하시기 바랍니다.", "좀 더 듣고 싶은데요." 등으로 계속 말을 하도록 권유한다.

⑤ 듣는 사람이 가끔 당신의 말을 앵무새처럼 다시 반복한다.

그들은 당신의 말에 주의를 기울이고 있으며 잘 듣고 있음을 나타내기 위해 필요할 때면 한 번씩 "그러니까 당신 말은……." 이라고 되뇌이며 기분 나쁘지 않은 앵무새가 되기도 한다.

⑥ 듣는 사람은 적절한 경우에만 당신의 말이 끝나면 말을 한다.

반드시 끝까지 말하는 것을 들으며, 필요할 때만 중간에 말을 한다. 말하는 사람이 단어를 잊어버렸거나 해도 섣불리 거들거나 서둘러 말을 끝내도록 종용하지 않으며, 말하는 사람과 속도를 맞추어 나간다.

⑦ 듣는 사람은 80%를 듣고 20%를 말하는 규칙을 지킨다.

듣기의 예술이란 대화의 과정에서 시간의 80%를 듣도록 노력하며, 20%를 말해야 하는 것으로 알고 대화를 시작하는 것이다. 정확히 시간을 계산해서 대화할 수 없으므로 직관적으로 시간을 배분해야 한다.

⑧ 듣는 사람은 토론 주제의 초점을 마음대로 바꾸지 않는다.

무엇인가 열심히 말을 하는 중간에 누군가가 화제를 바꾸는 것처럼 짜증나는 것은 없다. 당신이 말하는 중간에 듣는 사람이 그 말의 예를 들면서 끼어들어 대신 말하다가 화제를 다른 것으로 바꾸는 경우가 종종 있다. 잘 듣는 자는 당신의 말에 부연 설명이 필요하다면 짧게 예를 든 후, 다시 당신의 주제로 돌아오도록 배려한다.

⑨ 듣는 사람은 당신이 말할 때 사려 깊고 끝이 열려 있는 질문으로써 대화를 돕는다.

잘 들어 주는 사람은 당신에게 토론의 주제에 대한 사려 깊고 개방적인 질문으로 당신의 대화를 이끌 것이다. "당신은 그때 담당이 무엇이었고, 당신이 성공하게 된 이유가 무엇이었나요?"

⑩ 듣는 사람이 말하는 사람의 말을 공감적으로 듣는다.

듣는 사람이 말하는 사람의 감정에 대해 피드백을 해 줄 때 말하는 사람의 감정과 일치되는 공감을 한다면 좋다. 하지만 만약 잘못된 공감을 한 것이라면, 이후로 그들은 아무렇게나 여러 가지 의견을 얘기하는 것이 아니라 그 차이를 찾고자 성실히 노력할 것이다.

당신 인생에 있어 잘 듣는 사람이 당신의 친구라면 반드시 감사해야 할 일이다. 만약 아직도 경청의 고수를 찾고 있다면, 찾을 만한 가치가 있고 인내가 필요함을 알아야 한다. 그런 사람들이 훌륭한 소통의 기초를 만들고, 당신을 귀중한 사람으로 만들며, 당신이 스스로 표현하는 것을 도와줄 것이다.

❖ **모금전문가에게 배우는 지갑을 열게 하는 Tip**

1. 모금에서의 가장 큰 문제는 너무 많은 말을 한다는 것과 과다의 메일을 보낸다는 것이 아니라, 기부자의 말을 경청하지 않고 그들이 좋아하는 방법으로 소통하지 않는 것이다.
2. 만약 모금가가 한 달간 입안 수술을 해 말을 하지 못하고 듣기만 해도 기부자는 더 많은 기부를 하게 된다. 입으로 하는 요청보다 귀로 하는 요청이 더 효과적이다.
3. 질문을 자주 하고 그리고 그가 원하는 방법으로 듣는다.
4. 지갑을 열어 달라고 요청한 뒤 그의 다음 말을 기다려 더 듣지 못하고 다음 말을 한다면 지갑은 열리지 않는다.
5. 만약 그가 단체에 주요 문제점을 제시하면 반발하지 않고 다시 질문을 해 "그 문제에 대해 좀 더 이야기해 주시겠습니까?" 하고 그의 말을 듣는다.

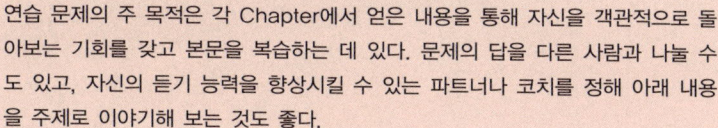
듣기 훈련을 위한 연습 문제

연습 문제의 주 목적은 각 Chapter에서 얻은 내용을 통해 자신을 객관적으로 돌아보는 기회를 갖고 본문을 복습하는 데 있다. 문제의 답을 다른 사람과 나눌 수도 있고, 자신의 듣기 능력을 향상시킬 수 있는 파트너나 코치를 정해 아래 내용을 주제로 이야기해 보는 것도 좋다.

1. 나의 만남의 목적은 7가지 중 주로 어떤 것인지 스스로를 돌아보자.

2. 모금가의 경청 방법 중에 나의 듣기 생활에 당장 적용할 수 있는 것이 무엇인가?

3. 나의 가장 큰 경청의 약점은 무엇이라고 생각되는가? 5why를 물음으로서 그 근본적인 원인을 찾아보자.

    Why 1 ─────────────
    why 2 ─────────────
    why 3 ─────────────
    why 4 ─────────────
    why 5 ─────────────

4. 모금 시 자원봉사자, 기부자, 수혜자의 입장에서 경청이 필요한데, 각각의 요구와 필요를 구분하여 경청해 보고, 지금껏 자신이 생각했던 것과 어떻게 다른지 표현해 보자.

Chapter 10

리더십으로서 듣기

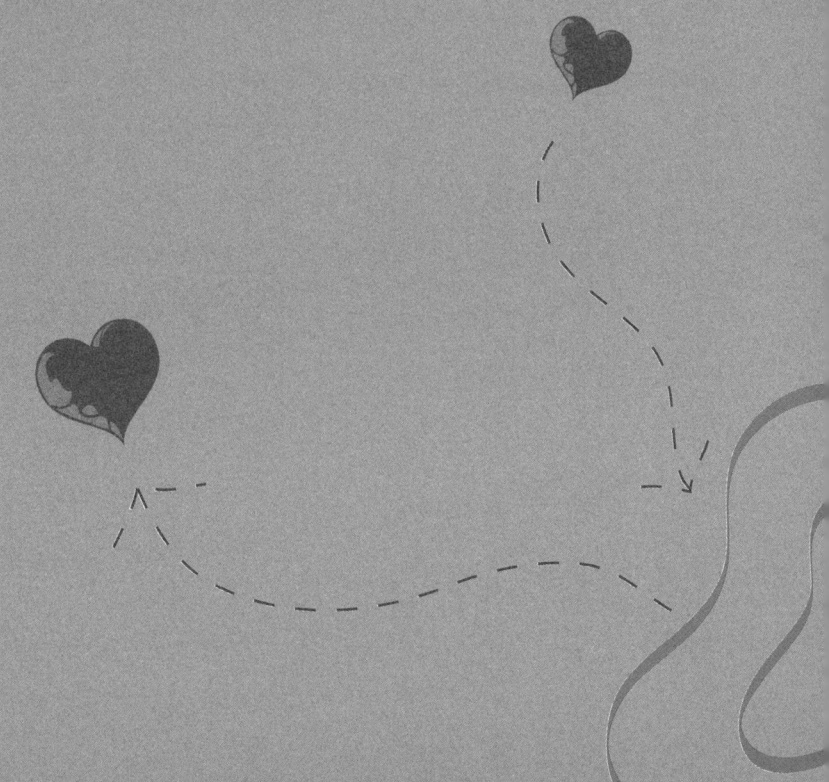

자유는 사람이 말할 수 있을 때 나오는 것이고, 민주주의는 정부가 들을 때 나온다. *Freedom is when the people can speak, democracy is when the government listens.* –Alastair Farrugia

1. 비영리단체장으로서의 경청

리더가 비전을 갖지만 그 비전을 공유할 줄 모르면 그저 망상으로 끝나고 만다. 많은 리더들이 비전을 갖고 있지만 그 뜻을 이루기 위한 팀을 만드는 데 실패하거나, 팀과 비전을 공유하는 데 실패한 사례는 주위에서 얼마든지 찾아볼 수 있다. 큰 일을 도모하려는 사람에게는 누군가 그 일을 도울 사람이 필요하다. 물론 요즘은 필요한 사람을 돈을 주고 사는 세상이지만, 그것도 팀을 이루어야 가능하다. 돈으로 사는 팀은 돈이 떨어지면 다 흩어지고 만다. 돈이란 하나의 보상인데, 그 보상 이외에 다른 무엇을 줄 수 있으면 관계는 비전을 이루기까지 유지된다.

작은 뜻을 품은 사람은 큰 뜻을 가진 사람에게 귀속되는 것이 보통의 세상적 이치로서, 지금까지는 역사적으로 큰 뜻을 가진 사람이 뜻이 작은 사람에게 "내 일을 도와주면 당신의 그 작은 뜻을 이루도록 도와주겠다"는 묵시적 동의하에 희생을 요구했으나, 지금은 순서가 바뀌었다. 작은 뜻을 가진 사람의 바람을 먼저 들어주고 도와주면 큰 뜻을 이룰 수 있기 때문에, 그 사람이 큰 뜻을 이루는 데 중요한 동기와 보탬이 된다고 먼저 칭찬하고 그를 요청한다. 사실 작은 뜻을 가진 사람은 어쩌면 큰 것을 바라지 않을 수도 있다. 그저 자신의 말을 경청해 줄 수 있는, 큰 뜻을 가진 사람을 만나는 것으로 만족할 수도 있다. 그렇기에 리더로서 가장 중요한 덕목 중 하나가 바로 경청이라고 정의할 수 있는 것이다.

중국 춘추전국시대 은자隱者의 『귀곡자鬼谷子』라는 책에도 '반응team building'이라는 주제에서 "경청과 떠보기로 일을 도모하는 주변 사람의 마음을 읽어라."는 문구가 있다. 일을 도모하는 데 있어서 팀워크가 매우 중요하고 리더의 덕목 중에 제일이 경청이기에, 경청을 하는가 못하는가에 따라 사람이 주위에 모이는가 안 모이는가가 달려 있다고 이 책은 말하고 있다.

한국에서 필자는 진심으로 부러울 정도로 큰 뜻을 가진 잠정적 리더들을 많이 만난 것 같다. 그럼에도 불구하고 하나같이 공통적인 점은 도대체 상대의 작은 뜻에 대해서는 관심도 없고 묻지도 않는다는 것이다. 자신의 뜻을 상대에게 설득하거나 제안하려고만 하지, 상대가 무슨 생각을 하는지 무엇을 원하는지 어떻게 하면 도울 수 있을지를 물어오는 사람은 기억하기 힘들다. 다들 자기 자신, 본인을 중심으로 세상이 존재하는 것으로 착각하는 것 같다. 지구가 전 은하계의 한 티끌이고, 태양을 중심으로 돌고 있다는 생각의 전환을 갖는다면 세상이 다르게 보일 것이다. 하지만 이것은 이론일 뿐, 많은 사람이 이런 원리를 알지만 실천하는 경우는 많지 않기 때문에 우리 주위에 리더는 많을 필요가 없다. 작은 일이지만 경청을 실천할 수 있는 사람이 리더의 자격이 있으며, 많은 사람들이 그의 주위에 모일 것이다.

2. 단체의 리더로서 듣기

한국에 비영리단체나 회사의 리더는 자신에게 고용된 사람들은 자신의 말을 들어야 하지만 자신은 그들의 말에 귀를 기울이지 않아도 된다고 생각한다. 그 이유는 아랫사람들은 게으르고 기회만 되면 자신의 이익을 찾을 것이라는 선입견과, 자신만큼 조직에 충성스런 사람이 없다는 생각 때문이다.

현대에 와서 사람들은 자신들의 자아 실현을 위해서 움직인다. 물론 먹고 살기 위한 방편을 넘어서, 자신을 인정해 주고 알아주는 사람들과 일을 하고 프로젝트를 실행하고 싶어 한다. 가장 좋은 방법은 그들의 말을 듣고 기억해 주며 피드백해 주고 실행해 준다면 금상첨화이다. 일례로, 미국의 오바마 대통령이 선거에 성공한 이유는 여러 가지가 있지만, 그중 25세 이하 젊은 자원봉사자의 수가 100만 명까지 늘어난 점을 들 수 있다. 이전의 민주당 선거 캠페인은 젊은 자원봉사자를 신경 쓰지도 않았고, 신경을 쓴다 해도 다들 월급을 주고 고용하는 계약적인 형태였다. 하지만 그들의 말을 듣고 존중해 주고 권위를 일임한 결과 숫자는 놀라울 정도로 늘어난 것이다.

단체의 리더는 제일 먼저 자신의 듣기 성향과 용량을 제3자의 시각에서 정확히 진단해야 한다. 프로젝트가 진행되면서 중대한 결정을 내릴 때나, 더 많은 사람이 프로젝트에 참가를 해야 한다면 더 더욱 이런 부분이 필요하다. 만약 자신의 부족한 점을 이미 알거나 주위에 감히 문제를 지적해 주는 사람이 있다면, 그들의 말을 참조해 자신의 부족함을 채울 수 있는 동역자, 즉 전문적으로 훈련이 되어 있는 전문가나 듣기에 관한 재능이 특별한 사람들이 조직 내에 필요한 것이다. 오바마 대통령의 경우는 투표자들의 생각과 의견을 듣기 위해 수많은 포커스 그룹Focus group을 조직하고, 상업적인 여론조사원pollster이 아니라 듣기에 재능 있는 사람을 그 그룹의 중재자mediator로 고용해서 전 선거운동 기간 중에 가동하였다. 이는 리스닝을 공부하는 사람에게는 매우 중요한 자료이기도 하다.

3. 한국 리더의 듣기 평점

어떤 조직이든 리더가 말을 잘 한다는 것은 매우 중요한 리더십의 덕목이다. 하지만 더욱 중요한 덕목으로 떠오르는 것이 바로 경청이다. 이미 언급했듯이 동양에서는 옛날부터 수많은 서적에서 그 중요성에 대해 가르쳐 왔고, 특히 21세기에 와서는 경청의 중요성이 좀 더 대두되고 있다. 실제로 그 리더의 듣기 습관에 따라 리더십의 장래가 결정된다고 해도 과언이 아니다. 듣기를 잘하는 리더는 많은 사람들이 따른다. 그에게 어려움이 닥칠 때에도 듣기의 리더십이 그대로 있다면 전혀 부정적 영향 없이 사람들이 더 따르게 된다.

한국에서 많은 단체의 리더들을 만나 그들과 대화해 보면 듣기 능력이 낙제점인 경우가 많다. 리더들도 자신보다 사회적 지위가 높거나 연장자인 사람의 말에는 좀 더 귀를 기울이지만, 그 외에는 말하기에 열중하지 남의 이야기를 잘 듣지 않는다. 마치 아랫사람의 말을 듣지 않는 것이 리더로서 권위를 세우는 일이라고 생각하고 있는 것 같다. 어떤 리더는 상대에게 집중하기는커녕 눈을 감고 듣기도 하고, 대화의 90%를 자신의 이야기만 하다 끝내기도 한다. 뿐만 아니라 상하를 구분지어 본인이 높은 위치라고 생각되면 아랫사람들은 무조건 듣기만 해야 한다고 생각하는 것처럼 몰아붙이기도 한다. 이와 같이 한국 사회에 뿌리깊게 인식된 사회적 서열 문화의 장벽은 매우 크다.

이런 현상이 생기는 이유는, 자신보다 경험이나 직급이 아래이거나 나이가 어린 사람에게 이야기를 듣는 것을 부끄럽게 생각하거나 약점을 보여주는 것이라고 생각하는 문화 때문이다. 현재 대한민국의 문화는 듣는 자는 낮은 위치에 속해 있고, 말하는 자는 리더로 사회를 지배한다는 생각이 지배적이다. TV 오락 프로그램에서 서로 자신을 부각시키기 위해 말과 행동에서 경쟁적으로 지나친 과장을 일삼는 모습은 지금 우리의 현주소를 보여주는 부분일지도 모른다.

또한 우리가 자라온 교육 환경도 학생 때부터 경쟁에 이기기 위해 상대가 말할 틈을 주지 않고 끊임없이 자기 말만 하는 사람이 강한 자로 여겨졌다. 뿐만 아니라 배운 사람과 똑똑한 사람은 남보다 더 질문을 하며 자신을 표현하는 사람이고, 단순히 듣는 사람은 약하고 못 배운 사람이라는 인식이 지배적이었다. 특히 유명인이나 사회적으로 성공한 저명인사들과 대화를 하다 보면, 상대가 누구인지에는 관심이 없고 자신의 위치나 유명세만을 반복적으로 강조하며 전혀 남의 말을 듣지 않는 경우를 자주 보게 된다.

필자가 어떤 리더에게 리더의 덕목 중 경청에 대해 말했더니 짜증을 내면서 "내가 한국 최고의 엘리트인데 남들이 내 말에 귀 기울여야지 내가 왜 남의 말을 듣는가? 이 자리에 오기까지 얼마나 많은 날을 공부하고 시험에 통과했는데……."라며 그야말로 경청은 상호 소통이 아니라 일방적으로 진행돼야 한다고 굳게 믿는 사람도 있었다.

다른 한편으로 드물기는 하지만 유명인 중에 남의 말을 잘 듣는 사람도 있었다. 항상 그의 주위에는 그를 칭찬하는 사람이 많이 있음을 보게 되는데, 왜 유명한지 알 만하다. 필자의 유명인 친구는 "남의 말에 귀를 기울이는 것은 낙타가 바늘 귀를 통과하는 것처럼 어려운 일이다."라고까지 말하였다.

혹시 많은 사람을 만나고 대화도 많이 하지만 정작 주변에 사람이 없다면 그건 분명히 자신의 듣기 방식에 문제가 있다고 생각해도 좋을 것이다. 사람들이 아무리 그 사람을 좋아해도 자신의 말을 들어주지 않으면 처음에는 그냥 듣더라도 나중에는 더 이상 대화를 하지 않으려 할 것이다.

사람들은 조직 내에서 자신에 대한 나쁜 소식을 전하는 사람들을 무의식적으로 싫어하거나 멀리하려는 경향이 있고, 비록 왜곡된 것이라도 좋은 소식만을 전하는 사람을 좋아하는 경향이 있다. 그래서 사람들은 왜곡된 진실이라도 좋은 소식만을 전하려고 한다. 그것을 '침묵효과Mum effect'라고 하는데 경청에서 특히 상하가 존재하는 조직 내에서는 그것을 염두에 둬야 한다. 얼마 전 미국 NASA에서 첼린저호 폭발 사건을 조사하던 중에 조사관이 실무 엔지니어에게 고무 조인트 링이 실패할 확률이 얼마인가를 물었더니 200에서 300분의 1이라고 했다. 그러나 상위 관리자에게 물어보니 100,000분의 1이라고 답하였다. 이 사실을 보면, 상위 관리자가 문제의 심각성에 대해 정확하게 보고받지 못한 것이 실패의 원인이라는 것을 알 수 있다. 경청이 중요하지만 그 가운데서도 **진실된 목소리를 들을 수 있는 능력**이 리더에게는 반드시 필요하다.

4. 한국 리더의 듣기와 기억력

얼마 전 신문지상에 꽤 알려진 사회지도층 인사와 식사를 같이 할 기회가 있었다. 한국에 온 이래로 그를 세 번째 만나는 것이다.

그런데 그는 필자와 나눈 지난 내용에 대해서 잘 기억하지 못하는 것 같았다. 그렇다고 그의 겉으로 보이는 경청 스타일에 문제가 있는 것 같지는 않았다. 확실한 건 기억을 못해 대화에 연속성이 없으므로 처음 만나는 사람처럼 대화를 다시 시작해야 했다는 점이다. 사실 상대가 자신과 나눈 내용을 기억하지 못하는 것처럼 섭섭한 건 없다. 왜냐하면 그에게 있어서 상대가 경력이 있거나 반드시 기억해야 할 사항이 있었더라면 어떻게 해서라도 기억했을 것이라는 전제가 있기 때문이다.

자신의 존재감을 인정받지 못하면 기분이 상하는 건 당연하다. 인간은 자신이 다른 사람에게 특별한 사람이길 원하고, 그 사람이 아는 사람 중 하나이기보다 개인적인 교감을 나누어서 특별히 기억되는 사람이기를 원한다. 그런가 하면 어떤 이는 3년 전에 나눈 이야기를 그 이후에 우연히 지나가는 만남 가운데서 떠올려 내기도 한다. 사람마다 들은 것을 기억하는 형태가 다르므로 경청은 기억과 무관할 수 없다. 만약 지도층 중에 기억을 잘하는 사람이 있다면 많은 사람들이 그를 좋아하거나 따를 것이다.

사실 펀드레이저 사이에 통용되는 룰이 있다. 보통 자원봉사자가 모금을 위해 일년에 관리하는 사람은 5명 정도이고, 전문 펀드레이저는 25명까지 관리할 수도 있다. 그것이 인간의 한계라고 믿는 모금계의 오래된 전통이다. 그 정도라야 개개인의 사정도 알고 기념일도 챙기고 꾸준히 소통할 수 있지, 그 영역을 벗어나면 누군가 소외감을 느끼는 사람이 생긴다는 것이다. 요즘 유행하는 페이스북Facebook에 친구가 500명이니 700명이니 자랑들을 하지만, 그건 인간이 성의 있는 소통을 하기 위한 숫자를 넘은 것이어서, 그들이 보내는 편지는 마치 기계적이고 상투적인 수준을 벗어나지 못하기 때문에 깊은 관계는 불가능해진다.

5. 리더십 경청의 오해

리더가 무조건 잘 듣는다는 것은 아니다. 단지 잘 들어야 할 때와 말을 해야 할 때를 잘 구분한다는 뜻이다. 미국의 클린턴 전 대통령은 경청을 잘하는 것으로 유명하다. 물론 세계 유명인의 경청 능력은 미디어에 의해 약간 과장된 감이 없지 않지만, 그 결과를 간과할 수는 없다. 지극한 눈빛으로 경청하는 것이 그의 트레이드마크가 되었다. 물론 평범한 사람들이 경청하면 그건 당연하겠지만 유명인이 일반인과 대화할 때 경청하면 돋보이는 경향이 있으므로 이미지 관리에도 도움이 되는 것이다. 리더들의 경청의 진정성을 확실하게 알 길은 없지만 클린턴 전 대통령의 경우는 그가 대화한 사람의 이름을 기억하며, 대화 내용도 기억하기 때문에 그가 실제로 경청한 것을 확인할 수 있었다. 유명인의 경청의 태도는 좀 더 빨리 알려지기 때문에 돋보이는 것이고, 그렇지 않을 경우는 잊혀지는 것이 생리인 것이다. 오프라 윈프리나 토크쇼 호스트들의 경청은 직업적인 필요에 의해 한 것이므로 그들의 개인적인 성향을 알 길은 없다.

6. 오바마의 경청

미국 대통령 선거 당시 오바마 후보가 대통령에 당선되었을 때, 많은 기자들이 오바마 후보의 핵심 참모로 같은 이름을 가진 데이비드 엑셀로드David Axelrod(선거운동원들은 구별을 위해 그를 D.A.라 부르고)와 데이비드 프로페David Plouffe(D.P.라 부른다)에게 그 성공의 비결을 물었다. 물론 그들 두 명은 이미 개인 컨설팅 회사를 가지고 있었고 오바마 후보와 컨설팅 계약 관계였지만, 사실 무보수 자원봉사로 참모 역할을 한 것이다. 무엇이 그들을 무보수로 일하게끔 할 수 있었을까? 그들은 이미 다른 후보자를 당선시킨 경험이 있었지만 "오바마 후보처럼 경청을 잘하는 정치인을 본적이 없다. 아마도 그 덕목이 그를 대통령으로 만든 것 같다."며 그비결을 공개했다.

물론 정치인 중에 경청을 잘 하는 사람들은 많이 있지만, 경청 전문가들은 보통 사람과 오바마 대통령의 차이가 무엇인가에 관심이 있었다. 그는 경청한 뒤에 반드시 후속조치follow-up를 하고, 그 중거로 말하는 이에게 권한을 주었다는 점이 듣는 척만 하는 사람과는 구별이 된 것이다. 오바마의 과묵하며 경청하고 남을 배려하는 모습은 그의 리더십의 상징처럼 인식되었고, 이를 많은 이들이 강연에 인용하기도 하고 책에도 소개하는 것이다.

사실 선거운동 중 여러 차례 고비가 있을 때마다 그가 그의 내부조직inner circle에 속해 있는 구성원뿐만 아니라 외부조직에서 낮은 레벨의 선거 운동원의 의견까지도 경청한 사례는 매우 유명하다. 회의 때 전체적인 논의 방향을 미리 최고위원회에서 결정하고 시작하는 것이 아니라, 모두의 생각을 듣는 것이 오바마의 회의 참석의 이유와 목적이라고 한다.

지지율이 오르지 않고 침체되었을 때 회의에 참석한 한 대학생 선거 운동원이 이런 제안을 했다. 20~30불씩 소액 후원을 하는 청소년 5명을 추첨해 매주 오바마 후보와 같이 햄버거를 먹는 기회를 만든다는 아이디어를 낸 것이다. 이 의견을 오바마 후보가 채택했고, 아무리 바빠도 그 약속을 지킨 것이 결국 선거에 반전을 가져오게 되었다. 이 이야기는 필자의 딸도 20불을 후원하고 오바마 후보와 햄버거를 같이 먹을 것을 기대할 정도로 하나의 문화가 되어 열풍처럼 전 학교에 번졌던 기억이 지금도 생생하다.

그의 경청은 값진 정보와 아이디어를 얻어 낼 수 있었을 뿐 아니라 값으로 환산할 수 없는 선거운동원의 마음을 사로잡았으며, 결국 21개월의 선거운동 기간 중에 단 한 명도 선거운동 이탈자가 없었다고 한다. 경청 습관으로 시민들의 요구를 정확히 알아내고, 메시지 전달을 효과적으로 하여 그것이 소액 모금으로 이어지게 하였고, 그것이 자연스럽게 고액 모금 형성으로 이어졌으며, 그것이 또한 표로 연결된 것이다.

7. 목회자들의 헌금 요청과 경청

보통 목회자들은 강단에 서서 대중 설교를 하기 때문에 커뮤니케이션의 달인이라고 생각하기 쉽지만 꼭 그런 것은 아니다. 오히려 목회자 중에 자신의 소통에 문제가 있다는 것을 잘 모르는 분이 의외로 많다. 그런 분들과 대화를 하다 보면 말하는 시간이 70~80%가 넘어 듣는 것보다 말을 많이 하는 경우가 대부분임을 보게 된다.

특히 개인적인 대화에서는 모든 것이 설교적이거나 교훈을 제시하는 성향이기에 대화 상대로서 인기가 없다. 필자의 한 동료가 10년을 알고 지낸 한 목회자가 있는데, 그와 수많은 대화를 나누었지만 그는 아직까지 동료가 가지고 있는 고민거리를 알지 못한다고 한다. 물론 그 동료가 그것을 스스로 밝히지 못했지만, 단 한 번도 목회자 쪽에서 물어 온 적이 없었다고 한다. 그만큼 자기 말만 하고 상대에게 관심이 없다는 증거이다.

목회자가 가장 쉽게 간과하는 것은 남의 말을 듣는 습관이다. 먼저 말하는 자가 주도권을 가지고 있다는 착각이 만들어 낸 잘못된 행동이다. 둘째, 일반 평신도의 관점 또한 그저 잘 듣기만 하면 되고 또 자신들이 이야기를 시작하면 상대가 금방 들을 것이라는 잘못된 생각을 갖고 있다. 들을 수 없는 사람에게 요청한다는 것은 무리이다.

목회자는 헌금을 요청하기 전에 사람들이 돈에 대해 어떠한 생각을 하는지 알아내는 것이 중요하다. 물을 수 있는 특권과 동시에 그들의 마음을 바꿀 수도 있는 다양한 호소를 할 수 있다. 쉽진 않겠지만 평신도, 그들의 마음이 어디에 있는가를 아는 것이 우선이다. 무조건 설득하려 할 것이 아니라 먼저 자신을 아는 것이 선행되어야 한다. 예를 들어, 목사 자신의 기부금액이 얼마인가 스스로에게 물어보는 것이다. 아마도 그 금액 이상 다른 이에게 요청하기는 쉽지 않을 것이다. 결국에 끝까지 살아남는 자가 성공하는 것인데, 목회자는 세상의 트랜드를 이해하고 인내로 기다리는 자가 되어야 할 것이며, 필요하다면 약간의 배팅을 할 수 있는 준비와 용기가 있어야 한다.

목회자가 거액의 기부와 헌금을 요청하려면 대충 어느 정도가 적당한지 궁금할 것이다. 보통 순자산의 5%가 적당하다고 보고 일년 수입의 10% 정도로 보는 전문가도 있는데, 필자는 보통 자신이 내

사례

유대인 전승 백과에 나오는 이야기이다.

유럽에 한 유대인 의사가 있었는데, 늘 유대인 협회 기금을 기부하던 그가 어느 해부터인가 자신의 정체성에 대해 회의가 들고 유대인 의사라는 것을 밝히고 싶지 않았는지 기부금 기부를 거부하게 되었다. 한편 기부금 담당 랍비 모금가는 왜 그런가 듣기 위해 그의 진료실로 찾아갔으나 번번이 만날 수가 없었다. 해서 그 후 몇 해 동안 그 의사의 친구를 통해 만나기를 청했으나 소용이 없었다. 하지만 포기하지 않고 계속해서 그 친구에게 부탁을 하자 그 친구가 다음과 같이 귀띔해 주었다. "다음 주 토요일에 그 친구가 논문 발표를 위해 하는 연구가 있는데, 연구 대상의 자원봉사자로 참여하여 남자의 하체 전부를 보여주어야 하는 시간이 그 의사를 볼 수 있는 유일한 기회입니다." 그래서 그 모금가는 기꺼이 자원봉사 신청을 하고, 그날 가서 여러 명과 같이 서서 기다리고 있었다. 마침내 그 의사의 조수가 "자 일렬횡대로 서시고 바지를 내려 주십시오."라고 하자 그 모금가는 다른 사람과 같이 바지를 내리고 자신의 순서를 기다리고 있었다. 순서를 따라 그에게 다가온 그 의사는 그를 보고 깜짝 놀라서 말했다. "아니, 선생님은 유대인 협회 랍비가 아닙니까? 어쩐 일로 이 일을 자원하신 겁니까?" 그 물음에 랍비는 "제가 선생을 만나려고 수해 동안 노력했으나 만날 수가 없었는데 이런 기회가 있어 온 것입니다. 왜 기부금을 중단하셨는지 궁금해서 여쭈어 보려고 왔습니다."라고 대답했다. 그 의사는 감복하여 눈물을 흘리면서 "죄송합니다. 선생님처럼 이렇게 민족을 위해 노력하는 분도 있는데 제가 생각이 부족했습니다."라고 하면서 그 해부터 기금을 착실히 내기 시작했다는 이야기이다.

는 헌금의 10배 정도가 적당하다고 본다. 그러기 위해서는 물론 요청하기 전에 잠정기부자에 대해서 아는 것과 기본적인 리서치 정도는 해야 헌금 받을 자격이 된다고 본다.

목회자의 리더십은 내가 못하면 남도 못함을 알아야 하고, 내가 못하면 남이라도 하게 할 수 있는 것이 진정한 리더십임을 알아야 한다. 그저 남이 할 수 있을 것이라고 믿지 말고, 반드시 확인할 수 있어야 하는 것이 목회자의 리더십management이다.

요즘은 know-how를 배우려는 관심은 덜하고 know-who 자체에 모든 관심이 집중된다. 모금에 있어서 Know-who 그 자체에 100% 의존하면 나중에 문제가 생기고 만다. 요청은 조직의 미션과 대의적 명분이 포함되어야 오래 지속될 수 있다.

8. 조직의 듣기 문화와 능력

모금을 하려면 설득력이 있고 말을 잘하면 되지 무슨 듣기 기술이 필요한가를 묻는 사람들이 많다. 모금전문가는 인간관계를 중요시해야 하고, 리더십으로 가는 길목에 있으며, 조직의 경영을 알아야 하는데, 그 모든 것에는 남을 배려하는 마음이 깔려 있어야 한다. 이런 것을 연결해 주는 것이 커뮤니케이션인데 그 가운데 으뜸이 듣기인 것이다. 자신의 말을 들을 줄 모르는 사람이나 단체에 기부하기를 꺼리는 것은 당연한 일이다. 어쩔 수 없이 한 번 했다고 해도 이내 실망하고 다시는 기부하려 하지 않는다. 그래서 단체는 펀드레이저를 고용할 때 듣기에 능한 사람을 뽑으려 하며, 특히 리더는 듣기에 탁월한 사람을 선호한다.

문제는 모금을 위해서 따로 듣기 훈련을 받아서는 효과적이지 않다. 어려서부터 듣는 훈련이 잘 되어 있고 평소에 잘 듣는 사람이 모금계에 있기를 다들 바란다. 천성을 바꾸기는 힘들다는 것이 이 계통에 있는 사람들의 오래된 통념이다.

그 단체의 듣기 문화는 단체 CEO의 개인 듣기 성향의 그림자다. 어느 한 단체를 컨설팅하면서 그들의 듣기 문화를 점검해 보니 그 단체 회장의 듣기 능력을 벗어나지 못하는 것을 발견하게 되었다. 즉, 단체의 리더는 본인의 약점을 채울 수 있는 사람과 팀워크를 해야 한다. 그렇지 못하면 결국 파국으로 치닫게 되는 단체를 수없이 목격했다.

조직 내에는 서로 다른 듣기 능력이 있는 사람들이 반드시 필요하다. 한 조직을 운영하는 데 있어서 한 가지 듣기 능력만 가지고는 부족하다. 보통 사람은 한두 가지 능력을 보유하기 때문에 다른 분야의 능력을 소유한 자와 함께 팀을 이루면 조직 운영은 원활할 수 있다. 예를 들어, 오바마의 2008년 미 대통령 당선에 결정적인 역할을 했던 캠페인 매니저인 데이비드 프로페David Plouffe는 그의 저서 『담대한 승리The Audacity to win』에서 2년간의 캠페인 내용을 상세히 기록하고 있다. 그 책을 보면, 그는 상위 관리자로서 맡겨진 임무를 위해 포괄적인 경청comprehensive listening과 분석적인 경청analytical listening이 뛰어났기 때문에 오바마의 경청 스타일에서 부족한 조직의 안정적 유지 임무maintenance role에 필요한 공감적 경청empathic listening과 직감적 경청appreciative listening의 부족함을 채울 수 있었다.

9. LMXleader member exchange 이론의 듣기를 적용한 리더

오바마의 경우는 선거운동 중에 내부조직Inner circle과의 대화, 외부조직outer circle과의 대화 그리고 내부조직과 외부조직 간 효율적인 소통에 LMX의 이론을 그대로 적용해서 성공한 사례이다.

LMXleader member exchange 이론은 현대 조직 내에서 어떤 프로젝트를 진행하거나 팀워크가 필요한 경우, 기업이나 비영리단체가 진행하는 캠페인에서도 리더와 팀원 간의 관계를 설명한다. 좀 더 자세히 살펴보면 처음에는 리더가 팀원을 정하고 그 뒤 팀원들과 소통하는 방법을 관찰한 뒤에 자연히 임무를 주고 그 임무를 잘 이끈 사람 중에서 내부조직이 정해진다. 그 뒤 비공식적으로 역할이 확정되고 고정된다. 내부조직의 사람들은 외부 사람들과 소통을 하고 리더에게 전하면서 특권을 누리기도 하는데, 여기에서 리더가 내부조직의 사람들과 소통하면서 경청하지 못하면 그 조직은 깨지기도 한다. 오바마의 경우는 외부조직이 2,000명 정도 있었고 내부조직이 60명 정도 있었는데, 조직 간에 소통을 대화의 발굴conversation mining 기법과 문자의 발굴text mining 기법으로 적용하였다.

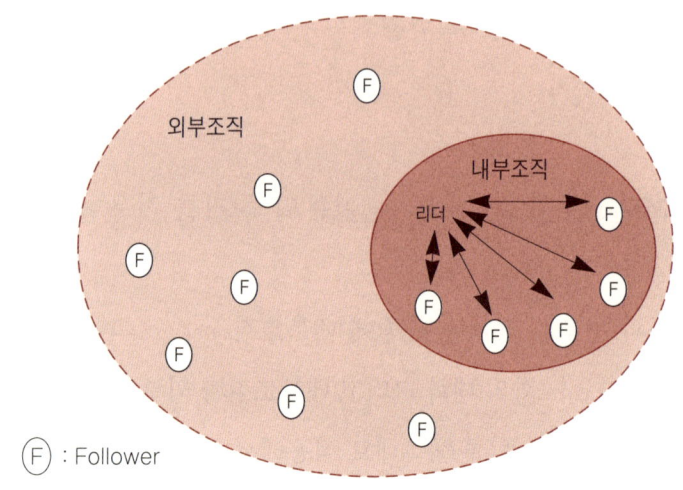

그림 15. leader-member exchange 모델

답사위원회exploratory committee를 통한 정치인의 경청

미국은 정치인이 선거에 나가기 전에 객관적인 의견을 묻기 위해 자신의 이해관계자를 중심으로 각 분야의 전문가를 모아 위원회를 만든다. 이름하여 답사위원회exploratory committee라고 한다. 이 위원회는 주로 대통령 선거에서 후보가 될 사람을 탐구하도록 설정된 위원회인데, 답사위원회는 예비 후보자의 지명 여부를 타진할 수 있다. 유권자 지원 외에, 답사위원회는 또한 잠재적인 후

보가 필요한 만큼의 기부금을 모금할 수 있는지의 여부도 타진한다. 다른 대통령 후보들과 같이 오바마도 이런 위원회를 통해 출마를 결정했다. 그는 나중에 대통령 후보로 확정되고 나서 부통령을 선정할 때 매우 이례적으로 조 바이든을 러닝메이트로 결정하였다. 사실 당시 오바마는 자신의 정적인 힐러리 클린턴 상원위원에게 이미 부통령직을 약속했었다. 하지만 결국은 위원회의 권고를 받아들여 자신의 생각을 바꾸었다. 이 이야기는 정치인의 경청에 대한 매우 유명한 사례이다. 만약 후보자가 이미 출마하기로 결정하고 단지 위원회를 통해 확인만 한다면 위원회는 후보자가 듣기 좋아하는 결론을 낼 것이다. 그 이유는 모든 비용은 후보자가 내기 때문이다. 하지만 위원회가 가능성이 희박하다는 의견을 제시하면 자신의 생각과 다르더라도 과감히 포기할 줄도 알아야 한다.

일반 비영리단체나 기업에서도 중대한 결정을 할 때는 이런 위원회를 만들 수 있다. 문제는 의뢰자가 위원회의 말을 경청하는가이다. 서로 이해관계가 있는 개인의 의견보다는 집단의 의견이 좀 더 객관성 있고 이성적인 판단을 하기에 유리하다.

한 번은 필자가 잘 아는 교수가 대학 총장 후보에 나가고 싶다며 나에게 조언을 구하였다. 나는 한국 사정과 학교 사정을 몰랐기 때문에 답사위원회를 만들어 보라고 권유했다. 하지만 그는 내 의견을 무시하고 출마했고, 후보 5명 중에서 4등을 했다.

답사위원회에 참여한 사람이 결국 자신의 후원자가 된다. 의뢰인이 자신의 의견을 중요하게 생각하고 따라주어 결정했다면 결정을 실행하는 고된 과정에도 기꺼이 참여할 것이다. 사람은 자신의 말을 경청하는 사람을 좋아하고 응원하게 마련이다.

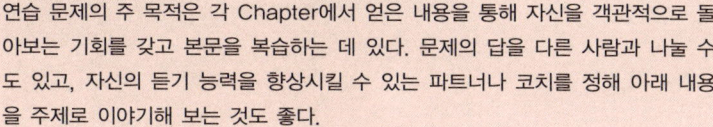
듣기 훈련을 위한 연습 문제

연습 문제의 주 목적은 각 Chapter에서 얻은 내용을 통해 자신을 객관적으로 돌아보는 기회를 갖고 본문을 복습하는 데 있다. 문제의 답을 다른 사람과 나눌 수도 있고, 자신의 듣기 능력을 향상시킬 수 있는 파트너나 코치를 정해 아래 내용을 주제로 이야기해 보는 것도 좋다.

1. 내가 존경하는 리더가 있다면 그의 경청 스타일은 어떠한가 한번 생각해 보자.

2. 만약 그의 경청 스타일이 좋다면 구체적으로 어떤 점이 좋은가?

3. 그와 나를 비교하자면 어떠한가?

4. 내가 속해 있는 조직이나 회사의 경청 문화는 어떠하고, 그것이 일과 어떤 관계를 갖고 있는지 생각해 보자.

   _____

5. 만약 평소에 존경하던 리더가 나의 말을 경청해 주지 않아 실망한 적이 있었는가? 그에게 왜 실망했는지 말을 한 적이 있는가? 그리고 그를 보는 관점이 경청 때문에 변한 적이 있는가?

부록

부록 1. 간이 경청지수 검사

부록 2. 적극적인 경청 가이드

부록 3. 경청자 선호도 검사

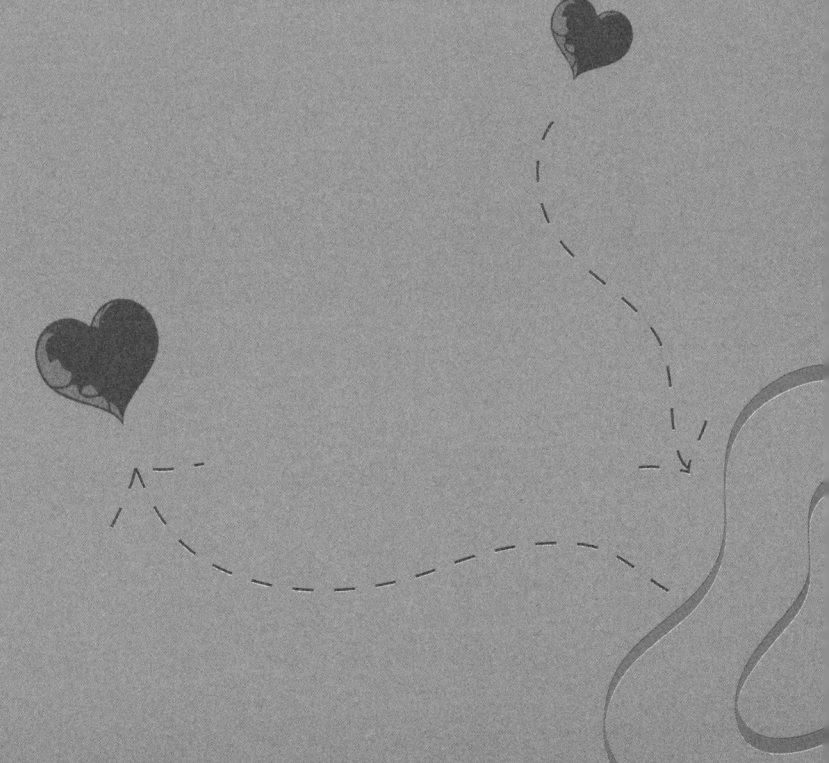

모든사람에게 진실을 말하는 것을 가르치기 위해 듣는 방법을 배우는 것이 필요하다. *In order that all men may be taught to speak the truth, it is necessary that all likewise should learn to hear it.* –Samuel Johnson

부록 1: 간이 경청지수 검사

1. 내가 말을 하면 사람들의 반응과 결과는 대체로 어떠한가?
    (1) 나의 이야기는 사람들이 늘 재미있어 한다.
    (2) 대체로 잘 들어주는 것 같다.
    (3) 어떨 때는 잘 들어주고 어떨 때는 잘 안 들어준다.
    (4) 자기들에게 이익이 되지 않으면 전혀 들어주지 않는다.

2. 남들이 나와 대화할 때 나의 듣기 방법을 어떻게 생각하고 있는가?
    (1) 사실보다 과소평가하고 있는 것 같아 속상하다.
    (2) 나를 과대평가하고 있고 기대가 커 부담스럽다.
    (3) 있는 그대로 잘 평가하고 있는 것 같다.
    (4) 전혀 감을 잡지 못하고 있다.

3. 나는 어떤 방식으로 경청하는가?
    (1) 나는 필요하다면 상대가 나를 어떻게 생각하든 상관없이 경청한다.
    (2) 나는 나를 좋게 생각하는 사람에게만 경청한다.
    (3) 이야기의 내용에 따라 다르다.
    (4) 너무 엉뚱한 이야기라 생각하면 경청하지 않는다.

4. 만약 당신이 어느 백화점의 매니저인데 손님과 직원 사이에 가격 문제로 큰 말다툼이 있었다. 그럴 경우 당신이 취해야 할 행동은?
   (1) 영업에 방해되니 당장 경비를 부른다.
   (2) 고객을 자신의 사무실로 데리고 와서 무슨 일인지 물어본다.
   (3) 무조건 고객에게 사과하고 해 달라는 대로 해 준다.
   (4) 계산대 직원이 알아서 하게 내버려 둔다.

5. 길거리에서 그리 친하지 않은 동기 동창을 오랜만에 만났다. 시간이 되면 잠시 차라도 마시며 이야기하자고 한다. 그렇게 바쁘지 않다면 어떻게 하겠는가?
   (1) 아마도 돈 얘기를 할까 봐 차를 같이 마시지 않는다.
   (2) 들어가 무슨 얘기를 하는지 먼저 들어보고 결정한다.
   (3) 나중에 만나자고 하고 그냥 헤어진다.
   (4) 그동안 밀렸던 얘기나 하면서 회포를 푼다.

6. 동네 할아버지가 집에 놀러 오셨는데 옛날에 했던 이야기를 또 하시면서 귀찮게 한다. 어떻게 할 것인가?
   (1) 할아버지니까 끝까지 듣는다.
   (2) 혹시 새로운 이야기가 있는지 기대하고 듣는다.
   (3) 바쁘다고 핑계대고 피한다.
   (4) 이미 했던 이야기는 이제 그만 하시라고 말씀드린다.

7. 친구가 찾아와서 어제 차사고가 났던 이야기를 전해 준다. 당신이라면 어떻게 할 것인가?
   (1) 내 경험을 들려주며 어떻게 해야 하는지 조언을 해 준다.
   (2) 끝까지 들어주고 아무 소리 하지 않는다.
   (3) 내가 알고 있는 변호사가 있다면 소개해 준다.
   (4) 위로해 주면서 점심을 사 준다.

8. 경청에 관한 다음 글 중 자신의 마음을 가장 잘 표현한 것은?
   (1) 경청이 좋은 것은 알지만 그리 쉽게 되지는 않는다.
   (2) 경청은 중요하지만 사람 봐 가며 해야지 쓸데없는 사람에게 시간 낭비할 수는 없다.
   (3) 그가 무엇인가 부탁하면 기꺼이 들어준다.
   (4) 경청은 먹고 살기 바쁜 사람들에게는 필요 없는 이야기이다.

9. 나는 경청에 대해서 스스로를 평가할 때 어떤 사람인가?
   (1) 아이디어는 있으나 경청을 전혀 못해 손해를 보는 것 같다.
   (2) 경청하는 데 별로 부담감이 없다.
   (3) 별로 중요하게 생각하지 않는다.
   (4) 가끔 부족함을 느낀다.

10. 다른 사람이 재미없고 지루하다고 하는 강의를 어쩔 수 없이 듣게 되었다. 당신의 반응은?
    (1) 다른 사람의 평판을 믿고 슬쩍 일어나 나간다.
    (2) 다른 사람 이목도 있고 해서 끝까지 듣는다.

(3) 사람마다 다를 것이라는 기대와 함께 듣는다.

(4) 재미없으면 나도 모르게 딴생각이 자꾸 난다.

11. 나는 사람들과 대화할 때 어떠한가?

(1) 그가 무엇이 필요한지 자세히 듣는다.

(2) 무엇이 잘못된 논리인지 지적해 준다.

(3) 나와 어떤 관련이 있는지 잘 듣는다.

(4) 무슨 얘기인가 듣기만 하는 편이다. 듣고 나서 평가한다.

12. 지금까지 살면서 이 자리에 온 것은 누구의 덕택이라 생각되는가?

(1) 특별히 남에게 경청을 해서 큰 덕을 본 적이 없는 것 같다.

(2) 사실 제대로 경청하지 않았는데 누가 나를 도와서 이 자리에 왔다.

(3) 직접 찾아가 경청을 하지 않았다면 아마도 이 자리에 없었을 것이다.

(4) 살면서 여러 번 경청을 해서 성공적으로 이 자리에 왔다.

13. 내가 말을 하는데 상대가 자꾸 시계를 보거나 딴청을 한다. 당신의 반응은?

(1) 상관없이 내 이야기만 한다.

(2) 급한 일이 있는지 물어본다.

(3) 황급히 말을 마무리한다.

(4) 시계에 문제가 있어서 그럴 것이라고 생각한다.

14. 나는 강의를 들을 때 어떤 형태로 듣는가?

(1) 주로 메모를 하고 나중에 다시 본다.

(2) 주로 강사의 말을 듣고 얼굴을 쳐다본다.
(3) 강사의 얼굴은 보지 않고 교재를 주로 본다.
(4) 강사와 눈이 마주치는 것이 싫어 PPT 자료를 주로 본다.

15. 나의 듣는 습관을 비디오로 본 적이 있는가?
(1) 전혀 없다.
(2) 난 주로 잘 듣는 편이기에 볼 일이 없다.
(3) 본 적이 있다.
(4) 본 적이 없으나 언제 한번 보고 싶다.

16. 어떤 사람과 대화를 하는데 자꾸 말을 끊고 말을 가로챈다. 어떻게 하는가?
(1) 점잖게 말이 끝날 때까지 들으시라고 한다.
(2) 말을 하고 싶다면 끝까지 하도록 하게 한다.
(3) 나는 그런 사람과 더 이상 대화하고 싶지 않다.
(4) 나도 그의 말을 가로채어 그 기분이 어떤지 알려준다.

17. 잘 아는 사람에게 어떤 말을 했는데 그가 말을 들은 후에 무슨 일인지 알 수 없지만 기분 나빠하면서 더 이상 경청하기를 거절하는 것이다. 당신이라면 어떻게 할 것인가?
(1) 들어줄 사람은 많기 때문에 아무 소리 없이 나간다.
(2) 왜 기분이 나쁜지 알아보면서 달래려고 노력하며 다시 대화를 시도해 본다.
(3) 기분을 상하게 해서 미안하다고 사과하고 더 이상 말하지 않는다.

(4) 곰곰이 그 이유를 생각해 보고 다음에 다른 사람에게 말할 때는 약
   간 고쳐서 말한다.

18. 한 할머니가 만날 때마다 했던 얘기를 반복하며 재미없는 말을 계속
    하신다. 당신이라면 어떻게 할 것인가?
    (1) 본래 노인들은 그러려니 하면서 다른 주제로 돌린다.
    (2) 다른 핑계를 대고 그 자리를 벗어난다.
    (3) 할머니가 외로워 그러려니 하고 끝까지 들어준다.
    (4) 재미있는 이야기로 바꾸어서 할머니께 말씀을 드린다.

19. 지금까지 살면서 다른 사람을 소개해 달라거나 경청해 달라는 부탁
    을 받은 빈도가 얼마나 되는가?
    (1) 경청해 달라는 부탁을 많이 받았다. 그래서 최대한 들어준다.
    (2) 많이 받지 않는 편이다. 부탁 받는 것을 좋아하지 않는다.
    (3) 가끔 받는다. 상황에 따라 들어줄 것만 들어준다.
    (4) 나는 부탁하지도 들어주지도 않는다. 능력이 없기 때문이다.

20. 용모나 배경이 경청에 결정적인 도움이 된다고 믿는 사람들이 많다.
    당신의 경험으로 볼 때 당신의 용모와 배경이 어떤 영향을 미친다고
    생각하는가?
    (1) 나의 용모와 배경에 만족하며 덕을 보고 있다.
    (2) 나의 용모와 배경에 만족하지 않고 손해를 보고 있다.
    (3) 그것은 경청의 결과와 전혀 상관없다고 생각한다.
    (4) 나는 평균적인 외모와 배경을 가졌기 때문에 경청을 좌우한다고 생
       각해 본 적이 없다.

질문	응답자/점수				본인 선택	본인 점수
	1	2	3	4		
1	2	2	3	1		
2	2	3	4	1		
3	3	2	2	1		
4	1	4	2	2		
5	1	3	2	4		
6	2	4	1	1		
7	2	4	2	3		
8	3	2	4	1		
9	3	4	1	3		
10	1	3	4	2		
11	4	2	2	3		
12	1	2	3	4		
13	1	2	4	1		
14	2	3	2	1		
15	2	1	3	4		
16	2	4	1	1		
17	1	3	2	4		
18	2	2	3	4		
19	3	1	2	1		
20	3	1	4	2		

자신의 점수를 빈 칸에 넣으시오.

출처: 한국기부문화연구소

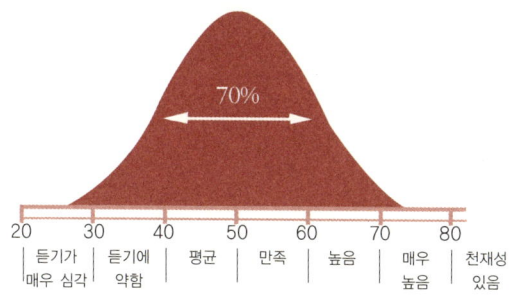

부록 1: 간이 경청지수 검사

부록 2: 적극적인 경청 가이드

적극적인 경청 가이드

평가점수 RATING SCALE

빈도 수	점수
항상	5
거의 항상	4
일반적으로	3
때때로	2
좀처럼	1
결코	−2

총합 듣기 지수 TOTAL POINTS LISTENING QUOTIENT

108~120	탁월함
83~107	훌륭함
58~82	평범함
58 이하	노력 필요

핵 심	점수
1. 나는 상대방과 대화할 때 나의 마음은 그들이 말하는 것에 완전히 몰입되며 상대방과 대화 중에 산만해지지 않는다.	
2. 대화 중에 비록 나의 의견이 그가 말하는 것에 직접적인 관련을 가지고 있을지라도 상대방이 말을 마치기까지 나의 의견을 말하지 않는다.	
3. 나는 사람들이 지나가거나 핸드폰이 울림과 같은 장애물이 상대방이 말하는 것으로부터 주의를 빼앗도록 허락하지 않는다.	
4. 내가 어떤 사람과 대화할 때, 그가 내가 말한 것에 반대하는 것처럼 말한 것을 더욱 잘 기억한다.	

인 정	점수
5. 상대가 방금 한 말에 대해서 질문을 통해 관심을 갖는다.	
6. 나는 상대방에게 "그렇군요.", "예, 흥미롭네요."와 같은 격려하는 답례와 주어진 짧은 말로 내가 경청하고 있음을 상대방에게 확실하게 알린다.	
7. 대화 중에, 나의 시간의 절반 이상을 말하는 것보다도 듣는 것에 더 많은 시간을 보낸다.	
8. 나는 책상 위에서 참을성 없이 손가락을 두드리거나 폐쇄된 몸의 자세로 움직인 채, 잘못된 신체언어를 보내지 않으려고 주의한다.	

구조	점수
9. 나는 미팅을 하기 전 나 스스로 듣기 위해 준비하며 나의 대화 목적들을 세운다.	
10. 내가 상대방과 대화할 때, 지지하는 이유들과 주요한 아이디어, 중심 포인트들 중에서 정신적 요점들을 잡아낸다.	
11. 나는 적절한 해석과 이론적 설명의 완전한 이해를 확보하기 위하여 상대방의 견해에 관련하여 면밀함 또는 투명성을 요구한다.	
12. 나는 크고 작은 캠페인에 연결되어 있는 모임에 적극적으로 참여한다.	

관계 형성	점수
13. 나는 대화할 때 "열고 닫혀진 질문들"을 함으로 양방향 흐름의 대화로 격려한다.	
14. 나는 "제게 예를 들어 말씀해 주실 수 있는지요?" 또는 "그것에 관하여 좀 더 말씀해 주시겠나요?"와 같은 말들을 사용함으로 그들이 말하는 것을 이해하려고 노력하고 있다는 사실을 상대방이 알도록 한다.	
15. 나는 주어진 행동과 관계성으로부터 예상한 것을 사람들에게 묻는다.	
16. 나는 내가 만날 사람들에 관하여 가능한 한 많은 것을 찾아 복습하고 읽어서 나의 만남을 위하여 앞서 준비한다.	

민감	점수
17. 대화할 때 그들이 무엇을 나에게 말하고 있는지를 완벽하게 해석하기 위해 그들의 말을 듣는 것뿐만 아니라 그들의 신체언어를 읽는다	
18. 효과적인 경청 안에서 비언어적 대화는 언어만큼이나 중요하며, 나는 얼굴의 표현, 자세, 손가락들을 두드리거나 눈을 맞춤으로 경각심을 준다.	
19. 나는 그들이 사용한 단어 이상의 말들을 들으며 상대방의 감정적인 톤, 허풍, 불쾌함을 나타낼지도 모르는 매우 섬세한 변화들을 듣는다.	
20. 나는 상대방이 말하는 것으로 인하여 무엇이 제공되는지, 상대방이 왜 그것을 말하고 있는지, 상대방이 무엇을 느끼게 될지 또는 나 자신에게 질문함으로써 상대방의 숨겨진 말의 의미를 읽으려고 노력한다.	

개인적 관심	점수
21. 나는 육체적인 환경은 효과적인 대화를 위하여 유용하며, 음악은 너무 시끄럽지 않고 온도는 너무 높거나 춥지 않은 것이 좋다고 확신한다.	
22. 나는 일반적으로 상대방에 대하여 주시를 한다. 내가 만나는 사람들이나 대화하는 사람들은 나의 경청 중에 내가 상대방에 대하여 주시하고 있다고 느낄 수 있다.	
23. 나는 부정적인 암시, 눈썹을 치켜세우는 것, 나의 눈을 움직이거나 손가락을 두드리게 하는 어떤 것들은 피하려고 노력한다.	
24. 만약 상대방이 나에게 또는 단체에 대하여 부정적인 느낌을 가지고 있더라도 나는 방어적인 태도를 취하지 않는다.	
합계	

Adapted from "A Fundraiser's Guide to Listening," Institute for Charitable Giving.

부록 3: 경청자 선호도 검사

경청자 선호 프로파일

지침: 당신이 자주 직면하는 특별한 경청의 역할이나 상황에 놓였다고 가정하라. 당신이 아래에 있는 여러 종류의 질문들을 읽을 때, 당신이 선택한 독특한 상황과 경청의 역할을 유지하라. 그리고 당신이 선택한 숫자를 아래에 주어진 답안지 위에 체크하라.

항상=5, 자주=4, 때때로=3, 가끔=2, 전혀=1

1. 나는 경청할 때 상대방이 어떻게 느끼는지 나의 관심을 기울인다.	5 4 3 2 1
2. 나는 경청할 때, 상대방이 즐거워하는지 또는 실망하는지 재빠르게 인지한다.	5 4 3 2 1
3. 나는 상대방의 문제들을 듣고 있을 때, 그들과 같은 입장에서 경청한다.	5 4 3 2 1
4. 나는 새로운 친구의 말을 경청할 때, 나와의 공통 관심사를 찾기 위해 노력한다.	5 4 3 2 1
5. 나는 상대방이 말할 때 관심을 보이기 위해 머리를 끄덕이거나 눈을 응시한다.	5 4 3 2 1
6. 나는 상대방이 자기의 순서에 따라서, 효과적인 방법으로 자신들의 생각을 말하지 않을 때 혼란을 느낀다.	5 4 3 2 1
7. 나는 상대방의 말을 경청하는 동안에, 그들이 대화를 할 때 어떤 실수나 일관성이 없는 말을 하는지에 주목한다.	5 4 3 2 1
8. 나는 상대방과 대화하는 중에 생각들을 멈추게 하거나 앞서서 말을 한다.	5 4 3 2 1
9. 나는 대화 중 장황하게 두서없이 말하는 사람과 함께 있는 것이 힘이 든다.	5 4 3 2 1
10. 나는 상대방이 더욱 빨리 핵심을 파악할 수 있도록 돕기 위해 질문을 한다.	5 4 3 2 1

11. 나는 모든 사실과 의견들이 제시되기 전까지 상대방을 판단하지 않고 기다린다.	5 4 3 2 1
12. 나는 체계적인 정보를 듣는 것을 좋아한다.	5 4 3 2 1
13. 나는 사실과 증거를 듣는 것을 좋아하며, 그럴 때 나는 개인적으로 그들을 판단할 수 있다.	5 4 3 2 1
14. 나는 복잡한 정보를 듣는 것에 대한 도전을 좋아한다.	5 4 3 2 1
15. 나는 추가적인 정보를 얻기 위한 수단으로 질문들을 사용한다.	5 4 3 2 1
16. 대화할 시간이 충분치 않을 때, 상대방으로 하여금 내가 경청하는 데 제한된 시간을 가지고 있음을 알도록 한다.	5 4 3 2 1
17. 내가 얼마 동안 이야기할 수 있는지 상대방에게 전하고 대화를 시작한다.	5 4 3 2 1
18. 나는 압력을 느낄 때 상대방의 말을 중단시킨다.	5 4 3 2 1
19. 나는 제한된 시간이 다가왔을 때 방 안에 있는 시계나 또는 나의 손목시계를 본다.	5 4 3 2 1
20. 나는 대화의 압박을 느낄 때, 상대방이 말하는 것에 집중하는 것이 힘이 든다.	5 4 3 2 1

Courtesy of: Listen up by Larry Baker, Ph.D and Kittie Watson, Ph.D

점수 :

1~5번까지의 질문 중 점수 4 또는 점수 5에 표시한 개수를 계산하시오.

사람(People) 중심 = _____

6~10번까지의 질문 중 점수 4 또는 점수 5에 표시한 개수를 계산하시오.

행동(Action) 중심 = _____

11~15번까지의 질문 중 점수 4 또는 점수 5에 표시한 개수를 계산하시오.

만족(Content) 중심 = _____

16~20번까지의 질문 중 점수 4 또는 점수 5에 표시한 개수를 계산하시오.

시간(Time) 중심 = _____

경청자 선호 해설표

여러분은 현재 4가지 경청 선호도를 표기한 4가지 점수 기록들을 가지고 있다 (사람, 행동, 만족, 시간. 이것들은 PACT라는 머릿글자로 표기하며, 당신이 다른 사람들과 대화할 때 당신은 하나의 타입으로 형성된다). 현재 당신이 얻은 가장 높은 점수는 당신의 경청 선호 타입을 보여준다. 이 점수들은 경청 중 당신이 많이 선호하는 스타일을 말해 준다.

당신의 점수를 해석하기 위해서 다음의 지침서를 이용하라.

1. 선호도는 각각의 경청 선호 타입들 안에서 지정된 점수의 수에 의하여 표기된다.
    - 4와 5는 높은 선호도를 나타낸다.
    - 3은 보통의 선호도를 나타낸다.
    - 2와 1은 낮은 선호도를 나타낸다.
    - 0은 선호도가 전혀 없음을 나타낸다.
2. 2개 이상의 타입에 속하는 높은 점수들(4 또는 5)은 경청 선호도가 복합되어 있음을 나타낸다.
3. 모든 타입 안에 점수 '0'은 잠재적 경청 회피성임을 시사한다.